Hans-Joachim Reeb

Sicherheitskultur als kommunikative und pädagogische Herausforderung

Der Umgang in Politik, Medien und Gesellschaft

Sicherheitskultur als kommunikative und pädagogische Herausforderung

Der Umgang in Politik, Medien und Gesellschaft

Hans-Joachim Reeb

2011

Carola Hartmann Miles – Verlag

CIP-Kurztitelaufnahme der Deutschen Bibliothek

Hans-Joachim Reeb:
Sicherheitskultur als kommunikative und pädagogische Herausforderung: Der Umgang in Politik, Medien und Gesellschaft

Carola Hartmann Miles – Verlag, 2011
ISBN 978-3-937885-43-8

Titelbild: Autor
Herstellung: Books on Demand, Norderstedt

George-Caylay-Str. 38, 14089 Berlin
(email: UHWHartmann@aol.com; www.miles-verlag.jimdo.com)

Printed in Germany

ISBN 978- 3-937885-43-8

Inhaltsverzeichnis

Seite

	Verzeichnis der Abbildungen	7
	Verzeichnis der Tabellen	8
	Vorwort	**9**
1	**Theoretischer Entwurf**	**11**
1.1	Sicherheit in einer globalen Medienwelt	11
1.2	Sicherheitskultur im Wandel	17
1.3	Analysemodell zur politischen Kultur in der demokratischen Gesellschaft	21
1.4	Aufbau der Studie und erkenntnisleitendes Interesse	29
2	**Umweltfaktoren**	**35**
2.1	Ordnungspolitische Normen	35
2.2	Technisch-ökonomische Prozesse	44
2.3	Sozio-kulturelle Strukturen	47
2.4	Folgerungen für die Analyse von Sicherheitskultur	50
3	**Politisches System**	**53**
3.1	Modell des sicherheitspolitischen Prozesses	53
3.2	*„Strategic Community“* im sicherheitspolitischen Meinungsbildungsprozess	55
3.3	Akteure im sicherheitspolitischen Entscheidungsprozess	73
3.4	Sicherheitspolitisches Informations- und Kommunikationsmanagement	83

Seite

4	**Mediales System**	**131**
4.1	Orientierungen bei der sicherheitspolitischen Berichterstattung	132
4.2	Medienakteure in der sicherheitspolitischen Kommunikation	137
4.3	Sicherheitspolitische Themen in den Medien	143
4.4	Wechselwirkungen mit den politischen Akteuren	166
5	**Gesellschaft**	**169**
5.1	Öffentliche Meinung zur Sicherheitspolitik	169
5.2	Sicherheitspolitische Sozialisation	173
5.3	Grundsätzliche Einstellungsmuster zur Sicherheitspolitik	178
5.4	Schlussfolgerungen für die Sicherheitskultur	191
6	**Grundzüge einer Pädagogik zur Sicherheit**	**193**
6.1	Zur Begründung von Sicherheit als pädagogischer Gegenstand	194
6.2	Bildungsauftrag für Sicherheit	197
6.3	Institutionalisierung von Sicherheit in Bildungskontexten	200
6.4	Erziehungswissenschaftliche Verankerung einer Pädagogik zur Sicherheit	210
	Zusammenfassung	**213**
	Literaturverzeichnis	221
	Stichwortverzeichnis	257

Verzeichnis der Abbildungen

		Seite
Abbildung 1	Sicherheit	19
Abbildung 2	Erweiterter Sicherheitsbegriff	20
Abbildung 3	Modell des sicherheitspolitischen Prozesses I	23
Abbildung 4	Kommunikation im internationalen System	30
Abbildung 5	Modell des sicherheitspolitischen Prozesses II	36
Abbildung 6	Strukturen des politischen Prozesses	54
Abbildung 7	Kleine Anfragen im Bundestag zu sicherheitspolitischen Themen	79
Abbildung 8	Zustimmung zum ISAF-Einsatz im Bundestag	81
Abbildung 9	PR-Elemente im asymmetrischen Konflikt	119
Abbildung 10	Rolle von Staaten in Afghanistan	129
Abbildung 11	Systemmodell Journalismus	131
Abbildung 12	Orientierung der Medien bei der sicherheitspolitischen Berichterstattung	133
Abbildung 13	Nachrichtenauswahlprozess	144
Abbildung 14	Rahmenbedingungen des Kriegsjournalismus	149
Abbildung 15	Afghanistan-Berichterstattung in TV-Nachrichtensendungen	155
Abbildung 16	Bevölkerungsmeinung zum Einsatz deutscher Soldaten in Afghanistan	186
Abbildung 17	Befähigungen zur Sicherheit	199
Abbildung 18	Spannungsfelder in Sicherheitsdebatten	209

Verzeichnis der Tabellen

		Seite
Tabelle 1	Universitäre Institute und Studienkreise mit sicherheitspolitischer Ausrichtung	60
Tabelle 2	Weiterführende Studiengänge zur Sicherheits- und Friedenspolitik	63
Tabelle 3	Institutionen der *„Strategic Community"* (Interessengruppen)	70
Tabelle 4	Elemente eines sicherheitspolitischen Informations- und Kommunikationsmanagements (IKM)	89
Tabelle 5	Politische Bildung in der Bundeswehr	104
Tabelle 6	Medien der Truppeninformation	105
Tabelle 7	Medien und Krieg	148
Tabelle 8	Medienberichterstattung über Auslandseinsätze der Bundeswehr. Eine Strukturierungshilfe	150
Tabelle 9	Sicherheitspolitische Themen in TV-Nachrichtensendungen	152
Tabelle 10	Fernsehfilmsendungen zu Auslandseinsätzen (Auswahl)	163
Tabelle 11	Unterrichtsmaterialien zur Sicherheitspolitik (Auswahl)	165
Tabelle 12	Wichtige politische Aufgaben	183
Tabelle 13	Curriculare Struktur zur Integration von Sicherheit in der allgemeinen, politischen und beruflichen Bildung	206

Vorwort

Sicherheit ist unter verschiedenen Sachzusammenhängen und Diskussionskontexten heute in aller Munde. Der Blick auf eine beliebige Politikseite einer Tageszeitung an einem beliebigen Tag lässt nicht nur über die Anzahl des Begriffs Sicherheit, sondern auch über die Vielfalt seiner thematischen Verwendung staunen. Ebenfalls ist das Forschungsinteresse an Sicherheitsfragen größer geworden. Ein umfangreiches Programm zur Erforschung des gesellschaftlichen Umgangs mit Sicherheit findet in der Community breites Interesse.

Die folgende Analyse ist aus einer langjährigen Beschäftigung zur sicherheitspolitischen Kultur und zur politischen Kommunikation hervorgegangen. Dazu sind mehrere Studien erstellt und Konzepte entwickelt worden. In Seminaren mit unterschiedlichen Teilnehmergruppen standen hierzu folgende Fragen im Mittelpunkt: Wie gehen Politik, Medien und Gesellschaft in sicherheitspolitischen Fragen miteinander um? Wer ist der Gewinner, wer ist der Verlierer in diesem Dreiecksverhältnis? Und welche Voraussetzungen müssen vorliegen, damit Angelegenheiten der Sicherheit fair behandelt werden?

Angeregt durch zahlreiche Diskussionen in Seminaren an der Helmut-Schmidt-Universität/Universität der Bundeswehr Hamburg über die Rolle der Erziehungswissenschaften für Sicherheit und Frieden erweiterte sich dieses Interesse auf die pädagogischen Themen über die heutigen Sicherheitsfragen. Dabei wurden die „weißen Flecken" der Thematik in den gesellschaftlichen und wissenschaftlichen Debatten schnell sichtbar.

Eine erziehungswissenschaftliche Fundierung der pädagogischen Praxis von Sicherheitsinstitutionen ist zwar mehrfach angeregt worden, fand bis heute aber keinen Widerhall. Dabei könnte das umfassende Verständnis von Sicherheit, das mittlerweile in einer „vernetzten Sicherheitspolitik" in den internationalen Engagements Deutschland in der Krisenprävention und Konfliktbewältigung praktiziert wird, anschlussfähig zu bisher unter einem Friedensparadigma diskutierten pädagogischen Überlegungen sein.

Aus diesem Grund danke ich dem Verlag für die freundliche Aufnahme des Buches in seiner Fachreihe. In Ergänzung zu den dort vorliegenden Werken soll der Dialog über wissenschaftlich fundierte Themen der Sicherheitspolitik und der Pädagogik fortgesetzt werden.

Wennigsen, im August 2011

1 Theoretischer Entwurf

1.1 Sicherheit in einer globalen Medienwelt

Mit der Enthaltung Deutschlands zur VN-Resolution 1973 vom 17. März 2011 zur Billigung einer Flugverbotszone gegen Libyen und dem Verzicht auf eine militärische Beteiligung an der humanitären Intervention verweigerte die Bundesregierung den Schulterschluss mit den Verbündeten USA, Frankreich und Großbritannien und beschritt einen aus dem *„Kalten Krieg“* bekannten *„deutschen Sonderweg“*. Entsprechend kontrovers wurden in der deutschen Politik und in den Medien über dieses Verhalten diskutiert. Umfrageergebnisse belegen, dass die deutsche Bevölkerung mehrheitlich ein generelles Einschreiten gegen den libyschen Gewaltherrscher Muammar al-Gaddafi begrüßt hatte[1].

Bereits 2002 machte der damalige Bundeskanzler Gerhard Schröder deutlich, dass er ein militärisches Engagement in dem bevorstehenden Krieg gegen das irakische Hussein-Regime ablehnen werde. Ohne überzeugende Argumente beteiligte sich Deutschland andererseits im Jahr 2006 an den Missionen in der sog. Demokratischen Republik Kongo und vor der libanesischen Küste. Auch zu anderen sicherheitsrelevanten Angelegenheiten strahlte die Politik widersprüchliche Signale aus. 2010 wurde die Verlängerung der Stromproduktion durch Atomkraftwerke damit begründet, sie seien absolut sicher. Nach der japanischen Atomkraftwerkkatastrophe im März 2011 galten diese Aussagen plötzlich nicht mehr. Irritationen lösten auch Meldungen über gebilligte Panzergeschäfte der deutschen Industrie mit Saudi-Arabien aus. Verstörend wirkte, dass der Bundessicherheitsrat eine Entscheidung von solcher Tragweite geheim hält.

---

1 54 Prozent der Befragten von Infratest dimap befürworteten im März 2011 einen NATO-Einsatz in Libyen. 56 Prozent der Befragten von Forsa sprachen sich im selben Monat für eine Flugverbotszone aus, wenn auch ohne deutsche Beteiligung. Die Forschungsgruppe Wahlen ermittelte Ende März für den Politbarometer 62 Prozent Zustimmung zu einem Militäreinsatz gegen Gaddafi, dagegen 70 Prozent für die Nichtbeteiligung Deutschlands. Für einen Militäreinsatz in Somalia sprachen sich im August 2011 sogar 63 Prozent der Befragten von Infratest dimap aus.

Die Debatten zeigen, dass eine außen- und sicherheitspolitische Positionsbestimmung zwanzig Jahre nach der Wiedervereinigung immer noch nicht abgeschlossen ist, nach Meinung von Beobachtern auch noch gar nicht stattgefunden hat (Naumann 2008). Zumindest findet sich kein „amtliches" Papier, das Auskunft gibt, welche nationalen Interessen in Deutschland verfolgt werden sollen[2]. Es stellt sich die Frage, inwieweit eine *„Enttabuisierung des Militärischen"*, die bereits Gerhard Schröder 2001 noch im Zusammenhang mit dem Kampf gegen den Terrorismus erklärt hatte, erwünscht ist. Oder ist eher das Friedensmodell der Zivilmacht Deutschland richtungsweisend für Demokratiebestrebungen wie sie 2011 in der arabischen Welt via TV und Internet erkennbar wurden?

Begriffe

Sicherheit kann allgemein als das „Gegebensein von Werten in der Zukunft", genauer als die „Gewissheit der Verlässlichkeit des Schutzes oder der Gefahrlosigkeit und den daraus resultierenden Zustand der Sorglosigkeit" (Kaufmann 1973: 340, 344) verstanden werden. Die Komplexität des Begriffs, der sowohl einen gesellschaftlichen Wert als auch die Beschreibung eines Zustandes beinhaltet, und u.a. in philosophischen, soziologischen, politischen, juristischen und technischen Kontexten eingesetzt werden kann, erlaubt keine endgültige Festschreibung seiner Bedeutungsfelder und Inhaltsbereiche sowie deren Abgrenzungen. Diese müssen letztendlich gesetzt werden.

Eine Differenzierung wird im englischsprachigen Bereich vorgenommen. *„Safety"* beschreibt eine technische Sicherheit im Sinne der Zuverlässigkeit solcher Anlagen und Geräte. „Treten hingegen menschliche Einflussfaktoren hinzu, wie sie bei vielen sozio-technischen Systemen und erst recht bei vielen politisch-sozialen Unsicherheiten der Fall ist" (Bonß 2011: 45), kann von *„Security"* gesprochen werden. *„Certainty"* lässt sich mit Gewissheit übersetzen und greift die kognitive Seite im Sinne einer Erkenntnis bezogenen Gewissheit auf. Im gesellschaftlichen Diskurs hat der Sicherheitsbegriff sich gewandelt, verschoben und inhaltlich ausgedehnt (Albrecht 2011: 115). Die

---

[2] Als ein solches Papier werden häufig die *„Verteidigungspolitischen Richtlinien"* (BMVg 2011) genannt. Auch gibt es Positionsbeschreibungen einzelner politischer Gruppierungen.

gegenwärtige Debatte versucht mit „ziviler Sicherheit" alle Überlegungen zusammen zu bringen, die auf die „Verwundbarkeit des modernen Lebens" ausgerichtet sind (Haverkamp/Kaufmann/Zoche 2011: 9).

Dementsprechend ist auch der Gegenstand einer **Sicherheitspolitik** definitionsbedürftig, was sich in Deutschland an der Verwendung dieses Begriffs in unterschiedlichen Politikfeldern (insb. Außen-, Innen- und Rechtspolitik) zeigt. Der Fokus dieser Arbeit wird sich jenseits solcher Abgrenzungsprobleme mit dem befassen, was bisher als „äußere Sicherheit" bezeichnet wurde, davon ausgehend erhebliche „Erweiterungen" und „Vernetzungen" erfahren hat. Dementsprechend kann abstrakt unter Sicherheitspolitik eine Politik verstanden werden,

> *„die einem Gemeinwesen dazu dient, Fähigkeiten auszubilden, sein eigenes Gefüge (nach innen) und ihre Umwelt (nach außen) zu kontrollieren, um einerseits Aggression und andere unmittelbar (zer-)störende Effekte zu unterdrücken, fernzuhalten oder abzuwehren, andererseits aber auch darüber hinausgehend Entwicklungen zu beeinflussen bzw. zu verhindern, die mittelbar über Wirkungen und Folgeeffekte – als sekundäre Effekte – die Sicherheit tatsächlich oder auch nur hypothetisch beeinträchtigen können"* (Böckenförde 2009: 12).

Die Attitüden und Handlungen zur (näher zu konkretisierenden) Sicherheitspolitik lassen sich mit dem Begriff der **sicherheitspolitischen Kultur** zusammenfassen. Unter politischer Kultur versteht man allgemein „Art und Umfang politischer Kenntnisse, emotionaler Bindung an das und Bewertung des politischen Systems wie auch Art und Intensität politischen Handelns selbst" (Reichel 1981: 320). Sie betrachtet dabei die in der Bevölkerung und den Eliten mit empirischen Instrumenten gemessenen Einstellungen sowie die Handlungen gegenüber einem Staat oder einem Regierungssystem, d.h. die subjektive Komponente von Politik. Damit lassen sich Vergleiche auf der Zeitachse oder zwischen Staaten bzw. Regimen anstellen (Westle/Gabriel 2009).

Die Konzeptualisierung auf eine sicherheitspolitische Kultur eines Landes spitzt sich auf die Frage zu, wie Politik und Gesellschaft (in Deutschland) mit sicherheitspolitischen Sachverhalten und Problemlagen umgehen[3]. Obwohl es sich bei der politischen Kultur primär um eine national bzw. gesellschaftlich bezogene Kategorie handelt, soll die Analyse in eine größere Fragestellung, nämlich inwieweit Elemente einer global gültigen bzw. akzeptierten **Sicherheitskultur** existieren, gestellt werden. In Anlehnung an Daase kann man

> *„von Sicherheitskultur als den Überzeugungen, Werten und Praktiken sprechen, die das Sicherheits- und Unsicherheitsempfinden von Staaten, Gesellschaften und Individuen bestimmen und die Sicherheitspolitik prägen"* (Daase 2010: 9).

Kontexte

Neben Kenntnis-, Einstellungs- und Handlungsmustern stehen besonders die **Kommunikationsprozesse** im Mittelpunkt der Betrachtung. Wie zahlreiche Beispiele belegen, stellt die globale Berichterstattung einen ernst zu nehmenden sicherheitspolitischen Faktor dar, der sich besonders in Kriegen, Konflikten und Katastrophen in seiner Entfaltung deutlich zeigt. Wegen der nicht immer berechenbaren Verläufe und Wirkungen fühlt sich die Politik – meist aus innenpolitischen Gründen – auf dem Plan gerufen, Maßnahmen in ihrem Sinne zu treffen. Damit wird die sicherheitspolitische Kultur durch solche „Einwirkungen" stark beeinflusst.

Die Relevanz der öffentlichen Kommunikation in den internationalen Beziehungen wird heute von den politischen und publizistischen Akteuren anerkannt. Dazu lassen sich einige Trends aufzeigen:

- Die Auswirkungen einer Mediengesellschaft bzw. Mediendemokratie betreffen auch den Umgang mit Sicherheitspolitik.

[3] Maull (2001: 648) beschreibt die außenpolitische Kultur *„als Meinungen, Einstellungen und Wertorientierungen einer staatlich verfassten Gesellschaft (1) zur außenpolitischen Identität dieser Gesellschaft, (2) zu den Erwartungen und Anforderungen der Bürger an die Außenpolitik und (3) zum außenpolitischen Handlungsstil"*, Die von ihm betrachtete Außenpolitik schließt die Sicherheitspolitik als Teilgebiet ein. Ein weiterer Aspekt betrifft die Frage, mit welchem Politikstil die Akteure international agieren und kommunizieren, vgl. auch Weisswange (2004), Florack (2005), Dorn (2008).

Medien sind sowohl Akteure (z.B. „*CNN-Effekt*") als auch Instrumente dieser politischen Prozesse.

- Der technologische Fortschritt führt zu Veränderungen in der internationalen Kommunikation. Nachrichten können beschleunigt (in Echtzeit) von einem Ort zu (fast) einem beliebigen anderen Ort übermittelt werden (Realkommunikation). Die Qualität der Medienprodukte ermöglicht eine noch konkretere Abbildung von (vermeintlichen) Ereignissen (Bilderkraft). Das Internet erlaubt es jedem (privaten) Akteur, ohne großen Aufwand seine Botschaften weltweit zu verbreiten.
- Die öffentliche Meinung findet in allen Gesellschaften im Zuge von Demokratisierungsprozessen und Partizipation in der Politik stärker Berücksichtigung. Daran wirken gesellschaftliche Akteure einschließlich der Medien mit.
- Die Dominanz der westlichen Nachrichtenproduzenten wird durch Konkurrenz aus anderen Kulturkreisen gebrochen (z.B. „*Al Dschasira*"). Der Machtkampf in der internationalen Nachrichtenkommunikation unterliegt maßgeblich ökonomischen Motivlagen.
- Gewalttaten werden nur deshalb begangen, um damit eine globale Berichterstattung auszulösen. Umgekehrt sind elektronische Medien Instrumente, um bisher unterdrückte Informationen über staatliche Gewalt weltweit öffentlich machen zu können.

In den Politikwissenschaften spielten die Medien als Faktor im (außen-)politischen Entscheidungsprozess lange Zeit aber keine oder nur eine untergeordnete Rolle. Sie wurden auf die Funktion als Überbringer von Nachrichten reduziert. Der Entstehungszusammenhang dieser Informationen und ihre Bedeutung im politischen Entscheidungsprozess der internationalen Beziehungen sind dort nicht weiter analysiert worden (so z.B. nicht bei Meyers 2011).

Das Forschungsfeld der Politischen Kommunikation stellt dagegen die Relevanz der Medien in den Beziehungen zur Politik heraus (Jarren/Donges 2006). Aber auch hier konnten noch keine gesicherten

Antworten auf die Frage gefunden werden, in welchem Umfang sich diese beiden Akteure in außenpolitischen Angelegenheiten beeinflussen und kontrollieren. Dazu liegen unterschiedliche theoretische Ansätze und Annahmen vor (Brettschneider 1998; Dietz 2000), die hier weitergeführt werden sollen.

Auf der Mikroebene erreicht neben den Medien die **Pädagogik** die Individuen, um ihnen politisch relevante Aspekte von Sicherheit näher zu bringen. Im Vordergrund stand bisher die Friedenspädagogik, für die unterschiedliche theoretische und praxisorientierte Modelle vorliegen. Ihre Ziele, zur Konfliktlösung beizutragen, Gewalt in den gesellschaftlichen und internationalen Verhältnissen abzubauen und in Folge dessen die Friedfertigkeit der Menschen zu fördern, decken zum Teil das Anliegen von Sicherheit ab. Eine Pädagogik, die sich im Kern mit der weiterreichenden Sicherheit befasst, liegt aber noch nicht vor.

Die folgende Analyse beleuchtet die Meinungen, Einstellungen und Entscheidungsmuster, die zur Sicherheitspolitik in Deutschland vorliegen bzw. getroffen werden. Es soll geklärt werden

in empirischer Hinsicht:

- was überhaupt heute unter dem Sicherheitsbegriff verstanden werden kann,
- wie Politik und Gesellschaft mit den Angelegenheiten der Sicherheit umgehen,
- mit welchem theoretischen Modell dieser Umgang systematisch beschrieben und analysiert werden kann.

in normativer Hinsicht:

- welche Bewertungsmaßstäbe angelegt werden sollen, um die Unterschiede zwischen dem Faktischen und dem Wünschenswerten an Sicherheit herauszustellen,
- inwieweit ein Idealbild einer „gerechten Sicherheit" konzeptualisiert werden kann und
- in welcher Weise ein solches Konzept pädagogisch unterstützt werden kann.

1.2 Sicherheitskultur im Wandel

Die Medienberichterstattung trifft auf eine sicherheitspolitische Landschaft, auf der die erwähnten Trends sich ideal ausbreiten können. Seit Ende des *„Kalten Krieges"* ist ein fundamentaler Bedeutungswandel in der Sicherheitspolitik eingetreten, der sich an einem veränderten Sicherheitsbegriff festmachen kann. Sicherheit wird nicht mehr allein militärisch, sondern allumfassend definiert. Neuere Forschungsfragen heben den o.g. Begriff der Sicherheitskultur hervor, der deutlich andere Akzentuierungen als der normative Begriff einer Friedenskultur beinhaltet.

> *„Sicherheit ist der zentrale Wertbegriff unserer Gesellschaft. Das war nicht immer so. Noch vor wenigen Jahren konkurrierten die Begriffe ‚Sicherheit' und ‚Frieden' um den Vorrang in Strategiedebatten und Parteiprogrammen. Heute ist ‚Sicherheit' der Goldstandard nationaler und internationaler Politik, und vom Frieden wird fast nur noch in politischen Sonntagsreden gesprochen"* (Daase 2010: 9).

Das sehen die Protagonisten der Friedensforschung natürlich anders und belegen ihre Argumentation mit einem aktuellen Handbuch zum Frieden:

> *„Der sicherheitspolitische Diskurs ist deshalb aus der begrifflichen und konzeptionellen Friedensperspektive kaum erhellend, weil er den Frieden nicht als Ziel und als Grundlage politischen Handelns anerkennt, sondern ihn lediglich als wünschenswerten, gleichwohl dem Primat der (eigenen) Sicherheit, unterzuordnenden Zustand begreift"* (Gießmann/ Rinke (2010: 14).

Gemäß Daase lassen sich die Veränderungen in vier Dimensionen verdeutlichen (Daase 2010: 10ff.)[4]. Auf der Referenzebene geht es

[4] Ein Forschungsprojekt *„Sicherheitskultur im Wandel"* an der Goethe Universität Frankfurt/M. befasst sich mit der Frage, wie und warum sich die Wahrnehmung von Sicher-

um die Frage, wessen Sicherheit überhaupt gewährleistet werden soll. Die Betrachtungsebene hat sich dabei vom Staat als den Akteur in internationalen Beziehungen auf die Gesellschaft (*„social security"*), die Frieden und Wohlstand erwartet und von dort auf das menschliche Individuum (*„human security"*) verschoben (Raumdimension). Sicherheitspolitik wird verstärkt in den Dienst menschlicher Bedürfnisse gestellt.

> *„Die Ausdehnung des Sicherheitsverständnisses vom Staat über die Gesellschaft auf das Individuum hat auch Auswirkungen auf die Politikbereiche, in denen Gefahren identifiziert und Sicherheit gewährleistet werden soll"* (Daase 2010: 11).

Anstelle der klassischen militärischen Bedrohungen durch hochgerüstete Staaten oder Bündnisse ist eine breite Palette an neuen Gefährdungen und Risiken getreten (Sachdimension). Aus westlicher Sicht haben Risiken wie die unkontrollierte Verbreitung von Massenvernichtungswaffen, der internationale Terrorismus sowie die sich meist aus dem Staatszerfall ergebenen *„neuen Kriege"* höchste Bedeutung. Aus sozialen (z.B. Armut, Krankheiten) oder ökologischen Weltproblemen (z.B. Wasserknappheit, Umwelt- und Nuklearkatastrophen) und humanitären Katastrophen können weitere Gefährdungspotentiale entstehen (zugespitzt Welzer 2008).

Folglich reichen in der Gefahrendimension die alten Begriffe wie Bedrohung, Abschreckung oder Konfrontation nicht mehr aus, um Konflikte im internationalen System hinreichend zu beschreiben (zum Gefahren- und Bedrohungsbegriff Münkler 2010: 11). Sie sind komplexer und schwer verständlicher geworden. Eine Ausprägung ist hierbei der asymmetrische Konflikt, in dem sich meistens staatliche und nichtstaatliche Akteure gegenüberstehen und der eine neue „Kriegskategorie" eröffnet hat (Münkler 2002; Geis 2006). Der militärisch schwächere Gegner verlagert sich auf Methoden, die ihm Vorteile erwarten lassen. Dazu zählt auch die Beeinflussung der öffentlichen Meinung durch die

---

heit und Unsicherheit sowie von Schutz und Gefahr verändert, vgl. http://www.sicherheitskultur.org. Im Rahmen eines EU-Forschungsrahmenprogrammes zur *„Sicherheitsforschung"* sind weitere Projekte zur „gesellschaftlichen Dimension von Sicherheit" entstanden (www.nks-sicherheit.de).

Steuerung von medial induzierten Informationen. Der Risikobegriff kommt näher in den Blick und muss im Kontext sozialer und kultureller Faktoren betrachtet werden (Gabbert 2010).

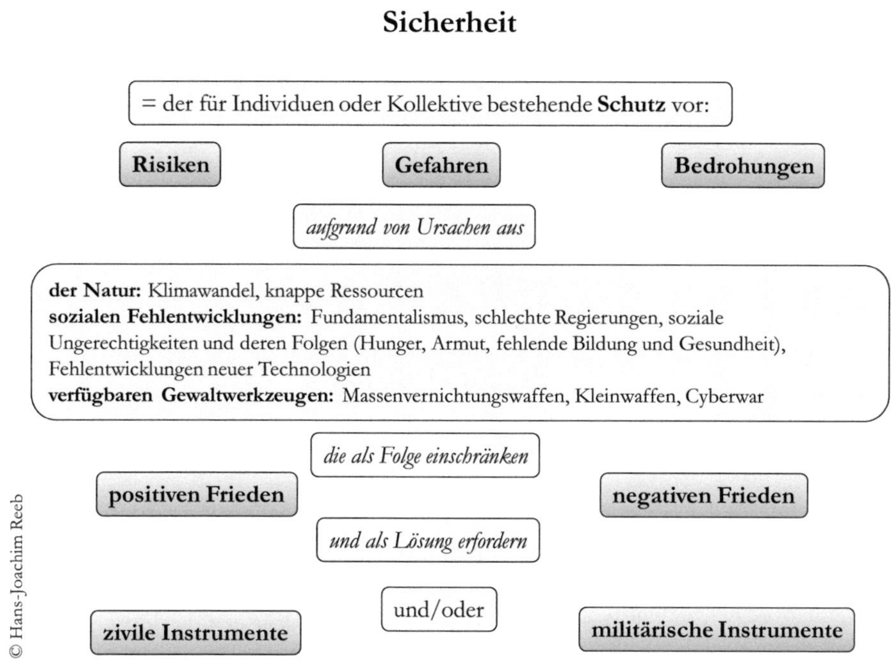

Abbildung 1

Erweiterter Sicherheitsbegriff

Abbildung 2

Damit erweitert sich der Sicherheitsbegriff räumlich auf eine „globale Weltgemeinschaft", lässt sich also nicht mehr territorial eingrenzen. Somit wird der Blick auch zeitverzugslos auf bislang weniger beachtete Brennpunkte der Welt gelenkt. Ob durch international agierende Terroristen, die Auswirkung des Staatszerfalls oder ökologische Katastrophen, das öffentliche Interesse auf diese Ereignisse tritt medial in den Mittelpunkt und fordert die politischen Akteure unmittelbar zum Handeln heraus. Die Gesellschaft wird mit diesen Bildern ebenfalls konfrontiert und muss sie – aufgrund unterschiedlicher individueller Dispositionen – in einen Zusammenhang stellen, der ihre Wahrnehmung der politischen Akteure und deren Entscheidungen beeinflusst. Dieses äußert sich in demokratischen Gesellschaften z.B. im Wahlverhalten.

Dieser Sicherheitsbegriff schließt die Inhalte ein, die bisher als *„positiver Frieden"* bezeichnet wurden. Sicherheit wird als dynamischer, nicht abschließbarer Prozess verstanden, der auf den Idealzustand Frieden zielt. Sicherheit kann hierbei nicht als objektiver Tatbestand, sondern lediglich als eine subjektive Zuschreibung aufgrund der Wahrnehmung und Interpretation von meist medialen Informationen über sicherheitsrelevante Ereignisse verstanden werden (Siedschlag 2006: 12). Damit potenziert sich der Bereich, der unter Sicherheitsaspekten betrachtet wird, so dass die Erwartungen der Bevölkerung an die politischen Akteure zum Handeln ansteigen und widersprüchlich sind (Daase 2011). Das macht eine gesellschaftliche Verständigung über Sicherheit erforderlich (Renn u.a. 2007). Die Abbildungen 1 (S. 19) und 2 (S. 20) verdeutlichen anhand der diskutierten Problemfelder das Beziehungsgeflecht des Sicherheitsbegriffs.

1.3 Analysemodell zur politischen Kultur in der demokratischen Gesellschaft

Das Konzept einer (sicherheits-)politischen Kultur ermöglicht es, die psychisch-sozialen Sets zu politischen Themenfeldern zu bestimmten Zeiten festzustellen. Wie es im Wechselspiel der Akteure zu diesen Einstellungs- und Handlungsmustern kommen kann, lässt sich dann durch Politics-Analysen herausarbeiten. Diese betrachten den politischen Willensbildungs- und Entscheidungsprozess und damit die in diesem Verlauf stattfindenden Legitimierungen des Outputs.

Politik als Prozess

Mit dem Modell von Easton, das von Almond und Powell weiterentwickelt wurde, lässt sich Politik als prozesshaftes Handeln erklären (Easton 1966; Almond/Powell 1966). Das politische System wird durch Rollen und durch die Beziehungen der Rollen zueinander (= Strukturen) beschrieben. Formalisierte Strukturen stellen z.B. Institutionen und Organisationen dar. Dazu gehören der intermediäre Bereich und das politisch-administrative System. Politisch wird hier im umfassenden Sinne verstanden als Herrschaftsausübung sowie als alle Handlungen, die auf Ausübung von Herrschaft bezogen sind. Rollen und Strukturen stellen beobachtbares politisches Handeln dar. Die politische Kultur ist hierbei ein weiterer Bestandteil des politischen Systems und zeigt sich in individuellen Einstellungen und Orientierungen der Gesellschaft gegenüber der Politik (Kenntnisse, Affirmation, Meinungen). Die Komplexität des politischen Systems ermöglicht die Bildung von Subsystemen. Für die Analyse von Sicherheitskultur soll hier eine Reduktion auf drei Systemelemente vorgenommen werden: die Gesellschaft, das politische und das mediale System.

Innerhalb des politischen Prozesses haben die einzelnen Akteure also verschiedene Leistungen bzw. Funktionen zu erfüllen (Abbildung 3):

- Die **Gesellschaft** hat gegenüber dem politischen System bestimmte Ansprüche an Beteiligung zu benennen und bringt bestimmte Unterstützungsleistungen ein (Zustimmung, aktives Handeln)[5]. Damit es diese Leistungen erfüllen kann, müssen seine einzelnen Mitglieder darauf vorbereitet (sozialisiert) bzw. gebildet werden.
- Das **politische System** hat Entscheidungen zu treffen und muss politisch handeln. Die Gesellschaft erwartet von ihm eine Rückkopplung an seine Ansprüche.
- Die **Massenmedien** stellen in modernen Gesellschaften die kommunikativen Verbindungen im politischen Prozess her. Neben dieser Vermittlungsfunktion leisten sie als Sinnstiftungsinstanzen auch eigenständige Beiträge in der öffentlichen Debatte.

---

5 „Gesellschaft“ stellt systemtheoretisch den Gesamtbereich einzelner Subsysteme dar, zu denen auch die Politik und die Medien gehören. In dem hier verwendeten Modell kann „Gesellschaft“ auf „Bevölkerung“ bezogen werden, die ein Aggregat von Individuen beschreibt, das für das politische System bestimmte Leistungen zu erbringen hat, insb. durch Mitsprachen und Beteiligungen. In den Modellen der „politischen Öffentlichkeit“ wird auch der Begriff „Publikum“ bezogen auf die Kommunikation gebraucht. Daneben kann auch von dem Akteur Öffentlichkeit gesprochen werden, gemeint ist dann die medial hergestellte Öffentlichkeit, vgl. Rucht (2010: 9). Die unterschiedlichen Modelle der „öffentlichen Meinung“ werden in Kapitel 5 thematisiert.

Modell des sicherheitspolitischen Prozesses I

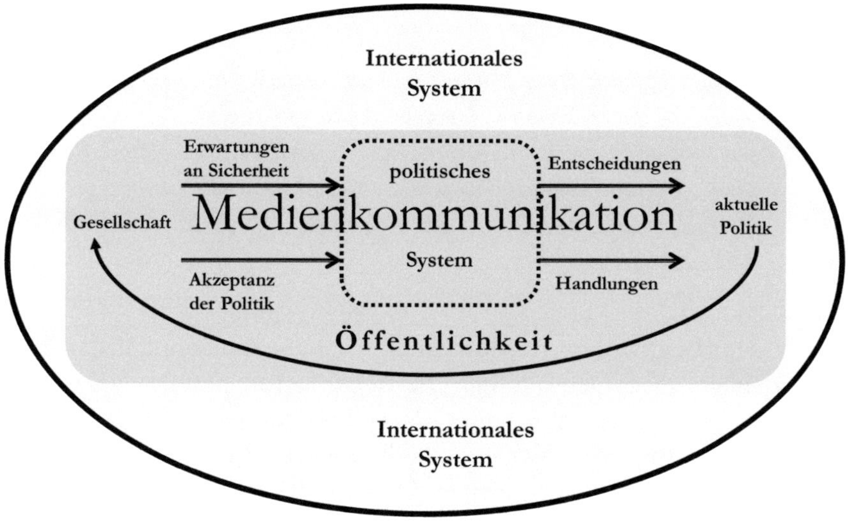

Abbildung 3

Die Konzentration auf diese drei Akteursbereiche dient der Reduktion des komplexen Zusammenhanges. Innerhalb des politischen Systems agieren weitere Subsysteme, die an der Meinungs-, Entscheidungs- und Legitimationsbildung teilnehmen. Die Aufgabe des intermediären Systems besteht vor allem darin, die Ansprüche, d.h. Interessen der Gesellschaft, aufzugreifen und in den politisch-administrativen Teil des politischen Systems (Staat) einzubringen.

Das Mediensystem hebt sich hier gegenüber den anderen intermediären Systemen durch die Gewährleistung von öffentlicher Kommunikation innerhalb und zwischen allen anderen Systemen hervor.

Öffentlichkeit als normative Legitimationsinstanz

Dieses Modell beschreibt implizit den politischen Prozess innerhalb einer durch eine staatliche Struktur definierbaren demokratischen Gesellschaft, in der die politischen Akteure zur Repräsentanz der Öffentlichkeit legitimiert sind. Öffentlichkeit kann als ein frei zugängliches Kommunikationsforum verstanden werden für alle, die etwas mitzuteilen haben oder andere Mitteilungen wahrnehmen wollen.

> *„In den Arenen dieses Forums befinden sich die Öffentlichkeitsakteure, die zu bestimmten Themen Meinungen von sich geben oder weiter tragen: Sprecher (‚Quellen') und Vermittler (‚Kommunikatoren'). Auf den Galerien versammelt sich eine mehr oder weniger große Zahl von Beobachtern: das Publikum"* (Neidhardt 1998: 487; 2010).

Der Begriff der Öffentlichkeit bezieht sich hier auf Vorstellungen einer deliberativen Demokratie. Die Legitimation pluralistischer Gesellschaften leitet sich aus einer Verschränkung der repräsentativen Demokratieelemente (Wahlen, Volksvertretung) mit den in der Bürgergesellschaft ausgetragenen Verständigungen und Beratschlagungen über öffentliche Angelegenheiten her. Dabei stehen die Meinungsbekundung, die Erörterung, die Aussprache und das Bemühen, andere zu überzeugen, im Mittelpunkt. Es geht um die Kombination von autonomer Öffentlichkeit, formalisierten parlamentarischen Abstimmungsverfahren und außerparlamentarischen Einflussmöglichkeiten (Alemann/ Strünck 1999: 28).

Politische Legitimation beschränkt sich also nicht nur auf den Wahlakt, sondern konstituiert sich als permanenter Kommunikationsprozess (Sarcinelli 2011: 21).

> *"In repräsentativen Demokratien wird von den politischen Akteuren daher erwartet, responsiv zu agieren, also Interessen und Präferenzen der Repräsentierten aufzunehmen und in ihr Handeln zu integrieren; das kann in großen Gesellschaften nur über wechselseitige Kommunikationsprozesse geschehen, die mindestens zwei Dimensionen umfassen: (1) die Darstellung und Offenlegung des politischen Handelns und Wollens der politischen Akteure, (2) die Wahrnehmung und darüber Einbindung der Interessen und Wünsche der Bevölkerung in die politische Entscheidungsfindung"* (Kamps 1999: 9f.).

Voraussetzung ist auf der Input-Seite ein offener und allgemeiner Zugang zur politischen Öffentlichkeit mit den in der Gesellschaft vertretenen Themen und Meinungen (Transparenz) durch interessierte Bürger, im Throughput die Verarbeitung der Themen und Meinungen durch kommunikatives Handeln, d.h. Bestätigung oder Revision der eigenen Meinung (Validierung) sowie auf der Output-Seite eine enge Bindung der Entscheidungen durch die politischen Akteure an den Prozess der öffentlichen Meinungsbildung (Orientierung)[6].

> „*Demokratische Herrschaft ist zustimmungsabhängig und deshalb auch öffentlich begründungs- und rechenschaftspflichtig. Öffentlichkeit stellt somit einen unentbehrlichen Faktor im Prozess der politischen Willensbildung aller freiheitlichen Systeme dar*" (Sarcinelli 2011: 55).

Die dafür erforderliche Durchlässigkeit wird über die Kommunikationsleistungen des Mediensystems idealtypisch hergestellt.

Die Einbeziehung der Gesellschaft in den demokratischen Prozess stabilisiert gleichzeitig das politische System. "Je stärker Menschen politisch partizipieren, desto stärker unterstützen sie demokratische Werte" (Gabriel 2000: 38). Damit die interessierten Bürger der Gesellschaft diese Partizipation erbringen können, müssen sie durch Sozialisation während des Partizipationsprozesses und durch institutionelle Bildung dazu befähigt werden. Im Konzept der *„komplexen Demokratie"* können „Partizipation und Transparenz (= Legitimation [HJR]) einerseits sowie Effizienz und Effektivität (= demokratische Steuerung [HJR]) andererseits" (Kißler 2007: 49) zusammengeführt werden.

> „*Hier steht die Legitimitätsperspektive für die inputorientierte Legitimität und betont die ‚Herrschaft durch das Volk'. Die Steuerungsperspektive wird dagegen der outputorientierten Legitimität zugeordnet und hebt die ‚Herrschaft für das Volk' bzw.*

---

[6] Diese kommunikative Rückkopplung wird mit *„Responsivität"* bezeichnet.

die Qualität, die Effektivität und Effizienz politisch-administrativer Problemlösungen hervor" (Kißler 2007: 49).

Neben die Politik treten weitere gesellschaftliche Akteure als Steuerungsinstanzen im politischen Prozess, die im Sinne von Deutsch (1969) in Lernprozessen ihre Informations- und Kommunikationskompetenzen entwickeln müssen.

Auch Sicherheitspolitik findet heute nicht mehr ausschließlich im verschlossenen Bereich der Bürokratie und Diplomatie, sondern vor den Augen der Öffentlichkeit statt. Diese stellt ebenfalls in der sicherheitspolitischen Kommunikation eine normative Bezugsgröße dar. Dabei handelt es sich zunächst um ein Prinzip des größtmöglichen Ausmaßes an Teilhabe an sicherheitspolitischen Angelegenheiten. Unabhängig von der konkreten Repräsentationsform von Gesellschaften durch politische Akteure wird vorausgesetzt, dass alle Individuen die Chance haben sollen, sich auf der Grundlage hinreichender Kenntnisse umfassend über die Entscheidungen und Handlungen, die in der Sicherheitspolitik getroffen werden, zu informieren und ihre Ziele und Interessen in den politischen Prozess einbringen zu können. Dabei entsteht ein Spannungsfeld zwischen einer wünschenswerten Deliberation und den aus anderen Gründen entstehenden vermeintlichen Notwendigkeiten zur Persuasion der Öffentlichkeit.

Die Legitimation von Sicherheitspolitik zielt auf Legitimität als dem Resultat aus der empirisch messbaren Anerkennungsbereitschaft der Gesellschaft (Akzeptanz) und der ethisch qualifizierten Anerkennungswürdigkeit der sinnstiftenden Institutionen (Wiesendahl 1983: 148). Die Sicherheitspolitik muss ethisch, rechtlich und politisch gut begründet sein, um akzeptiert zu werden, eine gut begründete Politik bedarf der zusätzlichen Akzeptanzbeschaffung (Reeb 2007). Das Teilhabe- und Legitimationsverfahren trägt zu einer gerechteren Sicherheit innerhalb der Gesellschaft bei.

Medienkommunikation als Verbindungsinstanz

Eine Öffentlichkeit zu solchen abstrakten, nicht unmittelbar beobachtbaren und erfassbaren Angelegenheiten kann – wie ausgeführt - nur über eine kommunikative Vermittlung (durch Medien) ermöglicht werden.

Die Massenmedien stellen den demokratietheoretischen Diskurs innerhalb des (nationalen) politischen Systems sowie zwischen ihnen und dem Publikum her, indem sie die Handlungen und Entscheidungen der politischen Akteure beobachten und kommunizieren. Kommunikation ist hierbei zu einem zentralen Leistungsbereich geworden (Sarcinelli 2011: 38).

Öffentlichkeit wird folglich mit konkreten Gesellschaften oder Kulturkreisen gleichgesetzt. Deshalb gehen die meisten wissenschaftlichen Erklärungen selbstverständlich davon aus, dass Öffentlichkeit in erster Linie einen innenpolitischen Faktor im sicherheitspolitischen Entscheidungsprozess darstellt. Weltweite Meinungsbilder lassen sich lediglich mit Hilfe länderübergreifender Umfragen in einer globalen Gesamtschau addieren[7].

Gibt es aber einzelne Kommunikationsprozesse, die von nationalen Verhältnissen und Beziehungen abheben, können sie als transnational bezeichnet werden. Kommunikation findet dann quer zu den Staaten und Gesellschaften grenzüberschreitend in einem globalen Raum statt (Hepp 2006). Hauptakteur dieser weltweiten Kommunikation ist hier der Bürger in zivilgesellschaftlichen Strukturen („*Global Civil Society*").

Die meisten theoretischen Erklärungsmodelle liegen zunächst nur für die internationale Kommunikation vor, durch die die Kommunikationsvorgänge bei der Herstellung von Beziehungen zwischen Nationen beschrieben werden (Meckel/Kamps 2003; Kriener/Meckel 1996). So betrachten sowohl die ältere Modernisierungsthese als auch die Dependenztheorie die Einflüsse der westlichen Gesellschaften auf die Dritte Welt, um einerseits im positiven Sinne „als Agenten des sozialen Wandels" (Wilke 2002: 31; Hepp 2006) durch den Aufbau von Massenmedien Modernisierungsprozesse auszulösen oder andererseits wegen vermeintlicher Interessendurchsetzung kommunikativ auf diese Gesellschaften einzuwirken. In beiden Fällen zielen externe Einflüsse auf eine Homogenisierung, die sich in der Theorie des Kulturimperialismus

---

[7] Vgl. z.B. die vom PEW Research Center For The People & The Press durchgeführten länderübergreifenden Umfragen „*The Global Attitudes Project*", unter http://www.people-press.org sowie der von der EU-Kommission regelmäßig erstellte „*Eurobarometer*": http://Europa.eu.int/comm/public_opinion/index_eu.htm.

als Ergebnis von kultureller Vorherrschaft darstellt (Hallin/Mancini 2003: 36; Kunczik/Zipfel 2005, 110ff.). Allerdings gelten die Annahmen, die diesen Modellen unterliegen, weitgehend als widerlegt. So kann nicht von einer einseitigen Kausalität von Medienpräsenz auf das Publikum ausgegangen werden, denn Medienwirkungen sind in einem komplexeren Zusammenhang einzuordnen. Die kulturellen Kontexte der Rezipienten müssen im Prozess der Konstruktion von Medienrealität berücksichtigt werden (Tomlinson 2002: 148).

Neuere Überlegungen in Konzepten zur Globalisierung und zur Modernisierung beziehen demgegenüber stärker transnationale Strukturen ein. Im konversionstheoretischen Ansatz von McLuhan ist die Welt ein *„globales Dorf"*, in dem aufgrund neuer Informations- und Kommunikationstechnologien ein kollektives globales Bewusstsein und die Homogenität von Weltbildern entstehen (Hafez 2002: 28). Dabei wird unterstellt, dass es „einen symmetrischen und freien Austausch von Werten, Normen und Praktiken zwischen verschiedenen Kulturen gibt" (Donges, zitiert in Meckel/Kamps 2003: 485). Andere Überlegungen gehen von einem permanenten, global feststellbaren Strukturwandel in Politik, Gesellschaft und Mediensystem aus, der Modernisierungsprozesse auslöst. Als *„Amerikanisierung"* wird er deshalb bezeichnet, weil er in den USA am weitesten fortgeschritten ist (Kamps 2000). Eine vermittelnde Position beschreibt Robertson mit der Glokalisierung, in dem er die Anpassung von globalen Entwicklungen an die lokalen Bedingungen herausstellt. Eine integrierende Position aus systemtheoretischen und konstruktivistischen Überlegungen nimmt Löffelholz ein, wenn er Globalisierung als „politische Demokratisierung, wachsende Interdependenz, kulturelle Synchronisation und reflexive Modernisierung" (Löffelholz 2002: 187) versteht. Somit erhält transkulturelle Kommunikation eine globale Sichtweise.

Allerdings liegen die Voraussetzungen für diese Betrachtungsweise noch nicht vor. Es lassen sich lediglich einzelne Elemente feststellen, die transkulturelle Strukturen aufzeigen. Die Transkulturalität ist umso stärker, je mehr die Umweltfaktoren der Gesellschaft in gleicher Weise von den politischen Systemen adaptiert (ordnungspolitische Normen; technologisch-ökonomische Prozesse) oder angeglichen (sozio-kulturelle Strukturen) werden (Kapitel 2).

Das Modell des politischen Prozesses kann daher nur um eine internationale Dimension von Kommunikation erweitert werden. Damit wird berücksichtigt, dass die Massenmedien in der Sicherheitspolitik nicht nur eine wichtige Einflussgröße für Handlungen und Entscheidungen der politischen Akteure aus innenpolitischen Erwägungen darstellen. Sie wirken z.B. durch ihre Auslandsberichterstattung auch auf politische Akteure und die Gesellschaft anderer Staaten ein.

Der internationale Kommunikationsprozess ist im Wesentlichen durch Austauschbeziehungen, die ihren Ausgangspunkt in einem politischen System nehmen, mit anderen Systemen gekennzeichnet. Die Massenmedien bleiben demnach als Subsystem einem Gesellschaftssystem und dessen spezifischen Bedingungen (Politik, Recht, Ökonomie, Infrastruktur usw.) unterworfen (Abbildung 4, S. 30). Sie leisten jeweils unterschiedliche Sinnangebote, die zur Wirklichkeitskonstruktion beitragen (Schmidt/Zurstiege 2000). Die alte Vorstellung von einer einheitlichen Wirklichkeit wird ersetzt „durch die Vielzahl von Wirklichkeiten, die noch einmal ergänzt werden durch die technischen Möglichkeiten der Simulation und Virtualisierung von Wirklichkeiten in Cyberspaces“ (Schmidt/Zurstiege 2000: 166).

1.4 Aufbau der Studie und erkenntnisleitendes Interesse

Die nachfolgende Analyse beschreibt zunächst die Entwicklungen in den für die Kommunikationsleistungen zur Sicherheitskultur relevanten Umweltfaktoren: die ordnungspolitischen Normen, die technisch-ökonomischen Prozesse und die medial-kulturellen Strukturen. Aus diesen Erkenntnissen lässt sich eine normativ geleitete These entwickeln, wie sich Sicherheit in einer kommunikativ geprägten internationalen Umwelt herstellen lässt (Kapitel 2).

Kommunikation im internationalen System

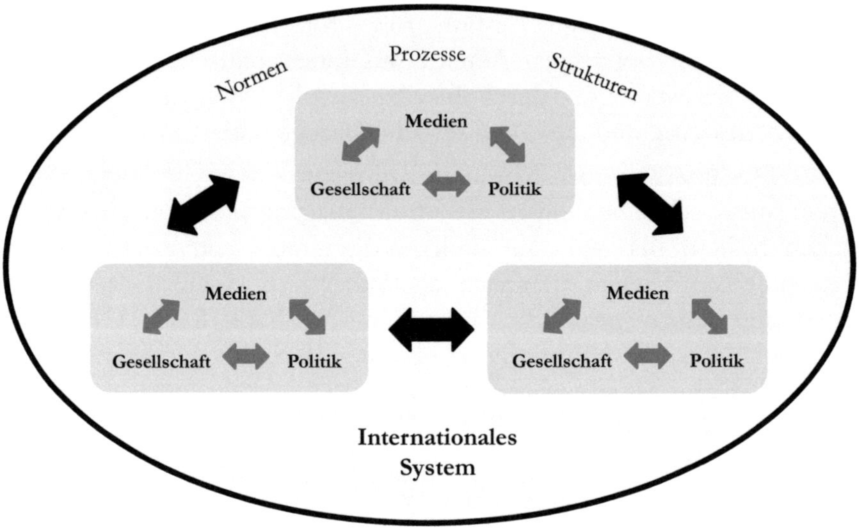

Abbildung 4

Auf dieser Grundlage werden die sicherheitspolitischen Meinungsbildungs-, Entscheidungs- und Kommunikationsprozesse im politischen System Deutschlands analysiert (Kapitel 3). Der politische Prozess erfolgt hierbei in einzelnen Phasen. Der intermediäre Bereich, der hier als *„Strategic Community"* bezeichnet wird, soll die Ansprüche und Erwartungen aus der Gesellschaft aufgreifen und in einen Meinungsbildungsprozess münden lassen. Als Akteure der *„Strategic Community"* werden hier die politischen Parteien, die *„Scientific Community"* (Universitäten, Forschung und Politikberatung) sowie Interessengruppen verstanden. Daneben agieren *„Neue Soziale Bewegungen"*. Die Problemartikulation fließt dann in das politisch-administrative System mit seinen staatlichen Säulen Exekutive, Legislative und Verfassungsrechtsprechung ein. In diesen Systembereichen sollen die sicherheitspolitischen Entscheidungen ausgehandelt werden. Im Output werden sie durch eine Informations- und Kommunikationspolitik begründet, die sich aber aufgrund der internationalen Kommunikation auch immer an andere

Gesellschaften und politische Systeme richtet, dort wahrgenommen wird und damit Wirkungen entfaltet. Ebenfalls hat das politisch-administrative System die Voraussetzungen durch Bildungsmaßnahmen zu schaffen, damit die Mitglieder der Gesellschaft im politischen Prozess partizipieren können.

Hieran folgt eine Beschreibung der Funktionen des medialen Systems für den politischen Prozess (Kapitel 4). Das idealtypisch unterschiedliche Rollenverständnis (Orientierungen) der Medien gegenüber Politik und Gesellschaft wird herausgearbeitet. Daran schließen sich die relevanten Merkmale des internationalen und deutschen Journalismus in der sicherheitspolitischen Berichterstattung an. Die Inhalte der Nachrichtenproduktion zur Sicherheitspolitik in Deutschland werden analysiert. Die in der Medienrezeption wichtigen fiktionalen Inhalte und die Bildungsmedien ergänzen die Darstellung. Abschließend wird nach den Einflüssen der Medien auf den sicherheitspolitischen Prozess gefragt.

Die sich aus diesen „Beziehungsspielen“ zwischen dem politischen und medialen System ergebenen Auswirkungen auf die Gesellschaft werden im Kapitel 5 behandelt. Zu fragen ist, inwieweit eine öffentliche Meinung selbst Einflussfaktor in diesem politischen Prozess ist oder die Gesellschaft den medial vermittelten Meinungstrends lediglich folgt. Dazu sind die empirisch vorliegenden Aussagen zu den Kenntnissen, Meinungen und Einstellungsmustern und die ihnen zugrunde liegenden Sozialisationsanstrengungen herauszuarbeiten. Damit bietet dieser Teil die Möglichkeit, diesen empirischen Befund an den Bewertungsmaßstäben einer deliberativen Öffentlichkeit wider zu spiegeln.

Kapitel 6 stellt darauf aufbauend einen Entwurf für eine pädagogische Konzeption zur Befassung mit Sicherheit vor.

Damit sind die zentralen Fragen dieser Analyse aufgeworfen:

- Wie wirkt sich das veränderte Verständnis von Sicherheit innerhalb einer Gesellschaft auf die kommunikativ wahrgenommenen Einstellungen, Meinungen und Handlungen von politischen Akteuren und der Gesellschaft aus?

- Inwieweit müssen bei der Konstituierung einer sicherheitspolitischen Kultur die globalen Kommunikationsprozesse berücksichtigt werden?
- Gibt es bereits global ausgeprägte Elemente einer Kultur der Sicherheit?
- Welche kommunikativen bzw. pädagogischen Anstrengungen sind zu unternehmen, um dem Ideal einer deliberativen Demokratie näher zu kommen?
- Wie sehen dabei die Elemente einer Sicherheitskultur aus, die sich von einer Kultur des Friedens weiterentwickelt haben? Sollte sich dieser Wandel in der Etablierung einer *„Sicherheitsforschung“* oder einer *„Sicherheitspädagogik“* widerspiegeln?

Methodisch werden Ergebnisse der Umfrageforschung, ausgewählte Dokumente und öffentlich nachvollziehbare politische Handlungen betrachtet (Maull 2001: 649) und in einen Zusammenhang mit den vorliegenden sozial-, politik-, medien- und erziehungswissenschaftlichen Theorieansätzen gestellt. Angestrebt wird eine Integration der aus den unterschiedlichen Disziplinen entwickelten Erkenntnisse.

Das erkenntnisleitende Ziel dieser Abhandlung folgt einer kritischen Demokratiewissenschaft. Die Entwicklung und Veränderung einer Sicherheitskultur einer demokratischen Gesellschaft soll nicht nur beschrieben und erklärt werden. In kritisch-analytischer Absicht sind auch die Hindernisse, Blockaden und Widersprüche offen zu legen, die die Teilhabe der interessierten Öffentlichkeit und ihrer einzelnen Mitglieder an einem diskursiv ermittelten Verständnis von Sicherheit und deren politischen Gewährleistung verhindern.

> *„Aus der Diskrepanz zwischen normativen Demokratieanspruch und dessen empirisch-praktische Umsetzung zieht eine praxisorientierte Demokratieforschung ihre kritische Dimension“* (Kißler 2007: 67).

In der im Diskurs entwickelten Legitimität soll es nicht um einen Entwurf einer neuen Gesellschaftsordnung gehen,

„sondern um die Entwicklung eines kritischen Standpunktes zur Beurteilung der Machtverhältnisse in der Gesellschaft, um die Identifizierung nicht öffentlich gemachter Themen und um die Berücksichtigung bisher ausgeschlossener Interessen und Gruppen, kurz: um die Klärung dessen, was verallgemeinerungsfähig, also im öffentlichen Interesse ist" (Sarcinelli 2011: 69).

Aus forschungsökonomischen Gründen erfolgt die Analyse an einem – wichtigen – Teilaspekt von Sicherheit, der Sicherheit vor kollektiver Gewalt. Unschwer lassen sich aber Parallelen zu anderen Sicherheitskontexten ziehen (z.B. der Umgang mit „innerer", Energieversorgungs- oder Cyber-Sicherheit). Insofern sind die Feststellungen zum Umgang mit „äußerer" Sicherheit in Politik, Medien und Gesellschaft durchaus verallgemeinerungsfähig für andere *„systemische Risiken"* (Renn 2007: 176). Deshalb gehen die abschließenden pädagogischen Überlegungen auch über dieses enge Verständnis von Sicherheit hinaus.

Praktisches Ziel der Veröffentlichung ist die Herstellung eines komprimierten Überblicks über die Gesamtthematik in einer interdisziplinären Perspektive. Dabei wird mehr Wert auf die Hervorhebung von gesicherten Kernaussagen als auf die breite Herleitung von Argumentationslinien gelegt. Dadurch und mit den Abbildungen und Tabellen soll die Beschäftigung mit dem Thema übersichtlich bleiben. Das ausführliche Literaturverzeichnis hilft bei gewünschten Vertiefungen und Begründungen weiter.

2 Umweltfaktoren

Die Handlungen der politischen Akteure in den einzelnen Gesellschaftssystemen vollziehen sich in einem internationalen Raum, der von (Staats-)system zu (Staats-)system wechselseitige Kommunikationsprozesse ermöglicht. Dementsprechend können kaum noch Informationen, Meinungen und Absichten hinter einem *„eisernen Vorhang"* verborgen bleiben. Selbst für Staaten wie Nordkorea liegen immerhin so viele Daten vor, die es internationalen Organisationen ermöglichen, dieses Land in Vergleich zu setzen, z.B. im Ranking der Pressefreiheit.

In diesem internationalen System sind Institutionen und Regelwerke entstanden, die mit unterschiedlicher Verbindlichkeit einen Ordnungsrahmen für gesellschaftliche und kulturelle Angelegenheiten (Medien, Bildung, Interkulturalität) vorgeben. Diese normativen Ansprüche treffen auf eine dynamische Entwicklung, die durch neue Technologien und liberales Wirtschaftshandeln gekennzeichnet sind. Neben anderen Feldern (z.B. Transport von Gütern) wirken sich solche Trends der Globalisierung und Digitalisierung besonders im Informations- und Kommunikationsbereich aus. Dabei findet die konkrete Ausgestaltung von Medienangeboten in den sozio-kulturellen Strukturen von Kommunikation ihre Grenzen. Die Gesamtschau dieser Faktoren weist den Rahmen auf, innerhalb dem der politische Entscheidungs- und Kommunikationsprozess in einem Gesellschaftssystem stattfinden kann bzw. sollte (Abbildung 5, S. 36).

2.1 Ordnungspolitische Normen

Alle Regelungen stehen unter dem Dach einer Weltfriedensordnung, wie sie durch die UN-Charta begründet wurde und durch die Rechtspraxis fortgeführt wird. Gemäß Artikel 1 lautet das oberste Ziel „Erhaltung bzw. Wiederherstellung des Weltfriedens und der internationalen Sicherheit". Die universell geltenden Normen für die öffentlichen Informations-, Kommunikations-, Bildungs- und Kulturangelegenheiten sind entweder von der UN-Vollversammlung oder von der Sonderorganisation UNESCO verabschiedet worden (Hepp 2006: 102; Kunczik/Zipfel 2005: 425).

Modell des sicherheitspolitischen Prozesses II

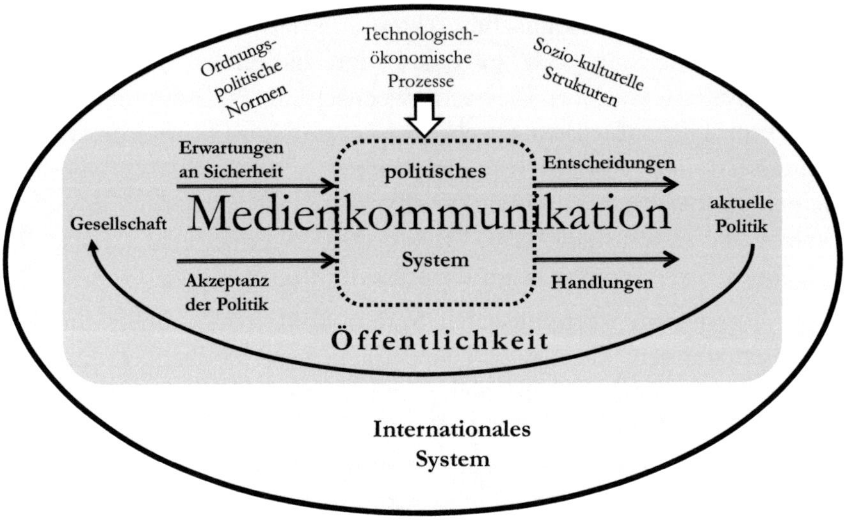

Abbildung 5

Kommunikationspolitik

Als Vorläufer der späteren UN-Regelungen zur Kommunikationsordnung kann der Genfer Rundfunkfriedenspakt von 1936 angesehen werden. Die am Vorabend des Zweiten Weltkrieges am 30. August 1939 in Kraft getretene *„Konvention über den Gebrauch des Rundfunks im Interesse des Friedens"*

> *„garantierte einerseits das Recht auf freie internationale Verbreitung von Radioprogrammen im Kurzwellenbereich, verpflichtete aber auf der anderen Seite die Regierungen, Vorsorge zu treffen, damit die Inhalte dieser Radioprogramme dem Frieden und der internationalen Verständigung dienen. Sollten Hörfunksendungen diesen Zielen zuwiderlaufen, stand den Regierungen das Recht zu, den Empfang der Sendungen zu stören und einen internationalen Ehrengerichtshof anzurufen, der nach dem Inkrafttreten der Konvention gegründet werden sollte"* (Kleinwächter 2004: 12).

Auf dieser Grundlage entstand der Artikel 19 der *„Allgemeinen Erklärung der Menschenrechte"* vom 10. Dezember 1948:

> *„Jedermann hat das Recht auf Meinung und der Meinungsäußerung; dieses Recht umfasst die unbehinderte Meinungsfreiheit und die Freiheit, ohne Rücksicht auf Staatsgrenzen Informationen und Gedankengut durch Mittel jeder Art sich zu beschaffen, zu empfangen und weiterzugeben".*

Für die Formulierung der internationalen Kommunikationspolitik kamen den Vereinten Nationen und der UNESCO, ihrer Sonderorganisation für Erziehung, Wissenschaft und Kultur (gegründet im November 1945), eine wichtige Rolle zu:

> *„Ziel der UNESCO ist es, durch Förderung der Zusammenarbeit zwischen den Völkern in Bildung, Wissenschaft und Kultur zur Wahrung des Friedens und der Sicherheit beizutragen, um in der ganzen Welt die Achtung vor Recht und Gerechtigkeit, vor den Menschenrechten und Grundfreiheiten zu stärken, die den Völkern der Welt ohne Unterschied der Rasse, des Geschlechts, der Sprache oder Religion durch die Charta der Vereinten Nationen bestätigt worden sind".*

Die Kommunikationspolitik geriet dabei frühzeitig in den Strudel des Ost-West-Konfliktes (Breunig 1996: 67ff.). Die sozialistischen Staaten verstanden eine kritische Berichterstattung aus dem Ausland als Einmischung in ihre inneren Angelegenheiten und forderten verbindliche Verträge zur Übertragung der Verantwortung für die Medieninhalte auf die Nationalstaaten. Daneben spielte in den 1970er und 1980er Jahren die *„Blockfreie Bewegung"* eine zentrale Rolle. Ihr ging es um die Bewahrung der nationalen Identität gegen die Gefahr einer kulturellen Überfremdung durch aus dem Westen (USA) eingeführte Medienprogramme und – als Reaktion auf die Dominanz der westlichen Nachrichtenagenturen – um eine Verringerung des Nord-Süd-Gefälles im Informationsfluss zwischen Industrie- und Entwicklungsländern. In diesem Sinne forderten sie eine *„Neue Weltinformationsordnung"* (NWIO) (Steinweg/Becker 1984).

In den 1970er Jahren setzte sich diese politisch motivierte Debatte mit folgenden Problemfeldern auseinander: Dem geringen Umfang der Berichterstattung über die Dritte Welt in den westlichen Medien; dabei Schwerpunkt auf negative Ereignisse; die Abhängigkeit von den Nachrichtenagenturen des Westens; die Dominanz von westlichen Unterhaltungsprogrammen; die Verbreitung von Hörfunk in die sozialistischen Staaten; grenzüberschreitende SAT-Ausstrahlung; eine internationale Berufsordnung für Journalisten.

Nach langjährigen Verhandlungen verabschiedete die 20. Generalkonferenz der UNESCO am 28. November 1978 ihre Mediendeklaration. Dort wird in abgeschwächter Form der Erwartung der Dritten Welt entsprochen: „Es ist wichtig, dass ein freier Austausch und eine umfassendere und ausgewogenere Verbreitung von Informationen gefördert werden". Ergänzend legte die nach ihrem Vorsitzenden benannte *„MacBride-Kommission"* 1980 eine umfassende Analyse der Probleme und Defizite der internationalen Medienordnung unter dem Titel *„Many Voices – One World"* vor.

Die weiterhin anhaltenden Auseinandersetzungen um die kommunikationspolitischen Prinzipien und Interessen des Westens führten schließlich 1984/85 zum Austritt der USA, Großbritanniens und Singapurs aus der UNESCO[8]. Nach Ende des Kalten Krieges spielten diese Konflikte keine große Rolle mehr. Aufgrund der technologischen Entwicklung und der Verschuldungskrisen in den Entwicklungsländern sind sie faktisch zugunsten der westlichen Position entschieden worden. In neuerer Zeit widmete sich die UNESCO stärker der weltweiten Durchsetzung der Meinungs- und Pressefreiheit und der praktischen Medienhilfe für Entwicklungsländer. Eine bedeutendere Rolle nahmen die Weltinformationsgipfel der Nachbarorganisation ITU (Internationale Fernmeldeunion, gegr. 1865) in Genf (2003) und Tunis (2005) ein.

Genauso wie die UNO bleibt auch ihre Tochter-Organisation lediglich ein Zusammenschluss einzelner souveräner Staaten ohne die Übertragung von Gestaltungsrechten für eine globale Kommunikationspolitik (Reeb 2001: 8). Mit der Mediendeklaration von 1978 liegen in

[8] Wiedereintritt von Großbritannien 1997 und USA 2003. Vgl. zur Rolle der UNESCO in der Informationspolitik der USA: W. Nelles (2004).

Artikel III dennoch Grundsätze für eine global geltende sicherheits- und friedenspolitische Medienberichterstattung vor:

- Stärkung des Friedens und der internationalen Verständigung,
- Förderung der Menschenrechte,
- Bekämpfung von Rassismus, Apartheid und Kriegshetze.

Die Probleme, diesen einheitlichen Grundsätzen auf der Grundlage der Anerkennung von Informations- und Meinungsfreiheit zu folgen, liegen bereits in den ordnungspolitischen Bezügen der Mediensysteme begründet. Schon durch die *„Four Theories of the Press"* wurde festgestellt, dass Gesellschaften bzw. deren Herrschaftssysteme versuchen, die Mediensysteme nach ihren normativen Leitvorstellungen zu regeln und zu kontrollieren, so dass sie die erwünschten publizistischen und ökonomischen Leistungen erbringen[9]. Die idealtypische Umsetzung des Postulats vom freien Fluss der Informationen setzt die politische Garantie des breiten Zugangs und der Unabhängigkeit der Medien voraus. Beide Merkmale sind nur in wenigen Staaten erfüllt (Norris 2003). Ganz im Gegenteil finden sich weltweit massive Verstöße gegen die Prinzipien von Presse- und Meinungsfreiheit[10]. Sie sind häufig eine Ursache für die Behinderung von sozialem Fortschritt.

Fazit:

Die Bezugspunkte der Medienpolitik bleiben stark national ausgerichtet, auch wenn in Regionalbereichen (z.B. in der EU) entsprechende Rahmenrichtlinien verabschiedet wurden (Puppis 2007; Thomaß 2007). Ausschlaggebend ist die jeweilige staatliche Medienverfassung, die die politischen, ökonomischen und publizistischen Rahmenbedingungen für das eigene Mediensystem festlegt. Die Regulierung und Kontrolle unterliegen weitgehend dem staatlichen Einfluss. Medienfragen sind Machtfragen

---

[9] Vgl. Wilke (2002: 19): autoritäre, liberaldemokratische, sozialverantwortliche und sowjetkommunistische Pressetheorien. Meckel (2001: 149) ergänzt um eine fünfte Theorie: Globalismus.

[10] Vgl. dazu die jährlichen Berichte von Menschenrechtsorganisationen, z.B. Reporter ohne Grenzen: *„World Press Freedom Ranking"* sowie Freedom House: *„Map of Press Freedom"* auf den Homepages dieser Institutionen.

und deshalb eng am Regierungshandeln gebunden. Außerdem fördern oder stärken Medieninhalte in erster Linie nationale Identitäten. Hierbei erfüllen sie im politischen Prozess wichtige Funktionen (siehe Kapitel 4).

Bildungspolitik

Als zweites Element, um auf dem Gebiet der Kultur den Friedensgedanken weltweit zu verbreiten, sind entsprechende Normen für die Erziehung und Bildung geschaffen worden, dem sich ebenfalls die UNESCO widmet. Neben dem grundsätzlichen Recht auf Bildung liegen dazu in Artikel 26 Abs. 2 der *„Allgemeinen Erklärung der Menschenrechte"* vom 10. Dezember 1948 folgende Erziehungsziele vor:

> *„Die Bildung muss auf die volle Entfaltung der menschlichen Persönlichkeit und auf die Stärkung der Achtung vor den Menschenrechten und Grundfreiheiten gerichtet sein. Sie muss zu Verständnis, Toleranz und Freundschaft zwischen allen Nationen und allen rassischen oder religiösen Gruppen beitragen und der Tätigkeit der Vereinten Nationen für die Wahrung des Friedens förderlich sein".*

Die UNESCO hat diese Gedanken in verschiedenen Dokumenten konkretisiert. Dazu gehört die *„Empfehlung über Erziehung für internationale Verständigung, Zusammenarbeit und Frieden sowie Erziehung bezüglich der Menschenrechte und Grundfreiheiten"* vom 19. November 1974, die eine Völkerverständigung und den Weltfrieden anmahnt und als *„Magna Charta"* der Friedenspädagogik angesehen wird[11].

Bildung gilt als wesentliche Triebfeder für die Erreichung entwicklungspolitischer Ziele und damit auch für die Schaffung von Sicherheit in instabilen Weltregionen. Wie der *„Weltbericht Bildung 2011"* hervorhebt, haben die bewaffneten Konflikte eine verheerende Auswirkung auf die Chancen der Heranwachsenden auf Bildung und die Entwicklung von Gesellschaften (Deutsche UNESCO-Kommission 2011). Sowohl zur Verbesserung der politischen und gesellschaftlichen Verhältnisse als

[11] Vgl. zu weiteren Schlüsseldokumenten Hüfner/Reuther (2005). Außerdem kann auf die Initiativen der UNESCO zur internationalen Schulbuchforschung hingewiesen werden.

auch zur Förderung der individuellen Persönlichkeit spielen die Medien eine wichtige Rolle, als methodisches Hilfsmittel (Bildungsmedien) und als institutioneller Faktor (Medienformate). Das spiegelt sich auch in den Absichten der deutschen Politik wider:

> *„Freie Medien halten Regierungen zu guter Regierungsführung an. Sie decken Missstände auf und befähigen Menschen, wohl informierte Entscheidungen zu treffen. Daher fördern wir die Ausbildung von Medienschaffenden, besonders die Ausbildung von Journalisten, in Afrika und Lateinamerika in neuen Programmen. Wir werden hier die deutsche Expertise in der Qualifikation von Medienschaffenden stärker mit Instrumenten der technischen und finanziellen Zusammenarbeit synergetisch verzahnen"* (BMZ 2010).

Kulturpolitik

Schließlich finden sich drittens diese friedenspolitischen Ideen auch in dem am 20. Oktober 2005 in Paris abgeschlossenen *„Übereinkommen über den Schutz und die Förderung der Vielfalt kultureller Ausdrucksformen"*. Dort werden als die zentralen Werte in der Präambel hervorgehoben,

> *„dass die kulturelle Vielfalt, die sich in einem Rahmen von Demokratie, Toleranz, sozialer Gerechtigkeit und gegenseitiger Achtung der Völker und Kulturen entfaltet, für Frieden und Sicherheit auf lokaler, nationaler und internationaler Ebene unabdingbar ist"*.

> Ziele dieses Übereinkommen sind daher u.a.,

> *„den Dialog zwischen den Kulturen anzuregen, um weltweit einen breiteren und ausgewogeneren kulturellen Austausch zur Förderung der gegenseitigen Achtung der Kulturen und einer Kultur des Friedens zu gewährleisten" sowie „die Interkulturalität zu fördern, um die kulturelle Interaktion im Geist des Brückenbaus zwischen den Völkern weiterzuentwickeln" (Art. 1 c) und d)).*

Die Initiativen zu einem *„Interkulturellen Dialog"* lassen sich als eine konzeptionelle Fortentwicklung der deliberativen Kommunikation auf internationaler Ebene verstehen (Endres 2010). Unter Beachtung der kulturellen Vielfalt werden in den Dokumenten das gegenseitige Verständnis und Vertrauen auf allen Ebenen des gesellschaftlichen Zusammenlebens betont.

Beispiel deutsches Verfassungsrecht

Diese ordnungspolitischen Normen auf internationaler Ebene und ihre Umsetzung für die entwicklungspolitische Zusammenarbeit haben ihren Niederschlag auch im deutschen Verfassungsrecht gefunden.

In sechs nach 1945 erlassenen Landesverfassungen der alten Bundesländer wurde das Erziehungsziel zur Friedensliebe (Baden-Württemberg, Bremen, Nordrhein-Westfalen) bzw. zur Völkerverständigung (Bayern, Nordrhein-Westfalen, Rheinland-Pfalz, Saarland), teilweise in direkter Anlehnung an Artikel 148 Abs. 1 der Weimarer Reichsverfassung propagiert. Auch in den Verfassungen der neuen Bundesländer sind entsprechende Normen aufgenommen worden. Das Erziehungsziel der Friedfertigkeit ist verankert in Brandenburg, Sachsen und Thüringen. Eine Völkerverständigung propagieren die Verfassungen von Brandenburg (Solidarität), Mecklenburg-Vorpommern, Sachsen-Anhalt und Thüringen. In fast allen Schulgesetzen finden sich ebenfalls Frieden und Völkerverständigung in variierenden Formulierungen in den Katalogen der Bildungs- und Erziehungsziele[12] (Reeb 2008: Anlage 1).

Aus dem Text des Grundgesetzes lassen sich unmittelbar keine (politischen) Erziehungsziele entnehmen (Weiler 1999: 48). Wohl aber enthält die Verfassung Zielbestimmungen, die auch als Vorgaben bzw. Richtschnur für den Unterricht und die Lehre Beachtung finden könnten. Das Grundgesetz ist daraufhin zu betrachten, inwieweit zur Thematik Friedens- und Sicherheitspolitik grundgesetzlich vorgegebene Qualifikationen vom Staatsbürger zu erwarten sind.

---

[12] Als fächerübergreifende Themenkomplexe bzw. Aufgabengebiete werden außerdem in den Schulgesetzen von Brandenburg die Friedenssicherung sowie in den Gesetzen von Hessen und Mecklenburg-Vorpommern die Friedenserziehung genannt.

Unter dem Eindruck des nationalsozialistischen Unrechtsregimes sowie der Schrecken und der Folgen des Zweiten Weltkrieges waren für die junge Demokratie eigene Streitkräfte weder aus Sicht der Deutschen noch aus Sicht der Alliierten vorgesehen und gewollt. Allerdings wird in der Präambel und in mehreren Artikeln des Grundgesetzes von 1949 auf die Themen Frieden und Krieg ausführlich eingegangen (Lutz 1992; Reeb 2008: 17f.).

Die verfassungsrechtlichen Erziehungs- und Bildungsziele lassen sich nur in einem entsprechend offenen kommunikativen Umfeld erreichen. Das Grundrecht auf Informations-, Meinungs- und Pressefreiheit (Art. 5 GG) garantiert demokratische Teilhabe. Jeder Bürger muss sich aus allen öffentlich zugänglichen Quellen informieren können und jederzeit seine Meinung äußern dürfen. Journalisten müssen ungehindert recherchieren und frei von Zwängen berichten können. Nur dort, wo diese Bedingungen auch tatsächlich gegeben sind, ist ein lebendiger Austausch von Argumenten möglich.

Fasst man diese Gedanken mit Blick auf einen Bildungsauftrag zusammen, ergibt sich ein umfassendes Verständnis von Frieden und Sicherheit, welches das Individuum zur Friedenswahrung und -gestaltung sowie Völkerverständigung ermuntern soll, ihm dabei aber nicht den Weg (keine zwingende Verpflichtung zum Wehrdienst) vorschreibt. Die offene Verfassung fordert die Schule auf, neue Herausforderungen zu berücksichtigen. Dazu gehört im internationalen Umfeld die veränderte Stellung Deutschlands in der Welt mit einer größeren Verantwortung. Die Sicherheitspolitik ist historisch, soziologisch und politisch umfassend zu thematisieren. Dabei haben alle relevanten politischen Vorstellungen ihren Platz. Bewertungsmaßstab bleiben die verfassungsrechtlichen Vorgaben, aufgrund derer es den Schülern zu ermöglichen sein soll, einen eigenen Standpunkt zu beziehen (Kapitel 6).

Fazit:

Der ordnungspolitische Rahmen für eine sicherheitspolitische Kultur ist eng mit dem (positiven) Friedensbegriff verbunden. Insgesamt wird ein idealistisches Bild gezeichnet, das im deutlichen Kontrast zu den realpolitischen Entwicklungen seit 1945 steht. Am Beispiel der deutschen

Verfassungsnormen kann eine Übernahme dieser Ideen in die nationale Rechtsordnung belegt werden.

2.2 Technisch-ökonomische Prozesse

Als Triebfeder der globalen Kommunikation wird die ökonomisch-technologische Entwicklung genannt. Sie manifestiert sich in den Prozessen der Globalisierung, Internationalisierung und Transnationalisierung (GIT-Prozesse) (Jäger/Beckmann 2007: 24). Zum einen hat das Internet die Kommunikationsräume erweitert und ermöglicht grenzüberschreitende, politisch unkontrollierbare Kommunikationsprozesse. Das *„athenische Zeitalter“* (Al Gore) soll somit das Ideal einer Raum unabhängigen Kommunikation garantieren. Zum anderen begünstigen Liberalisierungsprozesse im Welthandel die Kommerzialisierungstendenzen auch im Informations- und Kommunikationssektor mit der Folge zunehmender Konzentrationen von global agierenden Medienkonzernen (Hachmeister/Rager 2006).

Technologisierung

Die Digitalisierung steht hier für die Ausprägungen in den Informationstechnologien, die durch die Vernetzung und Datenübertragungstechniken eine Überwindung von Raum und Zeit bewirken (Viehrig 2010). Informationen und Nachrichten in Echtzeit rücken die Orte des Geschehens visuell näher aneinander. Die beschleunigte Kommunikation lässt Ereignisse mehr punktuell denn zusammenhängend erscheinen. Weiteres Merkmal ist die Entgrenzung. Ursprung und Zielort der Informationen können überall liegen. Eine Unterscheidung zwischen internen und externen Zielgruppen ist kaum noch zu treffen. Damit erhalten auch beliebig viele Akteure die Möglichkeit, Aufmerksamkeit auf ihr Anliegen zu lenken. Die voranschreitende Anwendung von Informationstechnologien fördert die Unübersichtlichkeit von Informationsanbietern und -lagen. Damit nimmt die Glaubwürdigkeit der Quellen mit steigender Manipulierbarkeit ab. Die Wahrnehmung von Bildern und Botschaften ist dabei in Regionen mit hoher Kommunikationsdichte am spürbarsten.

Im Zuge dieser Entwicklungen und flankiert durch politische Maßnahmen ist eine Verbreitung von elektronischen Medien weltweit festzustellen. Zu berücksichtigen ist aber, dass nicht in allen Weltregionen die gleiche Infrastruktur und Medientechnik für Übertragung und Empfang vorhanden sind (Hans-Bredow-Institut 2009) und sich die Rezipienten nach kulturell geprägten Medienpräferenzen unterscheiden. Auf der Weltinformationskonferenz 2005 in Tunis wurde nach wie vor der digitale Graben zwischen den Wissensgesellschaften und den Entwicklungsländern beklagt. In den letzten Jahrzehnten hat sich der Grad des Radio- und Fernsehzuganges auch in Regionen der Dritten Welt auf bis zu 90 Prozent erhöht. Ebenfalls ist eine kontinuierliche Verbreitung des Internet festzustellen (Internet World Status 2011). In Zonen hoher Analphabetisierungsrate und fehlender Infrastruktur spielt dagegen das Radio die wichtigste Rolle. Auch sind Fernsehgeräte weltweit mit zunehmender Empfangsdichte verfügbar. Aufgrund fehlender Infrastruktur (Strom, Telefon) sowie von Armut und Analphabetismus bleiben dennoch bis heute weite Gebiete hauptsächlich im ländlichen Bereich von den neuen Technologien ausgegrenzt. Die Schaffung der Voraussetzungen ist von der OECD-Welt seit langer Zeit zugesagt worden[13]. In Deutschland steht die Mediennutzung aller Art im Lebensmittelpunkt des Bürgers. Er verbringt mit ihnen durchschnittlich knapp zehn Stunden seiner Freizeit, auf denen 220 Minuten Fernsehen entfallen (Ridder/Engel 2010).

Während Individualkommunikation sowie Internetangebote in unbegrenztem Umfang global ausgetauscht und damit auch nicht reglementiert oder kontrolliert werden können, ist der Nachrichtenfluss über Massenmedien auf noch überschaubare Verbreitungswege begrenzt. Diese werden von den internationalen Nachrichtenagenturen und –kanälen bestimmt (siehe Kapitel 4).

<u>Fazit:</u>

Insgesamt ist also eine Zunahme an weltweiten Informations- und Kommunikationsmöglichkeiten mit steigender Tendenz festzustellen. Gerade in politisch instabilen Regionen bestehen aber noch große Defizite. Das belegen Daten für arabische Medien (Heinrich Böll Foundation 2004).

---

[13] Vgl. dazu die Verpflichtungen auf den G8-Gipfeln in Okinawa, Genua und Kanaskis sowie die Debatten auf dem Weltinformationsforum 2003 in Genf (http.//www.itu.int/wsis).

Ökonomisierung
Der fortschreitende Prozess der Globalisierung auf dem Informations- und Medienmarkt unterliegt massiven ökonomischen Interessen. Durch Zusammenschlüsse von Unternehmen soll Medienmacht und damit der wirtschaftliche Einfluss auf allen Kontinenten vergrößert werden. Konzerne und Mogule wie Rupert Murdoch passen sich bei diesen Bemühungen den politischen Besonderheiten und Erwartungen der jeweiligen Akteure an (Kleinsteuber/Thomaß 2004).

Global agierende Medienkonzerne dienen häufig als Beleg für eine weltweite Kommunikation. Tatsächlich geht es ihnen um eine Gewinnmaximierung und Marktsicherung durch Konzentrationsprozesse. Die Medienangebote reduzieren sich auf ihren Warencharakter, d.h. die publizistischen Güter sind Mittel, um primär ökonomische Ziele zu verfolgen. Der vermarktungsrelevanten Unterhaltung wird der Vorrang vor Informationsangeboten gegeben. Die Konzentrationsprozesse geben Grund zu der Befürchtung, die Medienvielfalt werde ausgehöhlt und die schwer durchschaubaren Verflechtungen ermöglichen die Durchsetzung anderer, auch politischer Interessen. Diese Entwicklungen stehen im Gegensatz zu den Erwartungen eines globalen Kommunikationsraums. Es geht also weniger um Integration und Inhalte, „häufiger dagegen um übergeordnete, transkulturelle Strategien der Gestaltung von Thematisierungs- und Vermarktungsprozessen" (Meckel/Kamps 2003: 488) mit dem Ziel des Profits. Den im internationalen Bereich agierenden Unternehmen gelingt es, nur unter Berücksichtigung der regionalen Besonderheiten zu expandieren. Aufgrund der staatlichen Regulierungen ordnen sie sich den politischen und rechtlichen Vorgaben für Markthandeln unter. Auch die Online-Kommunikation findet in den Regionen ihre Grenzen, wo die Infrastruktur einen Betrieb nicht erlaubt. Die ökonomischen Rahmenbedingungen der Publizistik prägen damit auch die Orientierungen der Medienberichterstattung (Kapitel 4).

Gleichwohl ist im Nachrichtensektor eine Vereinheitlichung von Formaten festzustellen (Meckel/Kamps 2003: 489; Rössler 2003: 305). So haben die neuen arabischen Satellitenfernsehprogramme wie *„Al Dschasira"* die westlichen professionellen formalen Standards übernommen. Dennoch bleiben lokale Sichtweisen und kulturelle Zusammenhänge erhalten (Swanson 2003). Hafez schließt aus dieser Angleichung einen interkulturellen Konsens beim Wahrheits- und Objektivitätsanspruch in der Nachrichtenproduktion (Hafez 2002a: 87).

Fazit:

Insgesamt mündet der ökonomisch-technologisch induzierte Strukturwandel der Medien nur partiell in ein Umfeld von transnationaler Kommunikation. Gleichwohl ist die Ökonomisierung als strukturprägendes Merkmal in der Nachrichtenproduktion der Medien spürbar.

2.3 Sozio-kulturelle Strukturen

In einer systemtheoretisch-konstruktivistischen Perspektive, die das Verhältnis von Realität und Medienwirklichkeit in den Mittelpunkt der Theoriebildung stellt, abstrahiert sich Journalismus auf die Verarbeitung von Beobachtungen von Weltgeschehen gemäß des Aktualitätskriteriums (Görke/Kollbeck 1996). Kultur kann dabei „als sozialer Standardisierungsprozess verstanden werden, der kommunikativ hergestellt wird“ (Löffelholz 2002: 195). Eine solche Theorie bleibt aber zu allgemein und kann die realen Phänomene und Trends nicht erfassen.

Die Reichweite von Öffentlichkeit wird maßgeblich durch die Aufgabe der Massenmedien, Sinnangebote zur Konstruktion von Realität zu machen, bestimmt. Demnach sind Medien als Sinnstiftungs- und Sozialisationsinstanz Teil eines Kommunikationsprozesses, durch den die Individuen in ihre spezifischen Lebenswelten hineinwachsen und sie ihre eigenen Wirklichkeiten herstellen. Dem unterliegt die Annahme, dass Menschen Objekten gegenüber auf der Grundlage von Bedeutungen handeln, die diese Objekte für sie besitzen. Die Relevanz solcher Vorgänge erwächst aus der sozialen Interaktion, die die Individuen miteinander eingehen.

> *„Die Bedeutungen unterliegen einem interpretativen Prozess, in dem der einzelne sich selbst Gegenstände ‚anzeigt‘, auf die er sein Handeln ausrichtet und ihre Bedeutung dann in Abhängigkeit von der gegebe-*

nen sozialen Situation prüft, zurückstellt, sie neu ordnet, umformt usw." (Schenk 2000: 174).

Die soziale und politische Wirklichkeit zeigt sich in sinnhaft aufeinander bezogenen Handlungen. Im Sinn kommt nicht nur der Erwartungs- und Bewertungshorizont (Werte und Normen) sozialer Systeme für die davon betroffenen bzw. die daran beteiligten Subjekte „sinnanfällig" zum Ausdruck, sondern die gesellschaftlichen Subjekte entwickeln selbst in Kommunikationsprozessen sozialer Verhandlung und symbolischer Verständigung den verbindlichen Sinn gemeinsamen Handelns.

Massenmedien können ihre Aufgabe der Interpretation von Sinn nur auf der Grundlage eines gleichen Zeichenvorrates erfüllen. Das setzt in der Regel eine sprachliche und kulturelle Identität voraus. In (sicherheits-)politischen Angelegenheiten prägen sie das Meinungsbild, die Einstellungsmuster und die Handlungen der Individuen mit Hilfe aufbereiteter und vorgefasster Informationen, Analysen und Bewertungen entscheidend mit. Dadurch tragen sie zur Legitimierung politischer Entscheidungen bei. Gleichzeitig wirkt eine erfolgreiche Sinnstiftung abgrenzend gegenüber Individuen mit anderen Deutungsmustern und kann den interkulturellen Kommunikationsprozess stören.

Die Verknüpfung des sozio-kulturellen Systems mit dem politisch-ökonomischen System erzeugt durch politische Rahmenbedingungen abgesicherte Medienmärkte, in denen das Produkt Medien (Inhalte, Werbung) auf die Lebenswelten der Individuen abgestimmt angeboten wird. Auch deshalb können Massenmedien ihre Sinnangebote erfolgreich nur innerhalb dieser Bedingungen abgeben. Eine globale Kommunikation bleibt eine Fiktion, weil sie von diesen Voraussetzungen unabhängig agierende Medien unterstellt. Aber selbst ein international tätiges Medienunternehmen muss sich dem spezifischen Medienrecht und den politisch-ökonomischen Gegebenheiten in jeder Region der Welt anpassen.

Empirische Untersuchungen belegen, dass sich Medienangebote und -nutzung in einem bestimmten sozial-räumlichen Kontext abspielen (Jarren/Meier 2000: 353). Die globale Welt wird weiterhin auf der Basis von Nationalstaaten beschrieben. Es besteht ein Mangel an „massenmedial konstruierten Gemeinsamkeiten" (Ludes 2001 392). So gibt es fast keine europäischen Tageszeitungen, Fernsehprogramme usw., die eine europäische Öffentlichkeit begründen könnten (Berliner Debatte Initial 2002).

> *Die „zunehmende Vernetzung und unternehmerische Verflechtung der globalen Kommunikationsstrukturen gehen in vielen Fällen mit einem nach wie vor starken inhaltlichen Partikularismus der Berichterstattung einher"* (Hafez 2002: 11).

Globalisierungstendenzen spiegeln sich eher in Unterhaltungsangeboten wider. Die Nachrichtenproduktion beschränkt sich dagegen auf Ereignisräume. Somit werden die gleichen Themen zur gleichen Zeit nicht oder nur bei singulären Ereignissen unter gleichen Relevanzgesichtspunkten diskutiert (Risse 2002: 15).

Auch die Annahme, von Inhalten auf eine homogenisierende Wirkung zu schließen, kann durch empirische Studien nicht bestätigt werden (Kunczik/Zipfel 2005: 424). Medien tragen nicht zur Konstitution einer integrierten, internationalen Öffentlichkeit bei (Rössler 2003: 329). Einhelligkeit herrscht darin, dass Rezeption kulturspezifisch ist (Krotz 2002: 696). Das Publikum konstruiert Realität aufgrund der eigenen kulturellen Prägungen (Tomlinson 2002: 148; Thomas 2003). „Durch die Globalisierung von Medienkommunikation entsteht also weder eine kulturelle Homogenisierung noch die kulturelle Nähe einer Nachbarschaft" (Esser 2003: 482). Die kulturellen Einflüsse können eher als hybride bezeichnet werden. Differenzen bleiben erhalten. Die unterschiedlichen Wertvorstellungen in Medienbotschaften schließen Spannungen in der internationalen Kommunikation nicht aus. „Spekulationen über die Bedeutungslosigkeit des Nationalstaates und seiner Kultur" (Esser 2003: 486) sind als verfrüht anzusehen. Für internationale Politikberichterstattung interessiert sich aufgrund geringer Artikulationsbefähigung und fehlender Kenntnisse ohnehin nur ein kleiner Teil der Menschheit.

Die Kommunikationstechnologien erlauben es allerdings einzelnen zivilgesellschaftlichen Akteuren, auch zu sicherheitspolitischen Themen global verankerte Sinnangebote zu unterbreiten. Aufgrund der hohen Medienaufmerksamkeit für ihre Aktionen (z.B. Kampagnen gegen

Landminen) wird die Relevanz dieser transnationalen Kommunikation hoch eingeschätzt, bleibt aber insgesamt auf Einzelthemen und wenige Ereignisse beschränkt.

Insgesamt lassen sich unter sozio-kulturellen Gesichtspunkten nur partielle transnationale Kommunikationsprozesse feststellen. Tendenzen zur Abgrenzung von *„Sinnstiftungszonen"* sind gleichzeitig zu erkennen. Diese können Auswirkungen auf Sicherheit in und zwischen den Gesellschaftssystemen haben und müssen in der Herstellung von Sicherheitsdiskursen berücksichtigt werden.

Fazit:

Somit kann für die Sicherheitspolitik festgestellt werden, dass die Medien zwar grenzüberschreitend handeln und wahrgenommen werden können, sie aber im Produktionsprozess weitgehend an den kulturellen oder sogar nationalen Systemen angebunden sind. Entscheidend bleibt dabei, mit welchen Freiheitsgraden das journalistische System innerhalb der Gesellschaftssysteme ausgestattet ist, insbesondere inwieweit die Pressefreiheit durch die politischen Akteure geachtet wird.

2.4 Folgerungen für die Analyse von Sicherheitskultur

Die Umweltfaktoren beeinflussen die Systeme der Gesellschaft in der Ausprägung und Entwicklung ihrer Sicherheitskultur. Die ordnungspolitischen Normen können als politischer Rahmen verstanden werden, der so wie in Deutschland aufgegriffen und in das eigene Verfassungsrecht transferiert werden sollte. Diese Normen müssen im sicherheitspolitischen Meinungs- und Entscheidungsprozess als normative Leitlinien berücksichtigt werden. Sie spiegeln das ideale Verständnis von Öffentlichkeit als Voraussetzung des Aushandelns einer gerechten Sicherheitsordnung wider.

Die technologischen und ökonomischen Prozesse stellen dynamische Einflussgrößen auf sicherheitspolitisches Handeln dar. Die politischen Akteure können sich ihnen nicht ohne weiteres entziehen, haben aber die Möglichkeit, auf diese Prozesse selbst Einfluss zu nehmen oder sich auf die Auswirkungen einzustellen.

Die Akzeptanz von politischer Sicherheitsvorsorge hängt maßgeblich von sozio-kulturellen Faktoren ab. Damit kommen die Theorien zur Securitization ins Spiel, wonach ein Vorgang bezeichnet wird, mit dem ein Sachverhalt im Rahmen eines sozialen Deutungsprozesses als sicherheitsrelevant gekennzeichnet wird (Stritzel 2007; Brock 2005). In sog. Legitimationsdiskursen kann dann über den Bedeutungsgehalt von solchen Angelegenheiten debattiert werden. Hiermit ist auch immer eine Entscheidung über die Vorrangstellung von Sicherheit gegenüber anderen gesellschaftlichen Werten (Freiheit, Gerechtigkeit, Wohlstand) verbunden. Die kulturellen Unterschiede zwischen den Gesellschaften, die durch Kommunikationsprozesse nach außen zum Ausdruck kommen, spiegeln sich folglich in den Verständnissen von Sicherheit wider, so dass sich Sicherheitswahrnehmungen im sozio-kulturellen Kontext voneinander unterscheiden und in konkurrierende Sicherheitserwartungen an das politische System münden können.

Bei der Gestaltung einer gesellschaftlich geprägten Sicherheitskultur stellt sich daher die Herausforderung, die universellen Normen gegenüber widerstrebenden Prozessen und Strukturen zu behaupten bzw. in ihrem Sinne zu beeinflussen.

Diese Feststellungen münden in die **These**, dass bei Vorliegen der normativen Bedingungen von Öffentlichkeit (Pressefreiheit, Partizipation) innerhalb eines Gesellschaftssystems ein für alle gerechtes Verständnis von Sicherheit ausgehandelt werden kann, das innerhalb des internationalen Systems durch mediale Kommunikation zwischen den Gesellschaften in Diskurs tritt. Während dazu auf der individuellen Ebene Kompetenzen zur Dialogbereitschaft (einschließlich interkultureller Kompetenz) vorhanden sein müssen, geht es auf der Makroebene um die Bildung von *„interkultureller Koexistenz“* (Bredow).

3 Politisches System

Das politische System ist hier gekennzeichnet durch Leistungen, die die Meinungs- und Entscheidungsbildungsprozesse zu gesellschaftlich relevanten Sicherheitsangelegenheiten betreffen. Die aus der Gesellschaft (i.S. der Summe von Individuen und sozialen Gruppen) eingebrachten Vorstellungen und Erwartungen zu Sicherheitsfragen gehen in das politische System, um dort öffentlich verhandelt zu werden. Dazu wird auf das Modell des politischen Prozesses zurückgegriffen, in dem die Akteure ihre Rollen zugewiesen bekommen haben. Auf der Grundlage dieser Struktur können Erkenntnisse zum Umgang mit Sicherheit empirisch gewonnen werden. Defizite im Meinungsbildungs-, Entscheidungs- und Kommunikationsprozess sind somit feststellbar.

3.1 Modell des sicherheitspolitischen Prozesses

Das Modell des sicherheitspolitischen Prozesses beschreibt die Meinungs- und Entscheidungsbildung und die ihnen zugrundeliegenden Einstellungsmuster und Wertorientierungen. Unter Berücksichtigung der Kerneinfluss- und Leistungsbereiche der beteiligten Akteure erscheint für die nachfolgende Darstellung eine Bündelung in Phasen sinnvoll zu sein. Die Konversion vom Input bis zum Output innerhalb des politischen Prozesses lässt sich demnach in den Phasen Problemartikulation, Problemdefinition, Politikdefinition, Programmentwicklung, Implementation und Evaluation darstellen (Jarren/Donges 2006: 207). Der Einfluss und die Leistung der Akteure (intermediäres System, politisch-administratives System, mediales System) haben in den einzelnen Phasen unterschiedliches Gewicht.

In den Phasen der Problemartikulation und -definition wird der politische Meinungs- und Willensbildungsprozess vorbereitet. Hier wirken sich am stärksten die Akteure des intermediären Systems aus: die politischen Parteien, der politische Journalismus, die *„Scientific Community"* sowie verschiedene Interessengruppen. Diese Akteure können bezogen auf die Sicherheitsthematik idealtypisch als *„Strategic Community"* bezeichnet und verstanden werden. Sie treten innerhalb einer Gesellschaft in einen Meinungskampf mit anderen sinnstiftenden

Institutionen und einer *„Gegenöffentlichkeit"*, die mit einem anderen Paradigma von „Frieden und Sicherheit" um Gehör und Akzeptanz in der Bevölkerung angetreten sind. Die Übergänge zwischen diesen Gruppierungen sind in demokratischen Gesellschaften fließend, da durch den personellen Wechsel im politisch-administrativen System auch ihr Einfluss zu- oder abnehmen kann (z.B. Vertreter von Regierungsparteien).

Ab der Phase der Politikdefinition bis zur Implementation beherrscht das politisch-administrative System den politischen Prozess. Institutionell betrachtet gehören im deutschen Gewaltenteilungssystem dazu: die Regierung mit der Administration (auch international organisiert), das Parlament als Entscheidungsträger in politischen Grundsatzfragen sowie die Verfassungsrechtsprechung. Die Evaluation einer politischen Entscheidung ist dagegen keinem besonderen Akteur zuzuordnen (Abbildung 6).

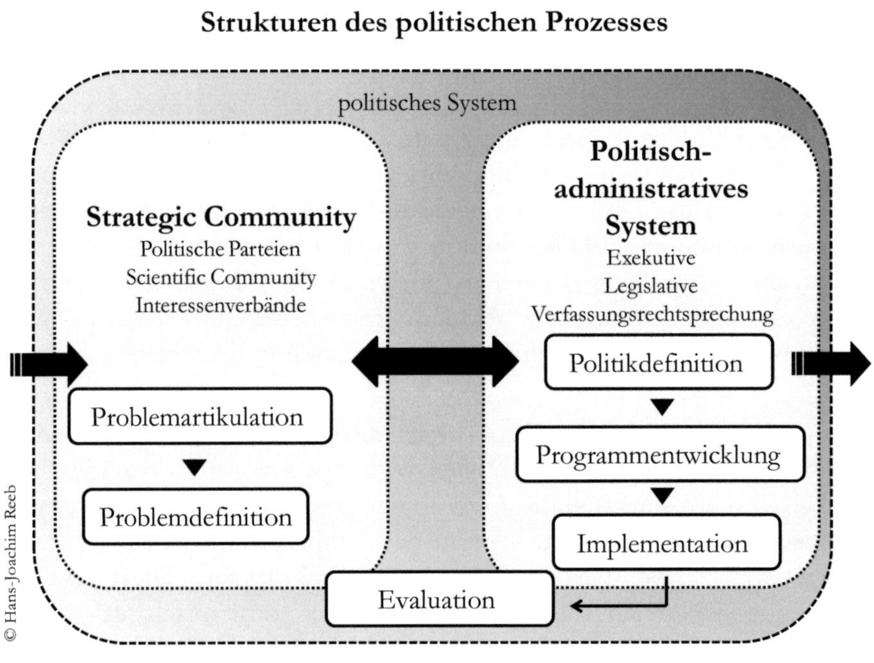

Abbildung 6

Während noch in früheren Modellen des politischen Prozesses den Medien eine weitere Rolle neben den anderen Institutionen im intermediären System zugesprochen wurde, wird mittlerweile dem medialen System durch seine Kommunikationsleistungen eine eigenständige Funktion im politischen Prozess zugebilligt (Donges/Jarren 2010: 414; dazu Kapitel 4). Auf diese exklusive Rolle der Medien sind die politischen Akteure eingerichtet. Sie wirken auf das Mediensystem mit eigenen Aktivitäten ein und versuchen es in ihrem Sinn zu beeinflussen. Während es im politischen Prozess um die Herstellung von Entscheidungspolitik gehen soll, werden die Vermittlungsleistungen aus dem politischen System in die Gesellschaft mit Darstellungspolitik beschrieben. Diese wird hier als sicherheitspolitische Informations-, Kommunikations- und Bildungspolitik gekennzeichnet.

3.2 „*Strategic Community*" im sicherheitspolitischen Meinungsbildungsprozess

Die „*Strategic Community*" ist ein „*virtueller Zirkel*" von Experten, die meinungsführend durch Diskussionsbeiträge und Empfehlungen auf die sicherheitspolitische Debatte Einfluss nehmen wollen (Bredow 1999: 66). Sie besuchen regelmäßig Tagungen und publizieren in einschlägigen Organen. Neben den Wissenschaftlern können hierzu Parteipolitiker, Fachjournalisten, Interessenvertreter sowie Experten der Ministerialadministration und der Streitkräfte gezählt werden. Zu besonderen Debatten äußern sich ebenfalls Vertreter von sinnstiftenden Institutionen (Kirche, Kultur).

Als „*Scientific Community*" werden hier als Teilmenge die Personen und Institutionen verstanden, die sich wissenschaftlich oder konzeptionell in der „*Strategic Community*" mit sicherheitspolitischen Themenstellungen befassen. Daneben hat sich seit Bekanntwerden der ersten Überlegungen zu einer Wiederbewaffnung in den 1950er Jahren eine „*Gegenöffentlichkeit*" („*Neue Soziale Bewegung*") etabliert, die seit Ende der 1960er Jahren mit der Friedensforschung und der organisierten Friedensbewegung eine eigene Plattform erhielt.

Es lassen sich mehrere Gründe nennen, die für eine ausgeprägte strategische Expertengemeinschaft in Deutschland sprechen könnten. Dazu zählen die weltpolitischen Veränderungen und internationalen

Herausforderungen, weshalb die Regierung einer Mittelmacht wie Deutschland auf eine breit aufgestellte Expertise zu den globalen Herausforderungen angewiesen ist, um sachlich fundierte Entscheidungen treffen zu können. Sowohl Analysen über zurückliegende Entwicklungen als auch Planungsentwürfe für die Zukunft sollten der Kern rationaler Politik sein.

Eine *„Strategic Community"* ist für die sicherheitspolitische Kultur eines Landes ein wichtiges Merkmal. Um die erforderlichen Dispositionen entwickeln und im politischen Prozess einsetzen zu können, müssen entsprechende Denk- und Lernräume geschaffen werden. Eine rationale und hintergründige Auseinandersetzung mit der Sicherheitspolitik ist aufgrund ihres pädagogischen Auftrages besonders von den Bildungseinrichtungen zu erwarten. Dort sind sowohl die grundlegenden Kenntnisse und Zusammenhänge zu vermitteln als auch eine werteorientierte Haltung für Demokratie, Menschenrechte und Solidarität zu fördern. Darüber hinaus dienen entsprechende Bildungsmaßnahmen dazu, die künftigen politischen Akteure auf ihre Aufgaben vorzubereiten.

Inwieweit sich diese Ansprüche in der derzeitigen deutschen *„Strategic Community"* widerspiegeln, soll im Folgenden festgestellt werden. Die im intermediären System verankerten Akteure finden sich vereinzelt in politischen Parteien und den parteinahen Stiftungen, an Universitäten und Forschungsinstituten mit speziellen Fragestellungen sowie in entsprechenden Gremien, Interessengruppen und im Fachjournalismus. Nach Feststellungen von Beobachtern ist auf dem Gebiet der Sicherheitspolitik eine solche *„Strategic Community"* in Deutschland nicht besonders ausgeprägt (Siedschlag 2001). Sie beträgt nach Schätzungen nicht mehr als 200 Personen, die hier als Experten angesehen werden können (Mols 1998: 263; Beer 2006; Thunert 2007).

Politische Parteien

Der Einfluss der parteipolitischen Akteure außerhalb des politisch-administrativen Systems hängt wesentlich von der Prominenz der Politiker und der derzeitigen Rolle im Regierungssystem ab. Die außenpolitischen Zwänge und Rücksichtnahmen, eine Tendenz zur Kontinuität sowie eine zunehmende Verflechtung in den internationalen Beziehungen begrenzen die Spielräume für parteipolitische Strategien und Interessen

(Bartsch 1998). Freiräume ergeben sich eher für Oppositionsparteien wie *„Die Linke"*, weil sie nicht auf eine Regierungsverantwortung im Bund hoffen kann. Die größte Aufmerksamkeit für ihre kritische Haltung gegenüber der etablierten Sicherheitspolitik erzielte sie über parlamentarische Initiativen, wie Anfragen und Anträgen. Innerhalb der Parteien existieren auf Bundes- und Landesebene sicherheitspolitische Fachausschüsse und Arbeitskreise, in denen politische Interessierte zumindest zeitweise inhaltlich eingebunden werden können.

Die Parteien werden durch ihre sog. parteinahen Stiftungen unterstützt, die auch entsprechende Bildungsangebote unterbreiten und Studien erstellen. Die *„Konrad-Adenauer-Stiftung"* (CDU), die *„Friedrich-Ebert-Stiftung"* (SPD) und die *„Friedrich-Naumann-Stiftung"* (FDP) weisen nur vereinzelt entsprechende Veranstaltungsinhalte auf. Der Schwerpunkt bei der *„Heinrich-Böll-Stiftung"* (Grüne) liegt auf der Thematik Globalisierung, Menschenrechte und Entwicklungspolitik. Die *„Rosa-Luxemburg-Stiftung"* (Linke) thematisiert Kriege, militärische Konflikte und Friedensaspekte. Lediglich die *„Hanns-Seidel-Stiftung"* (CSU) ragt durch regelmäßige Wochenendseminare zur Sicherheitspolitik hervor (Reeb 2008: 41f.).

Die Parteien entfalten ihre größten Aktivitäten in der politischen Auseinandersetzung vor den Wahlen. Sicherheitspolitik und Streitkräfte standen dabei selten im Mittelpunkt eines Wahlkampfes (Reeb 2002). Diese Themen gehören in der öffentlichen Wahrnehmung nicht zu den wichtigsten Politikfeldern, so dass die politischen Parteien keinen großen Einfluss auf das Wählerverhalten erwarten (Holtz-Bacha 2010). Trotzdem lässt sich das „Wahlvolk" durchaus auch durch spektakuläre außen- und sicherheitspolitische Ereignisse emotionalisieren. Soweit sich in der Ziel- oder Mittelbestimmung erkennbare Differenzen zwischen den Parteien auftun, gerät die Thematik in das Zentrum eines Wahlkampfes. Beispiele sind die Haltung der Parteien zum NATO-Doppelbeschluss vor den vorgezogenen Bundestagswahlen 1983 oder der Richtungs-Wahlkampf um die Ostpolitik 1972. Aber grundsätzlich eignet sich die sperrige Sicherheitspolitik nicht für einen Wahlkampf, der heute mit spezifischen Elementen der Kampagnenführung organisiert wird.

Im Rahmen dieser „Spielregeln" eröffnen sich dennoch immer wieder spontan Möglichkeiten, sicherheitspolitische Themen in den Vordergrund zu stellen oder sogar zu instrumentalisieren. Die Thematisierung eines bevorstehenden Irak-Krieges im Wahlkampf der SPD ab August 2002 konnte der Partei einen kleinen Stimmengewinn bei der Wahl im September 2002 erbringen (Reeb 2002: 22). Umgekehrt versuchen die Parteien diese Themen aus dem Wahlkampf herauszuhalten oder zu überdecken, wenn sie eher Stimmenverluste vermuten. Das war beim Thema Afghanistan vor den Bundestagswahlen von 2005 und 2009 zu erkennen, weil alle Parteien außer der Linken für diesen Auslandseinsatz gestimmt hatten und nicht mit negativen Ereignissen (Gewalt) identifiziert werden wollten. So wurde die bis heute spektakulärste und folgenreichste militärische Entscheidung eines deutschen Soldaten am 4. September 2009 in Kunduz erst nach der Wahl zu einer Auseinandersetzung zwischen den Parteien hochgespielt, mehr aber auch hier in einem personalisierten Framing, indem die Darstellungspolitik der Verteidigungsminister kritisiert wurde.

Der Wahlkampf zur Bundestagswahl 2009 beinhaltete im Übrigen kein sicherheitspolitisches Thema, da es zwischen den großen politischen Lagern zu keiner Polarisierung kam, die Kampagnen tauglich gewesen wäre. Ausschlaggebend für die Abstinenz dürfte aber der Verzicht auf eine sicherheitspolitische Grundsatzdebatte in Deutschland gewesen sein. Ohne eine solche Debatte bleiben auch die Wahlkämpfer relativ blass, um sich exponiert in die Öffentlichkeit zu stellen. Auch wollten die Vertreter der damaligen Regierungsparteien (*„Große Koalition“*) die Auslandseinsätze der Bundeswehr nicht über Gebühr öffentlich thematisieren.

„Scientific Community“

Eine *„Scientific Community“* müsste sich zu aller erst in den verschiedenen Aktivitäten der akademischen Lehre und Forschung widerspiegeln (Reeb 2009). Dazu sollen zunächst die Universitäten und Fortbildungseinrichtungen sowie die wissenschaftliche Politikberatung in außeruniversitären Institutionen sowie zentrale Kommunikationsforen näher betrachtet werden (im Einzelnen Thunert 1999: 10ff.; Beer 2006).

Sicherheitspolitik an Universitäten

Der Bildungs- und Forschungsgegenstand Sicherheitspolitik findet sich neben der Internationalen Politik und der Außenpolitik in der politikwissenschaftlichen Teildisziplin *„Internationale Beziehungen"* wieder. Eine thematische Abgrenzung zur Sicherheitspolitik ist dort schwierig, im Kern geht es aber – wie bereits oben ausgeführt - um Aspekte der Sicherheit aufgrund äußerer Bedrohungen. Hellmann bezeichnet Sicherheitspolitik in diesem Zusammenhang als

> *„all jene Maßnahmen („Sprechakte"), die von den außenpolitischen Repräsentanten eines Staates ergriffen werden, um Güter, die zugleich sichernswert, sicherungsfähig und bedroht sind, zu bewahren"* (Hellmann 2007: 607).

Dieser Sicherheitsbegriff beschränkt sich somit nicht auf Militär und Rüstung als die zentralen Kennzeichen der deutschen Sicherheitspolitik bis zum Ende des Ost-West-Konfliktes. Er bezieht sämtliche Komponenten ein, die Einfluss auf die Sicherheit eines Landes und seiner Bevölkerung haben könnten. Die Lehre wird auf einen solchen erweiterten oder vernetzten Sicherheitsbegriff in unterschiedlichen thematischen und methodischen Zugängen eingehen müssen.

Die universitäre Ausbildung ist ein Indikator dafür, mit welchen Kompetenzen die künftigen Führungskräfte in Politik und Politikberatung vorbereitet werden. Es liegt aber kein allgemein verbindlicher Fächerkanon in den Politikwissenschaften und speziell im Fachgebiet *„Internationale Beziehungen und Außenpolitik"* vor. Die Sicherheitspolitik ist universitär als eigener Bereich nicht institutionell abgebildet. Ein Blick auf die Strukturen der deutschen Universitäten macht die derzeitige Randstellung dieses Politikfeldes deutlich (Tabelle 1, S. 60).

Universitäre Institute und Studienkreise mit sicherheitspolitischer Ausrichtung

Institute	in, seit, Homepage
Institut für Sicherheitspolitik an der Universität Kiel (ISUK)	Kiel, 1980er Jahre **http://www.isuk.org**
Düsseldorfer Instituts für Außen- und Sicherheitspolitik (DIAS) an der Heinrich-Heine-Universität	Düsseldorf, 2003 **http://www.dias-online.org**
Hessische Stiftung Friedens- und Konfliktforschung an der Johann-Wolfgang-Goethe-Universität Frankfurt/M.	Frankfurt/M., 1970 **http://www.hsfk.de**
Institut für Friedens- und Sicherheitspolitik (IFSH) an der Universität Hamburg	Hamburg, 1971 **http://www.ifsh.de**
Universitäre Studienkreise	**in, seit, Homepage**
Arbeitsgemeinschaft für Internationale Politik und Sicherheit e.V. (AGIPS)	Bonn, 1986 **http://www.agips.org**
Bundesverband Sicherheitspolitik an Hochschulen	Bonn, 1990 **http://sicherheitspolitik.de**
Kölner Forum für Internationale Beziehungen und Sicherheitspolitik e. V. (KFIBS)	Brühl, 2005 **http://www.kfibs.org**
Außen- und Sicherheitspolitische Studienkreise e.V. (ASS)	Atzbach an der Lahn, 2006 **http://www.sicherheitspolitik.org**

Tabelle 1

Vier Hochschul-Institute weisen einen sicherheitspolitischen Schwerpunkt auf. Diese Institute sind aber lediglich an die jeweiligen Universitäten angeschlossen bzw. in unterschiedlicher Weise mit ihnen personell verbunden. So besteht im von Kaltefleiter in den 1980er Jahren gegründeten *„Institut für Sicherheitspolitik"* an der Universität Kiel (ISUK) eine Personalunion mit dem Lehrstuhl für Politische Wissenschaften. Das Institut wurde damals als ein sicherheitspolitisches Gegengewicht zur neu etablierten Friedens- und Konfliktforschung gegründet. Es wird unterstützt von der *„Gesellschaft für Sicherheitspolitik und Rüstungskontrolle"* (*„Deutsches Strategieforum"*) und finanziert sich darüber hinaus durch Projektmittel. Das *„Düsseldorfer Institut für Außen- und Sicherheitspolitik"* (DIAS) ist ein privates Institut, das an die Heinrich-Heine-Universität angelehnt ist. Das *„Institut für Friedens- und Sicherheitspolitik Hamburg"* (IFSH) und die *„Hessische Stiftung Friedens- und Konfliktforschung"* in Frankfurt/Main (HSFK) haben als rechtlich eigenständige Institute ihren Arbeitsschwerpunkt eher im Bereich der traditionellen Friedens- und Konfliktforschung. Die universitäre Lehre an der Universität Hamburg bzw. an der Johann-Wolfgang-Goethe-Universität Frankfurt/M. steht nicht im Mittelpunkt ihres Auftrages.

Bisher sind nur sporadische Aktivitäten in Bezug auf Sicherheitspolitik an den deutschen Universitäten zu erkennen. So wurde durch den Lehrstuhl für Internationale Politik und Außenpolitik der Universität zu Köln 2008 die *„Zeitschrift für Außen- und Sicherheitspolitik (ZfAS)"* ins Leben gerufen.

Eine auf dem ersten Blick erfreuliche Entwicklung zeigt das Interesse der Studierenden. Neben zwei etablierten studentischen Vereinigungen (*„Arbeitsgemeinschaft für Internationale Politik und Sicherheit e.V."*, *„Bundesverband Sicherheitspolitik an Hochschulen"* als organisatorischer Bestandteil des *„Verbandes der deutschen Reservisten e.V."*) können seit 2005 zwei Neugründungen (*„Kölner Forum für Internationale Beziehungen und Sicherheitspolitik e.V."*; *„Außen- und Sicherheitspolitische Studienkreise e.V."*) mit sicherheitspolitischer Ausrichtung registriert werden. Das Interesse ist bei denen besonders ausgeprägt, die als ehemalige Soldaten oder als Reservisten persönliche Bindungen an die Bundeswehr aufweisen.

Keine Rolle spielt die sicherheitspolitische Thematik in den politikwissenschaftlichen Verbänden (*„Deutsche Vereinigung für Politische Wissenschaft"*, *„Deutsche Gesellschaft für Politikwissenschaft"*). Mit einem eigenen

Selbstverständnis präsentieren sich dagegen die Friedens- und Konfliktforschung sowie die ihr thematisch nahestehende entwicklungspolitische Forschung.

Diese Rahmenbedingungen erlauben es, sich bei der Analyse auf ein überschaubares Lehrangebot im universitären Bereich zu konzentrieren. Dieses findet sich in den Bachelor-Studiengängen Politikwissenschaften sowie in den spezialisierten Master-Studiengängen.

Es lässt sich anhand der einzelnen Studiendokumente (wie Modulhandbücher, Prüfungsordnungen) feststellen, dass spezielle sicherheitspolitische Fragestellungen in den neuen Bachelor-Studiengängen eher sporadisch angeboten werden, die von Studierenden schon gezielt ausgewählt werden müssen. Der erweiterte Sicherheitsbegriff stellt in Form von internationalen Konfliktanalysen durchaus einen in fast allen Studiengängen verbreiteten Aspekt dar, der sich allerdings in Relation zum Gesamtprogramm verliert.

Anders gestalten sich die konsekutiv oder weiterführend angebotenen Schwerpunkt-Studiengänge Internationale Beziehungen, Friedens- und Konfliktforschung (bzw. Sicherheitspolitik oder internationale Politik) sowie Militärgeschichte/ Militärsoziologie (Tabelle 2).

Im ersten Angebotstyp, der an einzelnen Universitäten verfügbar ist, werden die Aspekte von Frieden, Konflikten und Sicherheit neben anderen Fragestellungen der internationalen Politik thematisiert. Der zweite interdisziplinäre Studiengangtypus an Universitäten und Hochschulen stellt dagegen die Konfliktanalyse in den internationalen Beziehungen und Konzepte der Friedenssicherung schwerpunktmäßig heraus (Imbusch 2010: 179ff.). „Klassische“ Sicherheitspolitik steht bei diesen Studiengängen ebenfalls nicht im Mittelpunkt.

Weiterführende Studiengänge zur Sicherheits- und Friedenspolitik

Studiengang	Universität/ Hochschule Kooperationsinstitution(en)	eingeführt
Master of Peace Studies	FernUniversität Hagen	WS 2004/05 (ausgesetzt)
Friedensforschung und Sicherheitspolitik	Universität Hamburg/ IFSH	WS 2002/03
Friedens- und Konfliktforschung/ Peace- and Conflict Studies	Philipps-Universität Marburg	WS 2004/05
Friedensforschung und Internationale Politik	Eberhard-Karls-Universität Tübingen	WS 2004/05
Internationale Studien/ Friedens- und Konfliktforschung	Johann-Wolfgang-Goethe-Universität Frankfurt/M./ Technische Universität Darmstadt/ HSFK	WS 2006/07
Friedens- und Konfliktforschung	Otto-von-Guericke-Universität Magdeburg	WS 2005/06
Military Studies	Universität Potsdam/ SWInstBw / MGFA	WS 2006/07
Sozialwissenschaftliche Konfliktforschung	Universität Augsburg	WS 2008/09
International Security Studies	Universität der Bundeswehr München/ George C. Marshall European Center for Security Studies Garmisch-Patenkirchen	SS 2011

Tabelle 2

Die größte Nähe zu militärischen Themen weist der weiterführende Master-Studiengang *„Military Studies - Militärgeschichte/ Militärsoziologie"* an der Universität Potsdam auf. Dieser Studiengang wird getragen von der Universität Potsdam mit den Lehrstühlen Allgemeine Soziologie (Schwerpunkt Militärsoziologie) und Militärgeschichte sowie dem *„Sozialwissenschaftlichen Institut der Bundeswehr"* (SWInstBw) und dem *„Militärgeschichtlichen Forschungsamt der Bundeswehr"* (MGFA). Der damalige Bundesminister der Verteidigung Volker Rühe hatte 1996 an der Universität Potsdam eine Stiftungsprofessur Militärgeschichte eingerichtet und damit die Kooperation mit dem MGFA begründet. Die Zusammenarbeit mit dem SWInstBw begann 2004. Eine weitere Kooperation aus dem Ressortbereich des BMVg hat zwischen der Universität der Bundeswehr München und dem US-amerikanisch/deutschen *„George C. Marshall European Center for Security Studies"* (Garmisch-Patenkirchen) den weiterführenden Studiengang *„International Security Studies"* hervorgebracht.

Fazit:

Zusammenfassend lässt sich für die Aufbau-Studiengänge feststellen, dass die Absolventen dieser Angebote durchaus fundierte Kenntnisse und ein Problembewusstsein für die Sachverhalte der erweiterten Sicherheit erwerben können. Durch diese Spezialisierung könnte ein berufliches Interesse für Tätigkeiten im politischen System geweckt werden. Als typische Verwendungsmöglichkeiten für die Absolventen werden genannt: Internationale Organisationen, Friedensdienste, Entwicklungsarbeit, Nicht-Regierungsorganisationen, Medien. Allerdings sind diese Studiengänge nur für jeweils 20 bis 30 Studierende pro Jahr geöffnet.

Forschungsinstitute zur Politikberatung

Die Forschungsaktivitäten zur Sicherheitspolitik finden in Deutschland hauptsächlich im außeruniversitären Bereich statt. Von den erwähnten schätzungsweise 200 sicherheitspolitischen Experten arbeiten die meisten in den wissenschaftlichen Instituten. Zu den bekannteren zählen das *„Deutsche Institut für Internationale Politik und Sicherheit"* der *„Stiftung Wissenschaft und Politik"* (Berlin), die *„Deutsche Gesellschaft für Auswärtige Politik"* (Berlin), das *„Centrum für angewandte Politikforschung"* (München), Institute mit regionalen Schwerpunkten (*„German Institute of Global and Area Stu-*

dies/ Leibniz-Institut für Globale und Regionale Studien" Hamburg), die bereits erwähnten Friedensforschungsinstitute (HSFK Frankfurt/M., ISFH Hamburg), die *„Stiftung Frieden und Entwicklung"* (Duisburg) und das *„Bonn International Center for Convention"*. Zur Bündelung der Aktivitäten hat die Bundesregierung 2000 eine *„Deutsche Stiftung Friedensforschung"* in Osnabrück gegründet (zur Friedensforschung Jaberg 2010; Wulf 2010). Für die politikberatende Forschung im Bereich der Außen- und Sicherheitspolitik stehen im Bundeshaushalt ca. 16,5 Mio. € zur Verfügung. Als ressorteigene Institution trägt das *„Sozialwissenschaftliche Institut der Bundeswehr"* wesentlich zur militärsoziologischen Forschung bei (Meier 2011).

Expertenkommissionen und Beiräte

Für einen gezielten Entscheidungsbedarf setzt die Politik von Zeit zu Zeit Expertenkommissionen ein (Reeb/Többicke 2003; Reeb 2009). Auf der „Grundlage einer aktualisierten Bedrohungsanalyse und eines erweiterten Sicherheitsbegriffs" hatte die 1999 durch die Bundesregierung berufene *„Kommission Sicherheit und Zukunft der Bundeswehr"* unter Leitung von Bundespräsident a.D. Richard von Weizsäcker den Auftrag der Bundeswehr zu überprüfen und Optionen einer künftigen Streitkräftestruktur zu erarbeiten (Werkner 2002; Haltinger/Klein 2002). Die Mitglieder der Kommission spiegelten die damalige Struktur der etablierten Fachleute auf dem Gebiet der Sicherheitspolitik wider. Die sicherheitspolitische Ausgangslage wurde der Kommission vorgegeben. Auf dieser Grundlage legte sie 2000 einen fundierten Bericht zur Struktur, dem Umfang, der Wehrform, der Ausbildung und der Ausrüstung vor. Ein Dissens zur Position des damaligen Bundesministers der Verteidigung zeigte sich in diesen innenpolitisch brisanten Themenfeldern. Die Kommissionsempfehlungen kamen nicht nur unerwartet, sondern waren auch politisch unerwünscht (Werkner 2002: 65).

Die Interessen in diesem sicherheitspolitischen Diskussionsprozess müssen grundsätzlich danach unterschieden werden, ob er nach innen an die Politik gerichtet oder ob er Teil eines öffentlichen Diskurses ist. Die Relevanz der nach innen gerichteten Politikberatung wird nämlich aus dem Blickwinkel von Auftraggebern und Auftragnehmern unterschiedlich wahrgenommen. Die Politik erwartet angesichts der Unübersichtlichkeit in der globalen Welt Informationen und Erklärungen, die in

Empfehlungen und Einschätzungen unabhängig vom Tagesgeschäft münden können (Steinmeier 2002). Wissenschaftliche Beratung sollte zudem einen Dialog erzeugen, „in dem Politik nicht nur gemacht, sondern auch begründet wird“ (Steinmeier 2002: 19). Dies setzt seitens der Politik eine Bereitschaft voraus, „jenseits der Bewältigung des drängenden operativen Tagesgeschäfts Orientierungen und Optionen für mittel- und langfristige Politik zu diskutieren“ (Steinmeier 2002: 19). Wissenschaftlicher Rat darf aber die politische Entscheidung nicht ersetzen.

Politikberatung hängt also stark von der Funktion, die ihr der Auftraggeber zuschreibt, ab. So dürfte eine Studie dann in der öffentlichen Diskussion als Beleg herangezogen werden, wenn sie legitimatorisch die politische Absicht unterstützt. Unbequeme Erkenntnisse werden demgegenüber seltener verwertet bzw. veröffentlicht.

> *„Wissenschaftlich begründete Planung für die Außen- und Sicherheitspolitik soll in Deutschland vorwiegend Legitimation für anders weitig definierte Zielsetzungen liefern, sich aber nicht eigenständig mit Zukunftsfragen befassen“* (Siedschlag 2001: 30).

Ein größeres Gewicht haben solche Analysen, die aufgrund einer unklaren Situation die vorhandene Informationslücke schließen helfen. So waren nach dem 11. September die Islam- und Afghanistanforscher begehrte Fachleute für die Politik.

Die Politikberatung sieht sich selbst als „eine Art wissenschaftliche Kontrollschleife für die Politik“ (Kümmel 2003: 13). Problematisch erweist sich Fachexpertise, wenn sie normativ verstanden wird und eigene Ziele von Sicherheitspolitik formulieren will. Auch findet die zurückhaltende Verwertung von wissenschaftlicher Expertise im politisch-administrativen Raum nicht ungeteilte Zustimmung der an Veröffentlichungen interessierten Berater (Schmillen 2003).

Da den Empfehlungen der *„Weizsäcker-Kommission“* nur zum Teil politisch gefolgt und erst 2003 mit den Verteidigungspolitischen Richtlinien ein erkennbarer Wechsel in der Formulierung des Auftrages vorgenommen wurde, konnten die mit der Transformation der Bundeswehr seit 2004 eingeleiteten Veränderungen nicht radikal greifen. Die vom 2009/10 amtierenden Bundesminister der Verteidigung Karl-Theodor zu

Guttenberg eingerichtete „*Strukturkommission*“ unter Leitung des Vorstandsvorsitzenden der Bundesagentur für Arbeit, Frank-Jürgen Weise, musste deshalb erneut weit reichende Reformüberlegungen vorlegen, die auch auf die begrenzten Haushaltsmittel Rücksicht nehmen sollte. Die vom derzeitigen Verteidigungsminister Thomas de Maizière fortgesetzte „*Neuausrichtung der Bundeswehr*“ weicht in Kernaussagen von den Empfehlungen der „*Weise-Kommission*“ ab.

Neben den adhoc eingesetzten Experten-Kommissionen sind auf dem Gebiet der Sicherheitspolitik auch verschiedene Beiräte mit unterschiedlichem Gewicht für die politische Meinungsbildung aktiv. Als besonders publik und ergiebig hat sich der seit 1958 bestehende gesellschaftlich breit besetzte „*Beirat für Fragen der Inneren Führung*“ beim Bundesminister der Verteidigung gezeigt (Reeb/Többicke 2003: 48). Die auf vier Jahre gewählten 26 Mitglieder beraten den Minister in der Fortentwicklung der Inneren Führung. Die 20 Mitglieder des Beirats der „*Bundesakademie für Sicherheitspolitik*“ (1992) repräsentieren einen Querschnitt der „*Scientific Community*“.

<u>Fazit</u>:

Kritische Beobachter schätzen die wissenschaftliche Politikberatung, di sicherheitspolitische Interessen definiert, als gering ein und machen d für letztendlich altbekannte Denkstrukturen verantwortlich (Siedsch , 2001: 30). Meistens steckt auch der Auftraggeber den Beratu s-gegenstand und einzelne Rahmenbedingungen selber ab oder ign ert die Empfehlungen. Politikberatung reduziert sich dann auf öffe che Darstellung.

Tagungen und Konferenzen

Für temporär große Aufmerksamkeit sorgen fest etablierte gungs- und Konferenzreihen, die meist mit prominenten Rednern un eilnehmern aus der ersten Reihe besetzt sind. Zu den herausragend Einrichtungen gehört die „*Münchner Sicherheitskonferenz*“, die 2011 zum . Mal stattfand. 1962 als „*Wehrkundetagung*“ gegründet, zieht sie die ze der internationalen „*Strategic Community*“ an, um die aktuelle cherheitspolitischen Herausforderungen zu erörtern. Eine ähnliche nktion nahm das von der „*Welt am Sonntag*“ organisierte „*Forum Bunde wehr und Gesellschaft*“ ein, das von 1990 bis 2006 sechzehn Mal stattfand und dannn in Kooperation mit dem *„Center for Strategic and International Studies"* fortgesetzt wurde. Ebenfalls in Kooperation mit überregionalen Tageszeitungen (zunächst 2003 *„Frankfurter Allgemeine Zeitung"*, ab 2005 *„Der Tagesspiegel"*) veranstaltete das BMVg das Berliner Forum *„Impulse 21"*. Die *„Handelsblatt"*-Konferenz *„Sicherheitspolitik und Verteidigungsindustrie"* findet 2011 zum achten Mal statt. Weitere Diskussionsplattformen bieten der *„Arbeitskreis Militär und Sozialwissenschaften"* (AMS) und das *„Wissenschaftliche Forum für Internationale Sicherheit"* (WIFIS). Als Instrument der Öffentlichkeitsarbeit werden Vortragsreihen auch von den sicherheitspolitischen Interessengruppen angeboten (siehe unten).

Trotz dieser Aktivitäten findet in Deutschland eine grundlegende wissenschaftliche Debatte über die Sicherheitspolitik nicht statt. Nach wie vor besteht ein geringer Bedarf der Eliten in Wissenschaft und Politik, sich in der Gesellschaft über außen- und sicherheitspolitische Grundsatzfragen auseinander zu setzen. Gerade die vermittelnde Diskussion über Konflikte und Kriege, ihre Ursachen und Bewältigungsstrategien durch zivile und militärische Instrumente ist nicht zu erkennen. Alternative Konzepte finden nur ein geringeres Gehör. Kritische Beobachter stellen gar eine fehlende „Strategiefähigkeit der politischen Klasse" (Naumann 2009) fest.

Interessengruppen zur Sicherheits- und Militärpolitik

Die spezifischen Interessen innerhalb der Sicherheits- und Militärpolitik werden von Berufsverbänden, der Rüstungsindustrie sowie Vereinigungen mit Informations- und Kommunikationsauftrag vertreten.

Entsprechend seiner hohen Mitgliederzahl und dichten Organisationsstruktur bekommt der *„Deutsche Bundeswehrverband e.V."* ein starkes Gewicht. Als registrierte Interessengruppe beim Deutschen Bundestag werden seine Vertreter auch zu parlamentarischen Expertenanhörungen herangezogen. Angeschlossene Institutionen (*„Karl-Theodor-Molinari-Stiftung"*, *„Manfred-Grodzki-Institut für angewandte Innere Führung"*) bieten Bildungsveranstaltungen an und betreuen Buchreihen. Der *„Verband der Reservisten der Deutschen Bundeswehr e.V."* wirkt durch seine Mitglieder und Aktivitäten ebenfalls in Politik und Gesellschaft hinein.

Als gebündelte Interessenvertretung und -organisation der deutschen Sicherheits- und Verteidigungsindustrie tritt seit 2010 der *„Bundesverband der Deutschen Sicherheits- und Verteidigungsindustrie"* mit seinen rüstungspolitischen Interessen im parlamentarischen Raum auf.

Als Informationsforen mit guten Kontakten in die Politik gelten die *„Deutsche Gesellschaft für Wehrtechnik e.V."*, die *„Gesellschaft für Wehr- und Sicherheitspolitik e.V."* und die *„Deutsche Atlantische Gesellschaft e.V."*. Diese Vereinigungen sind bereits in den 1950er Jahren gegründet worden, um den damals noch jungen Wehrgedanken in die Gesellschaft zu tragen (Tabelle 3, S. 70).

Relevanz von Alternativbewegungen

„Neue Soziale Bewegungen" sind ein Sammelbegriff für unterschiedliche alternative Politikmodelle, die von unten auf die etablierte Politik einwirken sollen, damit Veränderungen durchgesetzt werden können (Kißler 2007: 163ff.). Zur Sicherheitspolitik sind mittlerweile über politische Parteien (*„Die Grünen"/ „Die Linke"*) sowie einzelne wissenschaftliche Institutionen alternative Vorstellungen in den Meinungsbildungsprozess eingeflossen. Davon zu unterscheiden sind solche Gruppierungen, die an einem Friedensmodell mit absolutem Anspruch (Pazifismus) festhalten und dazu mit einer breiten Palette an Aktionen auf sich aufmerksam machen wollen. Eine größere Anzahl dieser Gruppierungen hat sich in der *„Kooperation für den Frieden"* zusammengeschlossen.

> *„Eine wichtige Leistung der Friedensbewegung lag und liegt (…) in ihrer Fähigkeit, Alternativen für friedliche Lösungen von Konflikten und gegenseitigen Abschreckungsbedrohungen aufzuzeigen. Zwar wurden diese Alternativen in aller Regel von den Regierungen ignoriert, der Bevölkerung wurde jedoch damit vorgeführt, dass militärgestützte Politik nicht unabdingbar notwendig sei und es friedliche und deeskalierende Alternativen der zivilen Konfliktbearbeitung gibt. Damit wurden Positionen in der deutschen Bevölkerung gefördert und entwickelt, die sich bis heute in mehrheitlichen Einstellungen gegen Krieg, Rüstung und die Beteiligung der Bundeswehr an bewaffneten Kampfeinsätzen im Ausland manifestieren"* (Buro 2010: 123).

Institutionen der *„Strategic Community"* (Interessengruppen)

Institution	seit	Ziele	Strukturen
Gesellschaft für Wehr- und Sicherheitspolitik e.V.	1952	Öffentlichkeitsarbeit im Bereich Sicherheits- und Verteidigungspolitik	7 Landesbereiche/ Sektionen > 7.000 Mitglieder
Deutscher Bundeswehr-Verband e.V.	1956	Interessenvertretung in allgemeinen, ideellen, sozialen und beruflichen Angelegenheiten	4 Landesverbände > 200.000 Mitglieder
Deutsche Atlantische Gesellschaft e.V.	1956	Information zu und Verständnis für NATO	Regionalgruppen
Deutsche Gesellschaft für Wehrtechnik e.V. (DWT)	1957	Öffentlichkeitsarbeit im Bereich Sicherheits- und Verteidigungspolitik	Sektionen
Verband der Reservisten der Deutschen Bundeswehr e.V.	1960	Vertretung der Reservisten in militärischen Angelegenheiten	16 Landesgruppen 122.000 Mitglieder
Bundesverband der Deutschen Sicherheits- und Verteidigungsindustrie e.V. (BDSV)	2009	Interessenvertretung der Unternehmen der deutschen Sicherheits- und Verteidigungsindustrie	Ca. 80 Unternehmen

Tabelle 3

Bedeutung der *„Strategic Community"* im politischen Prozess

Deutschland verfügt trotz seines internationalen Gewichts über keine ausgeprägte *„Strategic"* bzw. *„Scientific Community"*. Eine sicherheitspolitische Diskussion findet in kleinen, interessierten und informierten Foren statt. Diese Gruppen neigen zur Selbstreferentialität und verbleiben in ihren Diskurszusammenhängen (Callies 1999: 33).

> *„Breit angelegte innenpolitische Information und Kommunikation über Leitbilder und Leitinteressen deutscher Außen- und Sicherheitspolitik findet nach wie vor nicht statt, (...) Nationale Interessen werden in Deutschland eher schleichend definiert und an veränderte internationale Bedingungen angepasst"* (Siedschlag 2001: 25).

Die Abneigung der politischen Meinungsführer ist sehr ausgeprägt, „sich mit der Bevölkerung über Grundsatzfragen, also auch Fragen der Außenpolitik auseinander zu setzen" (Noelle-Neumann 1995: 12). Somit fehlt eine offene Debatte, die all die Einzelthemen „über Konflikte und Kriege, über Militärinterventionen und zivile Konfliktbearbeitung, über Sicherheit und Frieden" (Callies 1999: 29) zusammenführen würde. Diese Grundsatzdebatte wird seit Jahren eingeklagt, aber nicht mit langfristiger Absicht geführt. Eine höhere Reichweite erzielt die Diskussion über die Qualitätspresse einerseits und die Mainstream-Medien andererseits (siehe Kapitel 4).

Das in Umfrageergebnissen festgestellte Einstellungsmuster der deutschen Elite, zu der auch die Akteure der *„Strategic Community"* zu rechnen sind, nimmt das Ergebnis eines solchen Diskurses vorweg. Bereits 1993 forderten die Führungskräfte, dass deutsche Interessen in der Welt deutlicher artikuliert werden sollten (74 Prozent) (Noelle-Neumann/Köcher 2002: 1099). Mehr noch als die übrige Bevölkerung hielten damals die Meinungsführer die Angst anderer Länder vor einer größeren Rolle Deutschlands für unbegründet (Noelle-Neumann/Köcher 2002: 1100)[14]. Besonders deutlich hob sich die Meinung der Elite von der in der Bevölkerung zu Auslandeinsätzen der

[14] 78 Prozent (Führungskräfte) zu 60 Prozent (Bevölkerung).

Bundeswehr zum Zeitpunkt der ersten Erfahrungen mit diesen Aufträgen ab (Asmus 1996)[15].

> *„In der Wahrnehmung der wichtigsten außenpolitischen Probleme, der Aufgaben der deutschen Außenpolitik, der prinzipiellen Frage nach der Vertiefung oder Erweiterung der EU sowie bei Einstellungen gegenüber der NATO zeigten sich hingegen kaum bedeutsame Unterschiede"* (Holst 1998: 237).

Die Daten lassen darauf schließen, dass die sich im Kreis der Meinungsführer herausgebildeten Meinungen und Einstellungen zur Außen- und Sicherheitspolitik mit zeitlicher Verzögerung auch in der Gesellschaft durchsetzen werden. Das kann am Beispiel des Engagements für Afghanistan vermutet werden. Die Eliten befürworten eindeutig zivile Lösungen (DGAP 2009: 20f.). Das deckt sich mit den in Umfragen festgestellten Präferenzen der Gesellschaft. Kontroverse Auffassungen zu Einzelthemen finden sich in beiden Gruppen zu etwa gleichen Anteilen wieder (Kapitel 5).

Wenngleich hier in erster Linie die Politik in der Pflicht ist, dürfte die beklagte Stille auch etwas mit den wissenschaftlichen Aktivitäten in Zusammenhang stehen. Hierzu hat der Politikwissenschaftler von Bredow (2008: 47ff.) eine soziale Distanz zwischen dem Gegenstand und den Sozialwissenschaftlern ausgemacht. Die Befürchtung steht im Raum, Karriere hemmend mit der Thematik identifiziert zu werden, war es seit 1945 in Deutschland doch en vogue, besonders kritisch bis ablehnend gegenüber einer durch Militär und Rüstung geprägten Sicherheitspolitik eingestellt zu sein. Andererseits haben sich die praktische Politik sowie die Angehörigen der Streitkräfte der Wissenschaft gegenüber selbst meist sperrig bis abweisend gezeigt.

Alternative Konzepte finden geringes Gehör. Die *„Gegenöffentlichkeit"*, die von einem *„Friedens-Paradigma"* ausgeht, hatte bisher wenig Interesse, sich mit einer Debatte innerhalb des *„Sicherheits-*

---

15 Die Umfrageergebnisse von IfD Allensbach zeigen für die vorangehenden Jahre (1993-95) noch nicht diese Klarheit (Noelle-Neumann/Köcher 2002: S.10f.).

Paradigmas" nicht nur ausschließlich ablehnend, sondern auch konstruktiv auseinander zu setzen.

Fazit:

Eine *„Strategic Community"* mit erkennbarem Einfluss auf sicherheitspolitische Entscheidungen hat sich in Deutschland nicht herausgebildet. Die Meinungsführer setzen aber mit ihren Meinungen Trends, denen häufig die Bevölkerung folgt. Es trifft der Ausspruch des früheren Bundespräsidenten Horst Köhler zu, dass man in Deutschland sicherheitspolitischen Angelegenheiten und besonders die Bundeswehr mit eher „freundlichem Desinteresse" begegnen würde. Aus der Gesellschaft werden nur partiell und interessengeleitet eigene Ansprüche und Erwartungen an die Sicherheitspolitik artikuliert.

3.3 Akteure im sicherheitspolitischen Entscheidungsprozess

Das politisch-administrative System, dem hier die drei Staatsgewalten zugeordnet werden, ist im politischen Prozess vorrangig für die Entscheidungsfindung zuständig. Bis zur deutschen Wiedervereinigung war dieser Entscheidungsprozess klar vorgezeichnet. Aufgrund der festen Einbindung in supranationale Systeme (NATO, EU) entwickelte sich eine Organisationsroutine. Die Bündnisaufgabe musste den aktuellen Entwicklungen stets angepasst werden. Dazu war keine politische Grundsatzentscheidung erforderlich (Haftendorn 1978). Zudem bestand ein Konsens in den sicherheitspolitischen Sachfragen. Lediglich „neuartige Probleme, für die es keine etablierten Problemverarbeitungsstrukturen" gab, führten „zu funktionalen Innovationsprozessen" und „zur Entstehung neuer organisatorischer Kompetenz- und Koordinierungsmuster" (Haftendorn 1978: 511). Der sicherheitspolitische Paradigmenwechsel wurde in diesem „Politikbetrieb" ab 1990 eher zögerlich im politischen Prozess berücksichtigt.

Deutsche Sicherheitspolitik ist aufgrund der verfassungsrechtlichen Kompetenzzuschreibungen eine Domäne der Exekutive. Allerdings führten Unklarheiten und Unsicherheiten in der Frage des Umfangs dieser Kompetenzen zur Anrufung des Bundesverfassungsgerichts. Es steckte in wesentlichen Angelegenheiten der Legislative einen eigenständigen Handlungsrahmen ab. Somit spielen alle drei staatliche Gewalten eine Rolle im sicherheitspolitischen Entscheidungsprozess. Im Mittelpunkt steht weiterhin die Exekutive mit der Richtlinienkompetenz des Bundeskanzlers bzw. der Bundeskanzlerin[16]

Exekutive

Das außen- und sicherheitspolitische Entscheidungssystem in Deutschland ist sehr stark auf den Bundeskanzler in Grundsatzangelegenheiten und auf die Ministerialbürokratie in Routineangelegenheiten ausgerichtet (Haftendorn 1999). Koalitionen führen meist zu einem stärkeren Gewicht des Außenministers, wenn er der Partei des kleineren Regierungspartners angehört. Die Administration bündelt sowohl Expertise als auch Kontakte in internen sicherheitspolitischen Netzwerken, so dass sie auf der Arbeitsebene der Referenten und Abteilungsleiter den Entscheidungsprozess maßgeblich beeinflussen kann. Die politische Führung versucht, „den Apparat" durch zwischengeschaltete Leitungsstäbe (Planungsstab, Organisationsstab usw.) in den Griff zu bekommen[17]. Diese Abläufe entziehen sich in der Regel der wissenschaftlichen Beobachtung.

Die Grundsatz- und Leitentscheidungen zur Sicherheitspolitik sind der Bundesregierung vorbehalten, die sie zu bestimmten Sachverhalten (z.B. Rüstungsexporte) durch einen ausgewählten Ministerkreis im Bundessicherheitsrat vorbereiten kann (Kuebart 1999; Meier-Klodt 2002). Seine Funktion als zentrales Koordinierungsorgan der deutschen Sicherheitspolitik hat er aber nie eingenommen. Während die Inhalte dieser Politik einen hohen Grad an Kontinuität aufweisen, hängt der Stil wesentlich von den einzelnen Personen (Bundeskanzler, Außenminister) ab. Der Politikstil zeigt sich in der Schaffung von funktionalen Strukturen (*„Kanzlerrunden"*), persönlichen Kontakten zu anderen Regierungschefs (*„Telefondemokratie"*) sowie personellen

[16] Soweit keine personenbezogene Kennzeichnung (Angela Merkel) gemeint ist, wird im Folgenden die Bezeichnung im Grundgesetz verwendet.

[17] Einzelheiten dieser Verfahrensabläufe und Zuständigkeiten werden hier nicht weiter dargestellt, vgl. dazu die Strukturen bei Haftendorn (1978).

Netzwerken, die um die formale Organisation gesponnen werden. Häufig fallen hier die wesentlichen Entscheidungen.

Inwieweit die Sicherheitspolitik seit Ende des *„Kalten Krieges"* als Wandel oder als Kontinuität etikettiert werden kann, ist sicherlich auch eine Frage der Bezugsgröße (Hellmann 2011). Neben dem klaren Bekenntnis Deutschlands zur Einbindung in westliche Bündnissysteme steht ab den 1990er Jahren in Abkehr früherer Politik die Übernahme von größerer internationaler Verantwortung, insbesondere durch die Beteiligung an militärischen Einsätzen im Ausland. Festzustellen ist eine zunehmende Ausrichtung des außen- und sicherheitspolitischen Handelns auf die Innen- und Gesellschaftspolitik (Haftendorn 1999: 77) sowie zunehmend auch auf die Finanzpolitik (Konsolidierung des Haushaltes).

Wegen der Entscheidungsmacht der Regierung bzw. ihres Bundeskanzlers lassen sich trotz Gemeinsamkeiten und Kontinuitäten die spezifischen sicherheitspolitischen Akzente nur auf die jeweils handelnden Personen zurückführen. In diesem Sinne stellten Beobachter nach dem Regierungswechsel 1998 erwartungsgemäße Verschiebungen in den die Entscheidungen tragenden Wertorientierungen fest (Hellmann 2002; Janning 2002). Da diese Einstellungsmuster auch immer ein Reflex der Zeit sind, spiegelten sie tendenziell die vorherrschende politische Kultur wider.

Als „Markenzeichen" der rot-grünen Regierung konnten das *„außenpolitische Selbstbewusstsein"* und die *„Enttabuisierung des Militärischen"* angesehen werden. Obwohl im Oktober 1998 noch durch Vorentscheidungen der Regierung Kohl/Kinkel hineingedrängt, übernahm die neue Koalition die Verantwortung für eine – damals nicht erhoffte – Beteiligung der Bundeswehr an gegen Ex-Jugoslawien angedrohte NATO-Luftangriffe. Als die internationale Entwicklung auf eine Umsetzung der Operation *„Active Order"* im März 1999 hinauslief, wurde der Einsatz der Luftwaffe mit moralischen Argumenten legitimiert[18]. Parallel gelang es dem damaligen Außenminister Josef Fischer durch Verhandlungsdiplomatie, an maßgeblicher Stelle ein Friedensabkommen zu initiieren. Die deutsche Präferenz für eine Zivilisierung in den

[18] Vgl. die Regierungserklärungen und Debatten im Deutschen Bundestag vom 26.03.1999 und 15.04.1999.

internationalen Beziehungen belegten zwei Jahre später auch die Bemühungen um das Petersberg-Abkommen über die afghanische Zukunft. Unterfüttert wurde diese Politik konzeptionell mit der Herausgabe eines Aktionsplans *„Zivile Krisenprävention, Konfliktlösung und Friedenskonsolidierung"* von 2004.

Der Einsatz von Heeresverbänden zur Herstellung von Frieden und Stabilität im Kosovo, aber auch andere Maßnahmen (Stabilitätspakt), zeigten die „zivilen" Komponenten der deutschen Sicherheitspolitik auf. In Afghanistan avancierte zum damaligen Zeitpunkt die Bundeswehr „zum parteiübergreifenden Symbol einer neuen Prioritätensetzung: Stabilitätsexport und Befriedigung entfernter Regionen in multinationalen Koalitionen statt Existenzsicherung im NATO-Bündnis" (Hellmann 2002: 3). Der Einsatz von Kampfverbänden galt demgegenüber noch nicht als eine normale Angelegenheit der deutschen Politik.

Eine Dekade später ist dieses „harmonische" Bild einer auch mit militärischen Mitteln verfolgten Friedenspolitik nicht mehr aufrecht zu erhalten. Die seit 1990 geführten Debatten um eine neue deutsche Sicherheitspolitik belegen rückblickend vielmehr die Zögerlichkeit der Politik, die veränderten Realitäten anzuerkennen und in Handlungsoptionen umzusetzen. Lange Zeit hielt sie an der überholten Verteidigungsidee aus der Zeit des *„Kalten Krieges"* fest. Daher fehlt bis heute eine öffentlich geführte Diskussion um eine Sicherheitsstrategie, in der die grundlegenden außenpolitischen Interessen und die Grundsätze zum Einsatz von Streitkräften und anderen staatlichen Instrumenten aufgeführt werden.

Die Entscheidungsabläufe wirkten in der seit 2005 von Angela Merkel geführten Regierungen undurchsichtig, unverständlich und z.T. widersprüchlich. Dagegen wurden Scheindebatten geführt, Tabus aufgebaut (kein Nachdenken über Risiken und Bedrohungen, z. B. für freie Handelswege, wie von Bundespräsident a.D. Horst Köhler angemahnt) und durch Feindbilder (US-Präsident George W. Bush) abgelenkt (Krause 2010: 26). Diese Unentschlossenheit mündete in ein „Durchwurschteln" und in kurzfristige Entscheidungen, die meistens dem Multilateralismus folgten, dabei aber aus innenpolitischen Gründen klare Grenzziehungen beinhalteten, wenn es zu „militärisch" wurde. Die Vorbereitung dieser Entscheidungen erfolgte in einem Zusammenspiel von Fachleuten aus Regierung, Gremien der Bündnisse sowie unter maßgeblicher Unterstützung des exekutiven Apparats, weniger in parlamentarischen Arbeitsgruppen und Ausschüssen. Mit dem Hinweis auf die Sensibilität der Thematik wurde eine öffentliche Diskussion bis zur Entscheidungsreife vermieden (Mölling 2011). Beispielsweise wurde über die Vor- und Nachteile eines politischen Engagements in Afrika vor der Entscheidung der EU für einen Kongo-Einsatz 2006 kaum diskutiert (Schmidt 2006).

Insgesamt spiegelt sich im exekutiven Entscheidungsprozess eine *„taktische Politik der Vorbehalte"* (Naumann 2009: 11) wider, die auf keine politisch-institutionelle Logik aufgebaut ist. Belegt ist dieses Verhaltensmuster am Verlauf des Afghanistan-Einsatzes der Bundeswehr (Krause 2011). Die politischen Entscheidungen von 2001 bis heute spiegeln die zögerliche schrittweise Anpassung an eine veränderte Sicherheitswahrnehmung wider. Das vehemente Festhalten am Einsatz im Regionalkommando Nord, um der in Deutschland nicht vermittelbaren Teilnahme an Kampfhandlungen im Süden Afghanistan entgehen zu können, erwies sich in dem Moment als ein Bumerang, als der Aufstand auch im Norden ausbrach und in dessen Folge Soldaten der Bundeswehr in Gefechten ums Leben kamen. Die von einem deutschen Offizier angeordnete Bombardierung von gekaperten Tanklastern, bei der auch zahlreiche Zivilisten ums Leben kamen, setzte erstmals eine offensivere Politik in Gang (Verlegung von schweren Waffen). Die in Deutschland geführte Debatte um Fehler der Verteidigungsminister und des befehlenden Offiziers lenkte dann aber wieder schnell von einer notwendigen Grundsatzdebatte ab, in der auch über das Dilemma des von vornherein falsch eingeschätzten Einsatzes und sein Verhältnis zum zivilen Aufbau des Landes hätte diskutiert werden müssen (Naumann 2011: 90).

Damit konnte bis heute auch nicht das Spannungsfeld einer wertgeleiteten mit einer interessenorientierten Politik geklärt werden. Der von der Schröder/Fischer-Regierung erstellte Aktionsplan *„Zivile Krisenprävention, Konfliktlösung und Friedenskonsolidierung"* (2004) beschreibt zwar eine solche vernetzte Sicherheitspolitik. Diesem Vorhaben wird aber mangelndes Interesse in der Umsetzung attestiert (Egbering 2011: 124).

Fazit:

Die Exekutive wirkt durch wertorientierte Grundsatzentscheidungen auf die sicherheitspolitische Kultur ein. Zur Vorbereitung und Umsetzung ihrer Maßnahmen bedarf sie der administrativen Unterstützung, deren Wirken („das Kleingedruckte") selten in die Öffentlichkeit dringt. Die aktuelle Sicherheitspolitik richtet sich stark an internationalen Erwartungen und innenpolitischen Bedürfnissen aus.

Legislative

Die Legislative ist verfassungspolitisch und demokratietheoretisch dem Öffentlichkeitsprinzip verpflichtet. Dazu verfügt sie über parlamentarische Instrumente (Plenarsitzungen, Anfragen an die Regierung). Des Weiteren stellt der Deutsche Bundestag als Gesetzgeber und Entscheidungsträger in Grundsatzangelegenheiten ein Arbeitsparlament dar. Ausschüsse, Fraktionen und Arbeitsgruppen sind als meinungs- und willensbildende Gremien eingerichtet. Die stärkste Kompetenz besitzt der Bundestag durch sein Budgetrecht zur Festlegung von Stärke und Umfang der Streitkräfte (Artikel 87a GG) sowie aufgrund des BVerfG-Urteils vom 12. Juli 1994 durch die Zustimmung zu Auslandseinsätzen der Bundeswehr im Rahmen kollektiver Sicherheitssysteme, die von der Bundesregierung beantragt werden müssen (*„Parlamentsheer"*). Das dazu 2005 verabschiedete Parlamentsbeteiligungsgesetz billigt dem Bundestag hierfür kein eigenes Initiativrecht zu, so dass das Parlament in Fragen von Krieg und Frieden in der Regel eine eher passive Rolle einnimmt (Gareis 2007). Trotzdem müsste sich das Öffentlichkeitspostulat des deliberativen Demokratiemodells für die Sicherheitspolitik gerade in den Handlungen der Legislative widerspiegeln.

Die sicherheitspolitischen Grundsatzdebatten weisen einen hohen Grad an Diskursivität auf. Durch die Rolle der *PDS/ „Die Linke"* konnte im 12. bis 14 sowie 16. und 17. Deutschen Bundestag zusätzlich ein kritisches, alternatives Element eingebracht werden. Außerdem zwang diese Oppositionspartei die Bundesregierung aufgrund zahlreicher

Kleiner und gezielter Großer Anfragen zu dezidierten Stellungnahmen, die damit der Öffentlichkeit zugänglich wurden (Abbildung 7)[19].

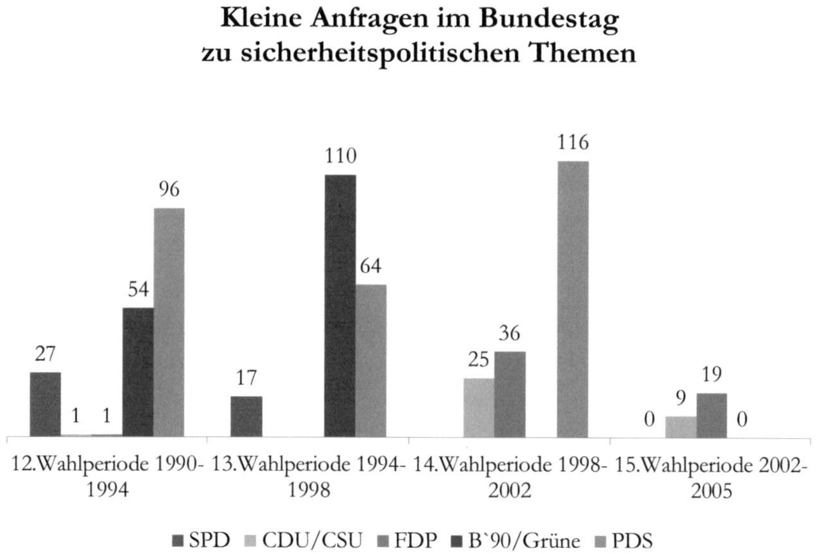

Quelle: Deutscher Bundestag, eigene Berechnungen

Abbildung 7

Einige sicherheitspolitische Impulse entstanden aus den Fraktionsarbeiten. Besondere Beachtung erhielten die von der *CSU*-Landesgruppe erstellten *„Leitlinien für Auslandseinsätze der Bundeswehr"* vom Januar 2007 und die von der *CSU/CDU*-Fraktion vorgelegte

---

19 Beispielsweise zum Engagement im Kosovo die Antwort der Bundesregierung auf die Große Anfrage der Fraktion der *PDS „Kriegsbilanz"*, BT-Drs. 14/5677 vom 28.03.2001 sowie Plenarprotokoll 14/162 vom 30.03.2001, Tagesordnungspunkt 15 (Blatt 15821 ff.). Aufgrund der veränderten Erfassung im Dokumentationssystem des Deutschen Bundestages ab der 16. Wahlperiode sind die Anfragen an die *„Große Koalition"* hier nicht erfasst. Die Großen Anfragen zu sicherheitspolitischen Themen wurden in dieser Periode von den Fraktionen *„Die Grünen"* und *FDP* gestellt. Die *FDP* konzentrierte sich auf Fragen zur Bundeswehr, z.B. *„Bundeswehr – Eine aufgabenorientierte Streitkraft?"*, BT-Drs. 16/9962 vom 11.07.2008.

„Sicherheitsstrategie für Deutschland" vom 06. Mai 2008. Beide Papiere wurden im Bundestag nicht weiter aufgegriffen.

Da „die wesentlichen konzeptionellen Entwicklungen und politischen Weichenstellungen (...) innerhalb der Bundesregierung sowie in der Auseinandersetzung mit den wichtigsten Verbündeten" (Krause 1998: 141) erfolgen, ist hier der Einfluss für den Bundestag eher gering. Seine Arbeit ist weniger vom Primat der Problemanalyse und Problemlösung, sondern mehr vom Vorrang der parteipolitischen Konkurrenz gekennzeichnet (Krause 1998: 151).

Als Paradebeispiel kann das von Bundeskanzler Gerhard Schröder am 16. November 2001 gestellte konstruktive Misstrauensvotum gelten, das er zusammen mit der Abstimmung über die Beteiligung der Bundeswehr an der *„Operation Enduring Freedom"* eingebracht hatte. Wegen des erneuten Risikos[20], keine eigene Mehrheit durch die Fraktionen der Regierungsparteien zu zielen, wurde die teilweise kontrovers geführte sicherheitspolitische Debatte innerhalb dieser Parteien jäh abgeschnitten. Hierbei zeigte sich, dass Machtfragen höher bewertet wurden als das Ringen um den richtigen Weg im *„Kampf gegen den Terror"*.

Ein Jahr später und in den darauf folgenden Jahren erfolgte die Verlängerung des Mandats ohne größere öffentliche Anteilnahme. Anstatt sich der Kontroverse zu stellen, versuchte die Regierung die Debatte um neue oder veränderte Mandate bis zur Grundsatzentscheidung zu vermeiden oder zu verzögern. Symptomatisch für diese Politik stand der Beschluss des Deutschen Bundestags auf Antrag der Bundesregierung, das ISAF-Mandat auf 14 Monate zu verlängern (BT-Drs 16/10474 vom 7. Oktober 2008), um die Debatte über das Folgemandat bewusst aus dem Bundestagswahlkampf 2009 herauszuhalten (Abbildung 8).

Die Ausschussarbeit bleibt häufig im Verborgenen, da sie regelmäßig nicht-öffentlich stattfindet (§ 69 Abs. 1 Satz 1 GO-BT). Die Parlamentarier sind in ihrer Kenntnisgewinnung weitgehend von der Regierung abhängig. Die als unzureichend empfundene Weitergabe von Informationen über den Einsatz deutscher Spezialkräfte (KSK) in Afghanistan führte hier zu Friktionen. Untersuchungsausschüsse wurden eingesetzt, um ein besseres Bild von einzelnen Aktivitäten in den Aus-

---

[20] Wie bereits bei der Abstimmung am 29.08.2001 über die Beteiligung an der Operation *„Essential Harvest"* in Mazedonien.

landseinsätzen zu erhalten (zu Murat Kurnaz von 2006-2009, zu Kunduz ab Oktober 2009). Der Zuschnitt der Parlamentsausschüsse verhindert zudem eine in sich stringente Erörterung, da militärische, diplomatische und entwicklungspolitische Aspekte jeweils von anderen Personen in verschiedenen Gremien und Denkwelten behandelt werden.

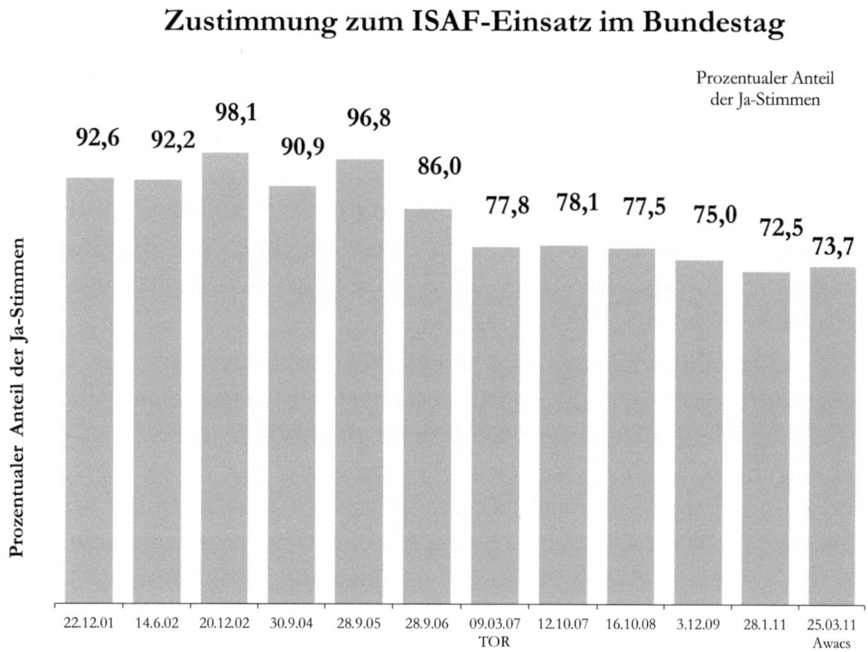

Quelle: Deutscher Bundestag; © Hans-Joachim Reeb

Abbildung 8

Fazit:

Die Legislative erfüllt in der sicherheitspolitischen Debatte formal ihre Öffentlichkeitsfunktion. Allerdings wird ihr Entscheidungsrecht durch parteipolitische Ansprüche überlagert. Sensible Entscheidungsfelder entziehen sich der öffentlichen Diskussion.

Verfassungsrechtsprechung

Die Verfassungsrechtsprechung tritt nur dann im politischen Entscheidungsprozess in Erscheinung, wenn es gilt, Kompetenzen zwischen Exekutive und Legislative abzugrenzen. Mit Hilfe dieses Organstreitverfahrens kam es zur Vorlage strittiger Angelegenheiten, die politisch nicht gelöst werden konnten. Dazu gehört das Urteil vom 12. Juli 1994, dem bereits andere Entscheidungen vorangingen (BVerfG 1994).

Der fehlende politische Wille zur Neuregelung von Angelegenheiten im Bereich der Sicherheitspolitik provozierte Rechtsstreitigkeiten von Bürgern, die ihre Grundrechte verletzt sahen. Dies führte in einem Fall zu einer Entscheidung des Europäischen Gerichtshofes vom 11. Januar 2000 zur Gleichstellung von Frauen für einen Militärdienst (EUGH 2000) und in einem anderen Fall zu einem Beschluss des Bundesverfassungsgerichts vom 22. Februar 2002 hinsichtlich der Verfassungsmäßigkeit der Wehrpflicht (BVerfG 2002).

Die Entscheidung des Bundesverfassungsgerichts zur Verfassungswidrigkeit von § 14 Luftsicherheitsgesetz wegen eines Verstoßes gegen die Menschenwürde war deshalb politisch prägend, weil die bis dahin geführte Debatte um eine Neubewertung der Inneren Sicherheit und damit Fragen einer sicherheitspolitischen Gesamtstrategie abgebrochen wurde (BVerfG 2006). Eine solche Sicherheitsstrategie steht demnach noch aus und müsste durch verschiedene institutionelle Maßnahmen (*„strategische Zentren“*) unterfüttert werden, um eine stringentere Steuerung der Sicherheitspolitik zu gewährleisten (Naumann 2011: 106).

<u>Fazit:</u>

Wenn es um sicherheitspolitische Grundsatzentscheidungen geht, die tiefgreifende politische und gesellschaftliche Veränderungen bedingen, hat die Politik der Rechtsprechung die Entscheidung überlassen. Die vorgeschaltete intensive öffentliche Diskussion führte nicht zum erwarteten politischen Abschluss.

3.4 Sicherheitspolitisches Informations- und Kommunikationsmanagement

Das sicherheitspolitische Informations- und Kommunikationsmanagement hat sich neben der Entscheidungspolitik zu einem eigenen Leistungsbereich der Politik entwickelt. Im Kern werden dabei eigene mediale Elemente eingesetzt, aber besonders auf das externe Mediensystem instrumentell eingewirkt. Kommunikationsleistungen erfolgen zusätzlich im (staatlichen) Bildungssystem, zumindest für ausgewählte Zielgruppen der Gesellschaft.

Theoretische Grundannahmen

Die Bedeutung von Kommunikation im sicherheitspolitischen Entscheidungsprozess kann nicht mehr ignoriert werden. Dennoch blieb es bis heute bei wenigen theoretischen Grundannahmen, die diese Zusammenhänge analysiert haben (Bellers/Wehmeier 1980). Die Regierungen beziehen demnach die politische Medienberichterstattung über internationale Beziehungen in drei Funktionen in ihr Handeln ein:

- als Informationsquelle,
- als außen- und sicherheitspolitischer Faktor sowie
- als diplomatisches Instrument.

Die internationale Medienberichterstattung wurde schon immer von der Politik als Informationsquelle genutzt und ausgewertet, um sich neben der eigenen internen eine weitere öffentliche Ressource über Ereignisse in der Welt zu erschließen (Wilke 1993: 181). In dieser Funktion werden der Politik

> *„Informationen über Aktivitäten, Positionen, Interaktionen und Perzeptionen von externen und internen außenpolitischen Einheiten und Faktoren (Staaten, Gruppen, Personen usw.) zur Verfügung gestellt, ebenso Informationen über und Bewertungen von strukturellen Rahmenbedingungen“* (Bellers/Wehmeier 1980: 331f.).

Die Exekutive erfährt sowohl ihr bisher nicht bekannte Informationen als auch Einschätzungen anderer Politiker oder der Gesellschaft zu ihr vorliegenden Informationen. Des Weiteren kann sie die öffentliche Diskussion über einen sicherheitspolitischen Sachverhalt verfolgen und in einem „neuen Licht" bewerten.

Soweit durch die Medienberichterstattung eine Thematik aufgegriffen und in die öffentliche Debatte eingeführt wird, die bisher nicht auf der politischen Tagesordnung stand, wird sie für den politischen Akteur zu einem eigenen außen- und sicherheitspolitischen Faktor. Die Wahrnehmungen in der Gesellschaft, die durch die Medien erzeugt werden, kalkulieren die Politiker in ihrem Handeln ein. Die Medien erfüllen dann eine innovative Funktion (Bellers/Wehmeier 1980: 331).

In Kenntnis ihrer Funktionsweise greifen die politischen Akteure die Medien schließlich als diplomatisches Instrument auf und betreiben eine sicherheitspolitische Informationspolitik. Massenmedien erhalten aus dieser Perspektive eine operative Funktion (Bellers/Wehmeier 1980: 333).

Inwieweit nun diese drei Funktionen im sicherheitspolitischen Entscheidungsprozess berücksichtigt werden, hängt im Wesentlichen von innenpolitischen Bedingungen ab. Ausschlaggebend ist zunächst die politische Struktur einer Gesellschaft, die den Grad der Teilhabemöglichkeiten und ihre Absicherung durch die Kommunikationsverfassung bestimmt. In einem totalitären Regime müssen sich alle gesellschaftlichen Kräfte den Machthabern unterordnen. Das Mediensystem hat ausschließlich dienende Funktion und wird staatlich kontrolliert. Die Bevölkerung erhält keine Informationsangebote von außen. Westliche Demokratien garantieren eine freie und unabhängige Informations- und Meinungsbildung. Die konstitutionelle Position der Exekutive entscheidet aber über den Grad an gesellschaftlichen Mitsprachemöglichkeiten in sicherheitspolitischen Angelegenheiten (Müller/Risse-Kappen 1990: 383)[21]. Als weitere Einflussgrößen können das Interesse an sicherheitspolitischen Themen und die Stabilität von Einstellungsmustern in der Gesellschaft angesehen werden.

---

[21] Die Autoren weisen auf die „Stärke" bzw. „Schwäche" eines Staates gegenüber der Gesellschaft als zentrale Variable bei der Erklärung von Außenpolitik hin.

> *„Interesse an der Sachfrage und Manipulationsresistenz lässt erwarten, dass die Position der Entscheidungsträger leiden wird, wenn auf die Wünsche der Öffentlichkeit keine Rücksicht genommen wird"* (Müller/Risse-Kappen 1990: 384).

Schließlich begünstigt ein Dissens in Sachfragen unter den Meinungsführern eher eine öffentliche Debatte, als wenn in der Elite ein hoher Grundsatzkonsens besteht. Treffen einige dieser Bedingungen zu, ist es denkbar, dass die politischen Akteure wegen der Rolle der Massenmedien andere Prioritäten setzen oder sich in ihrer Entscheidungsfreiheit eingeschränkt fühlen (Wilke 1996: 9). Dadurch können sie gegenüber unabhängig bzw. unbeschränkt agierenden politischen Akteuren einen strategischen Nachteil erleiden.

Funktionen

Aus dem demokratietheoretischen Postulat zur Herstellung von Öffentlichkeit im politischen Prozess ergibt sich aber prinzipiell die Notwendigkeit für die politischen Akteure, die Gesellschaft über ihre Absichten und Entscheidungen zur Sicherheitspolitik zu informieren, als Voraussetzung, um mit ihr in einen sicherheitspolitischen Dialog treten zu können. Die heutigen Kommunikationsverhältnisse im internationalen System erfordern darüber hinaus, auf die weltweiten Nachrichten zu reagieren und selbst aktiv auf andere politische Systeme einzuwirken. Die Informationspolitik ist somit Teil der Sicherheitspolitik. Im Zuge der Medialisierung von Politik hat sie sich zunehmend professionalisiert (Löffelholz 2007). Medialisierung kennzeichnet die Durchdringung und Ausrichtung von Lebenssachverhalten auf das Erscheinen, die Inhalte und die Wirkungen von Medien. Gerade die Politik berücksichtigt die Logik und die Produktionsweisen der Massenmedien und richtet sich darauf aus (Fengler/Vestring 2009: 5).

Ein allgemein anerkannter und alle Aspekte umfassender Begriff für die Herstellung und Beeinflussung von Öffentlichkeit durch (sicherheits)politische Akteure existiert nicht. Aufgrund seiner Ausrichtung käme am ehesten der Begriff Propaganda in Frage. Sie kann als eine Form persuasiver Kommunikation beschrieben werden,

> *„die die Annahme von nahe gelegten Verhaltensweisen durch die Konstruktion eines ideologischen Weltbildes, dessen umfassender Anspruch durch Wahrheit und Glaubwürdigkeit suggerierende Techniken aufgeladen wird, und durch das Versprechen von Sanktionen sichert"* (Arnold 2003: 79).

Allerdings dient im allgemeinen Sprachgebrauch der Begriff für eine negative Beschreibung dieser Kommunikationsform. In der Tat wird Propaganda als Terminus in totalitären Regimen angewandt.

Der in der politischen Kommunikation eingeführte Begriff der Public Relations (PR) beschreibt den Prozess der Imagebildung (für Organisation oder Personen) und ist deshalb enger als Propaganda gefasst (Kunczik 1989). Barneys definiert ihn als „Versuch, durch Informationen und Überredung öffentliche Unterstützung für eine Aktivität, ein Anliegen, eine Bewegung oder eine Institution zu erzeugen" (Becker u.a. 2002: 68). Für Barneys liegt der Unterschied zur Propaganda nur im Blickwinkel der Betrachtung. Allgemein besitzt PR ein positives Image, da mit ihr eine Form der objektiven und umfassenden Information verbunden wird. In den Modellen der politischen Kommunikation wird ebenfalls PR als die Aktivität der politischen Akteure bezeichnet, um den öffentlichen Meinungsbildungsprozess zu beeinflussen (Jarren/Donges 2006: 231).

Im Folgenden meint sicherheitspolitische Informations- und Kommunikationsmanagement die Anstrengungen der politischen Akteure, aktiv auf den Kommunikationsprozess im politischen und internationalen System einzuwirken, um Ziele der Sicherheitspolitik erreichen zu können. Damit sind Propaganda und PR-Maßnahmen genauso wie andere Formen zur Herstellung und Überzeugung von Öffentlichkeit eingeschlossen.

Das sicherheitspolitische Informations- und Kommunikationsmanagement zielt demnach auf Beeinflussung und die Steuerung von Informationen, um

- Zustimmung für politische Ansichten und Maßnahmen in der eigenen Bevölkerung zu erzielen (Legitimierungsprozess),

- Aufmerksamkeit für das eigene Anliegen in anderen Gesellschaften zu erzeugen,
- das Ansehen in anderen Bevölkerungen zu verbessern und sie von politischen Standpunkten oder Handlungen zu überzeugen (Imagebildung),
- gleichzeitig die entgegenstehenden Absichten anderer politischer Akteure in der öffentlichen Meinungsbildung zu marginalisieren oder zu diskreditieren (Stereotypisierung und Feindbild-Aufbau).

Die politischen Akteure managen einen „Prozess zur Konstruktion wünschenswerter Wirklichkeit“ (Merten 1999: 260). Das „große Loch“ fehlender Kenntnisse und Erfahrungen über globale Ereignisse wollen sie idealerweise mit ihren Botschaften und Images füllen, die der Medienrezipient als Stabilisator seiner eigenen Wirklichkeitsbildung akzeptieren soll. „Folgerichtig entwickelt sich ein Bedarf für die professionelle Konstruktion von Glaubwürdigkeit und Vertrauen mit fiktionalen Mitteln: Public Relations“ (Merten 1999: 292).

Das sicherheitspolitische Informations- und Kommunikationsmanagement folgt in der Praxis unterschiedlichen, z.T. widersprüchlichen Grundsätzen. Ein Spannungsverhältnis zum demokratietheoretischen Öffentlichkeitsprinzip ist hier unverkennbar. Die aufgezeigten Funktionen können aber nur erreicht werden, wenn zuvor Glaubwürdigkeit geschaffen wurde. Die dafür notwendige Offenheit und Wahrhaftigkeit steht regelmäßig in einem Spannungsverhältnis zu den politischen Interessen. Auch gilt es häufig, das negative Image oder die unpopuläre Entscheidung zunächst in ein „besseres Licht“ zu rücken. Daher wird situationsorientiert offen oder verdeckt (Geheimdiplomatie) agiert, der Grad des Zugangs zu Informationen festgelegt und die Thematik transparent gemacht oder von ihr abgelenkt.

Die Maßnahmen schwanken zwischen Vertrauensbildung durch offenen Dialog bis zur propagandistischen Öffentlichkeitsarbeit (Rid 2003: 1) bzw. manipulativen Imagepflege (Kunczik 1989: 172). Daher kommen die politischen Akteure zumindest in demokratischen Gesellschaften den aus den normativen Prinzipien abgeleiteten Verpflichtungen nach, durch Bildungsmaßnahmen die einzelnen Bürger zu einer eigenen Urteilsfähigkeit zu führen. Inwieweit diese Bildung als ein Korrektiv zu medial vermittelten Informationen angesehen werden kann, wird später thematisiert (Kapitel 6).

Ebenen

Schwierigkeiten bestehen in der strukturellen Einordnung der einzelnen Akteure, Maßnahmen und Zielgruppen einer sicherheitspolitischen Informations- und Kommunikationspolitik. Diese konzeptionellen Probleme treffen auf eine Wirklichkeit, in der Informationen ohnehin räumlich und zeitlich nicht mehr begrenzt werden können, folglich ihre vermeintlichen Wirkungen überhaupt nicht mehr absehbar sind. Aufgrund der zunehmenden Professionalisierung im politischen System sind unterschiedliche komplexe Organisationsstrukturen geschaffen worden, in denen geplant, ein aktives Kommunikationsmanagement betrieben, dabei die breite Palette an PR-Instrumenten eingesetzt und ihre Ergebnisse evaluiert werden (Löffelholz 2007: 27). An die gut aufbereiteten Erkenntnisse aus Wahlkämpfen kann angeknüpft werden. Trotz der Schwierigkeiten bieten sich – aus deutscher Sicht – drei Ebenen der sicherheitspolitischen Informations- und Kommunikationspolitik an[22] (Tabelle 4). Diesen Ebenen lassen sich Reichweiten bzw. Zielgruppen, Organisationselemente, Strategien und Instrumente zuordnen (Brown 2003).

Auf der innenpolitischen Ebene sind Maßnahmen gemeint, mit denen primär Einfluss auf die eigene Gesellschaft und das Mediensystem genommen werden soll (politisches Informations- und Kommunikationsmanagement einschließlich Bildungsangebote). Die politisch-strategische Ebene zielt auf eine globale Öffentlichkeit bzw. regional begrenzte Öffentlichkeit (strategisches Informations- und Kommunikati-

---

[22] Im Zuge des *"Kampfs gegen den Terror"* sind von der US-Administration zahlreiche Doktrinen entworfen worden, die letztlich mehr die divergierenden Interessen von White House, State Department und Pentagon widerspiegeln als konzeptionelle Klarheiten erbringen. Darin spiegelt sich ein Konkurrenz-kampf um die Dominanz dieser Begriffe wider. So überschneiden sich die Be-griffe *„Public Diplomacy"* (State Department) und *„Strategic Communication"* (Pentagon). Im White House wurde wiederum ein *„Office of Global Communication"* eingerichtet. Insgesamt sind in den USA zahlreiche Papiere entworfen, Institutionen aufgestellt und Instrumente aufgebaut worden (Reeb 2008b).

onsmanagement). Eine dritte Ebene bezieht sich auf ein konkretes Konflikt- oder Einsatzgebiet. In politisch-operativer Absicht betrifft es die Beziehungen zu den Journalisten in einer Krisenregion. Daneben lassen sich sämtliche Maßnahmen mit direkter Einwirkung auf die gegnerischen Akteure und die Bevölkerung in einem Konfliktgebiet militärisch verstehen. Diese Aktivitäten gehen fließend von PR in militärische Handlungen über und werden in diesem Sinne als Informationsoperationen bezeichnet (Szukala 2005; Reeb 2008b).

Elemente eines sicherheitspolitischen Informations- und Kommunikationsmanagements (IKM)

<table>
<tr><th>Ebene des IKM</th><th>Organisation</th><th>Umgang mit Journalisten</th><th>eigene Medien</th><th>PR-Maßnahmen</th><th>Bildungs-Maßnahmen</th></tr>
<tr><td>innenpolitisch</td><td rowspan="2">Regierungsstellen

PR-Agenturen

Staatliche Bildungsinstitutionen</td><td>Gegenseitige Unterrichtung</td><td>Broschüren
Websites</td><td>Pressekonferenzen und –mitteilungen
Hintergrundgespräche
ÖA-Offiziere</td><td>Politische Bildung

Interkulturelles Lernen</td></tr>
<tr><td>strategisch</td><td>Absprachen mit Verlegern, Chefredakteuren, Regisseuren</td><td>Auslandsrundfunk, Unterstützung von Printmedien im Ausland</td><td>Kampagnen, Websites, Interviews, Briefings</td><td>Entwicklungspolitische Bildung</td></tr>
<tr><td rowspan="2">in Krisen, Konflikten

und Kriegen</td><td>Media Operations Center</td><td rowspan="2">Konzepte der Informationssteuerung</td><td>Websites</td><td>Pressekonferenzen</td><td></td></tr>
<tr><td>Pressezentren</td><td>Printmedien, Flugblätter
Mediensoldaten</td><td>PsyOps</td><td>Bildungsangebote vor Ort</td></tr>
</table>

Tabelle 4

Politisches Informations- und Kommunikationsmanagement

Das hier vertretene Verständnis von Informations- und Kommunikationsmanagement geht über den für die USA vorgeschlagenen Begriff des *„News Management"* in verschiedenen Aspekten hinaus. Betont werden soll das dialogische Prinzip in der Kommunikation, das sich nicht in Verlautbarungen der politischen Akteure erschöpfen kann. Außerdem werden auch die von den staatlichen Akteuren initiierten Bildungsangebote als Teil eines Kommunikationsmanagements verstanden. Diese Gedanken folgen der Erkenntnis, dass letztendlich die Meinungsbildung der Individuen auf der Basis aller auf sie einwirkenden Informationen entsteht.

Darstellungspolitik in der Gesellschaft

Die im politischen Prozess beabsichtigten und getroffenen Entscheidungen bzw. Maßnahmen bedürfen der Rückkopplung mit der Gesellschaft. Nach dem Modell einer deliberativen Demokratie müssen die politischen Akteure responsiv auf deren Interessen eingehen und ihre Entscheidungen auf deren Zustimmung überprüfen. Politische Kommunikation ist notwendig, um politische Inhalte durchsetzen zu können. Die Massenmedien dienen dabei als Vermittler im Informations- und Kommunikationsprozess.

Allerdings wird die Art und Weise dieser Kommunikationsleistung von den oben skizzierten Entwicklungen im Politik- und Mediensystem geprägt. Seit Jahrzehnten ist ein Strukturwandel beobachtbar, der eine Loslösung der (zunehmend kommerziellen) Medien von gesellschaftlichen und politischen Gruppen bewirkt (Rössler 2001). Dafür treten die Medien als eigenständiges soziales Subsystem den politischen Akteuren gleichberechtigt gegenüber (Jarren/Donges 2006; Sarcinelli 2011: 122ff.). Die Politik kann sich der Medien nicht mehr als Verlautbarungsorgane bedienen. Das Mediensystem handelt autonom nach eigenen „Spielregeln", so dass sich die Relevanz und die Präsentation von Politik geändert haben.

Dementsprechend hat sich die Kommunikations- und Darstellungspolitik zu einer unerlässlichen Komponente des Regierens entwickelt, „weil die sachlichen Handlungsspielräume der Politik abnehmen und die Legitimationsforderungen bei hoher politischer Konkurrenz steigen" (Pfetsch 1998: 249). Diese Entwicklung wird auch als Wechsel von einer Parteien- zur Mediendemokratie bezeichnet[23]. Beide Systembereiche agieren mit Blick auf die jeweiligen Spezifika des anderen Subsystems in einem symbiotischen Verhältnis, um daraus einen größtmöglichen Nutzen zu ziehen[24].

Politische Akteure, die um Zustimmung für ihre Politik werben wollen, müssen zunächst öffentliche Aufmerksamkeit erregen. Mediale Aufmerksamkeit erzielt man allerdings nur dann, wenn man auf die Selektions- und Präsentationslogik der Medien eingeht. Damit fördert man symbolische Politik, die medienwirksame und „in Szene gesetzte" Ereignisse bevorzugt. Dies führt zu einer Professionalisierung von Politikvermittlung. Die Herstellung von Politik im Entscheidungsprozess harmoniert nicht mit der Darstellung von Politik im Vermittlungsprozess. Kommunikationsfragen werden zum integrierten Bestandteil der Politik selbst.

> *„Die beiden Kommunikationswelten ‚Darstellungspolitik' und ‚Entscheidungspolitik' driften auseinander Es verfestigt sich der Eindruck einer politisch-medialen Wirklichkeitsspaltung. Der Aufmerksamkeitswettbewerb verselbständigt sich mehr und mehr gegenüber dem politischen Entscheidungshandeln* (Sarcinelli 2011: 327).

Symbolische Politik schafft Ereignisse, d.h. Bilder, sprachliche Verkürzungen von Sachfragen auf Slogans oder Botschaften und Events (*„Boulevardisierung"*), die zum Zwecke der Berichterstattung inszeniert

[23] Sarcinelli (1987: 19), der die Forschung zur symbolischen Politik in Deutschland erstmals bekannt gemacht hat, verwendet den Begriff *„Mediatisierung"*. Schulz (2008: 31) bevorzugt zur Vermeidung von Missverständnissen den Begriff *„Medialisierung"*. Die an die Theater-Metapher angelehnte Forschung von Meyer (2001) spricht von *„Mediokratie"*.

[24] Zumindest entspricht dies dem Ergebnis aus Analysen zum sog. Intereffikations-Modell (Bentele 1997). Die Mikroebene, d.h. das Verhältnis von Politikern, PR-Beratern und Journalisten wird hier nicht weiter aufgegriffen. Es sei darauf hingewiesen, dass dieses Beziehungsgeflecht eine spezifische Kommunikationskultur in Gesellschaften herausbildet (Pfetsch 2003: 36).

werden und den Erwartungen des Publikums entsprechen müssen. Damit bleibt das Sachproblem an der Oberfläche. Eine Professionalisierung von Politikvermittlung zielt auf ein Höchstmaß an öffentlicher Zustimmung ab. Dazu werden *„Spin Doctors"* und PR-Agenturen beauftragt, um entlang der Medienlogik politische Aussagen strategisch zu platzieren. Sie bedienen sich dazu erprobter Instrumente und Techniken. Prominente Politiker haben aufgrund ihres Images und Prestiges die größte Chance, öffentlich wahrgenommen zu werden. Sie werden in den Mittelpunkt der Darstellungspolitik gerückt.

Dieses *„News Management"* weist einige typische Eigenschaften und Elemente auf (Meyer 2001a; Sarcinelli 2011):

- Verquickung von Information und Unterhaltung in Richtung Trivialisierung von Politik,
- Personalisierung als Programm: Hinwendung zu Spitzenpolitikern, die Mediencharisma als Machtressource einsetzen,
- Reduzierung auf Symbole und Begriffe: Politik wird als das angesehen, was dargestellt wird; Marginalisierung des Politischen und des politischen Inhalts,
- Inszenierungen und Theatralisierung: Eventpolitik, Imageprojektionen, Scheinhandlungen,
- Dominanz des Visuellen; eindrucksstarke „Welt der Bilder" (Ikonen),
- Orientierung an Meinungsumfragen und kurzfristigen Medienresonanzen.

Ein zentrales Merkmal dieser Politik ist das Informations-, Ereignis- und Themenmanagement. Angestrebt wird eine Dominanz über Informationen und ihre Verbreitung, um zu bestimmen, wann (Timing) welche (Pseudo-) Ereignisse und Themen in die Öffentlichkeit gebracht werden können. Auf entsprechende Erkenntnisse und Techniken aus Wissenschaft und Praxis wird zurückgegriffen (Röttger 2001). Ein wichtiges Instrument ist die Nutzung von Umfrageergebnissen, um sich kommunikativ der Bevölkerungsmeinung anpassen zu können (Kennedy/La Balme 2003; allgemein Reeb 2009a). Mit diesem Prozess des *„going public"* sinkt gleichzeitig der Einfluss der Parteiarbeit an der Basis. Die medienorientierten politischen Akteure übersteuern die parteiinternen Prozesse.

Die mediale Darstellung von Sicherheitspolitik unterliegt prinzipiell denselben Regeln wie die Politik allgemein, dennoch lassen sich hierbei einige Besonderheiten aufgrund des Themenfeldes feststellen (Reeb 2008c). Sicherheitspolitik ist einerseits eine sehr abstrakte, im Detail komplizierte und für den Bürger eher uninteressante Materie, die nicht im Zentrum des Medienkonsums steht (Gareis/Zimmermann 1999). Das ändert sich andererseits schlagartig dann, wenn spektakuläre Ereignisse eintreten. Dazu gehören militärische Konflikte und kriegerische Auseinandersetzungen, wenn als Akteure das eigene Land oder Verbündete beteiligt sind. Solche Ereignisse besitzen einen hohen Nachrichtenwert und lassen die Sicherheitspolitik vom Rand ins Zentrum der Betrachtung treten. Damit treffen sie auf ein meist nicht hinreichend vorinformiertes Publikum (Kohring/Görke/ Ruhrmann 1996).

Die Sicherheitspolitik gehört - wie erwähnt - aufgrund ihrer Abstraktheit und Komplexität in normalen Politikzeiten nicht zu den bevorzugten Themenfeldern der politischen PR. Den politischen Akteuren geht es eher darum, Images aufzubauen, die mit ihrer Person eine positive Verbindung eingehen. So galt Georg Leber als *„Soldatenvater"*, Karl Theodor zu Guttenberg strebte das Etikett *„Reformminister"* an.

Außen- und sicherheitspolitische Ereignisse reduzieren sich auf Konferenzen, Gipfeltreffen, Staatsbesuche oder werden bezogen auf einzelne Ereignisse als Krisenmanagement dargestellt. In allen Fällen treten die führenden Politiker als Akteure in den Vordergrund. Mit Hilfe von Presseerklärungen und Interviews erzielen sie hohe mediale Aufmerksamkeit und Zustimmung. Das lässt ich an den demoskopisch ermittelten Sympathiewerten der damaligen Regierungsmitglieder während des Kosovo-Konfliktes oder des früheren Bundesministers Peter Struck im Umgang mit der *„Coesfeld-Affäre"* nachzeichnen. Der 2009/10 amtierende Minister zu Guttenberg trat aufgrund seiner hohen Sympathiewerte als Person in die Öffentlichkeit und überlagerte dadurch die Sachdiskussion über die Strukturreform der Bundeswehr.

Die institutionelle sicherheitspolitische Informations- und Kommunikationsarbeit ist in Deutschland nicht besonders ausgeprägt und eher reaktiv ausgerichtet. Das Presse- und Informationsamt der Bundesregierung beschränkt sich auf wenige eigene Maßnahmen und überlässt es im Übrigen den Fachressorts, die Information und Kommunikation durchzuführen[25].

Die bisherigen Kampagnen des Bundesministeriums der Verteidigung entstanden im Zusammenhang mit dem Interesse an einer Image- und Personalgewinnung. Die normativen Ziele der Informationsarbeit lehnen sich an demokratietheoretische Postulate (Vertrauen schaffen, Mitwirkung anregen) an. Grundsätzlich haben sich in Folge dieser Kampagnen die Sympathiewerte für die Bundeswehr in der Bevölkerung verbessert. Auch hat sich der Presse- und Informationsstab des Bundesministeriums der Verteidigung als Service-Unternehmen für die interessierte Presse geöffnet. Eigene Kapazitäten und Kompetenzen für ein *„News Management"* im o.g. Sinne gibt es aber nicht und sind wohl auch nicht gewollt. Solche Strukturen werden aber adhoc in Einsatzgebieten eingerichtet (siehe unten).

Die Legitimierung des militärischen Engagements in internationalen Konflikten wird nach denselben Mechanismen inszeniert wie die politischen Programme im Wahlkampf. Im Vordergrund stehen die Propagierung von griffigen Botschaften und eine Simplifizierung des Sachverhalts auf ein Schwarz-Weiß-Muster. Ein solches Schlagwortmanagement soll Sachdebatten ersetzen helfen, die wegen ihrer Komplexität einem größeren Publikum nicht kommunizierbar sind. Damit gewinnen Emotionen und Stimmungen gegenüber Sachargumenten die Überhand. Die öffentliche Meinung bildet sich nur aufgrund von Eindrücken und Sympathien (Müller 2002).

Das Internet hat zwar die Informationskanäle erweitert, wird aber von der Politik in seinen Kommunikations- und Interaktionsmöglichkeiten nicht ausgeschöpft.

---

[25] Neben den routinemäßigen Aktivitäten des Presse- und Informationsamtes der Bundesregierung (Pressekonferenzen, Website) wird die Online-Dokumention *„Stichworte zur Sicherheitspolitik"* herausgegeben. Ansonsten beschränkt sich das Amt (Referat 310 „Außen-, Sicherheits- und Entwicklungspolitik") auf die Koordination der Maßnahmen der Bundesministerien.

Fazit:

Eine solche symbolische Politikvermittlung widerspricht diskursiven Verfahren. Die Mehrzahl der politischen Entscheidungen wird für die Gesellschaft nicht medial kommuniziert. Eine inhaltliche Auseinandersetzung entfällt, der Blick auf die medienfernen Bereiche der weniger spektakulären Routinepolitik ist verstellt (Glaab 2000: 121). Dort ist die Regelungsdichte und -tiefe aber meist bedeutsamer und folgen-reicher. Das Bild von Sicherheitspolitik in der Öffentlichkeit ist somit verzerrt.

Bildungspolitik für Schulen

Die Schulen stellen in der sicherheitspolitischen Kommunikation eine zentrale Teilöffentlichkeit dar, geht es doch neben einer Grundlagenvermittlung zu politisch relevanten Themen um die Möglichkeit für die heranwachsende Generation, sich kritisch mit diesen Fragen auseinander zu setzen und sich ein eigenes Urteil bilden zu können. Daneben bestand auch immer der politische Versuch, durch eine gezielte Einwirkung auf den Schulbereich ein positives Klima für den Wehrdienst in der Bundeswehr zu erzeugen. In diesem Spannungsfeld von Information, Aufklärung und Überzeugung fanden die bildungspolitischen Auseinandersetzungen um die Rolle von Frieden und Sicherheit als Themen im Schulunterricht statt. Diese politischen Debatten stellen zugleich einen aussagekräftigen Indikator für die Entwicklung der (sicherheits-)politischen Kultur dar (Reeb 2008). Daher werden diese Kontroversen, die einmalig in Deutschland die Grundfragen von Sicherheitspolitik in dieser Intensität zum Thema hatten, genauer beschrieben. Im Zeitraum 1980-1983 fanden zahlreiche Plenarsitzungen aufgrund von Anträgen und Anfragen in allen westdeutschen Volksvertretungen statt. In dieser Dichte wurde nie wieder über deutsche Sicherheitspolitik diskutiert.

Über die Notwendigkeit der Behandlung von Friedens- und Sicherheitspolitik in der Schule wurde seit Aufbau der Bundeswehr gestritten, wobei als Höhepunkte die Phasen ab 1956, um 1970 und ab 1979 genannt werden können (Schierholz 1982: 71). Während der Generalinspekteur der Bundeswehr mit der Institutionalisierung von Jugendoffizieren durch einen Erlass vom 8. September 1958 reagierte, meldete sich 1970 der damalige Bundeskanzler Willy Brandt in einem Schreiben vom

19. November an den Vorsitzenden der Ministerpräsidenten-Konferenz zu Wort:

> *„Das zweite Problem, auf das ich Ihre Aufmerksamkeit lenken möchte, ist die Tatsache, dass Fragen der Verteidigung im Rahmen der Friedenssicherung im Sozialkundeunterricht und in den Lehrbüchern in den einzelnen Ländern unterschiedlich, teilweise auch unzureichend, behandelt werden. Das gilt auch für den Auftrag und die Stellung der Bundeswehr in unserer Demokratie. Ebenso wie m.E. die Notwendigkeit einer auf Erhaltung von Frieden und Freiheit gerichteten Politik im Sozialkundeunterricht verständlich gemacht werden sollte, muss beim jungen Menschen Verständnis geweckt werden für die Notwendigkeit einer ausreichenden Verteidigung als Voraussetzung jeder Entspannungspolitik...“* (zitiert bei Kloss 1981: 28).

Noch deutlicher wurde der damalige Bundesminister der Verteidigung Helmut Schmidt am 26. März 1971 im Deutschen Bundestag:

> *„Die jungen Wehrpflichtigen werden auch an den Schulen nicht sonderlich auf die Notwendigkeit des Wehrdienstes vorbereitet“* und *„an manchen Gymnasien scheint es zum guten Ton zu gehören, auf die eine oder andere Weise den Wehrdienst zu vermeiden oder zu umgehen. Von dieser Fragestellung können auch manche Lehrer nicht ausgenommen werden“* (BT-Prot. 6/111 vom 26.03.1971: 6525).

Als Antwort auf diese Anstöße erging u.a. in Baden-Württemberg eine Bekanntmachung des Kultusministers vom 18. August 1971 *„Berücksichtigung der Landesverteidigung im Schulunterricht“*, auf die eine heftige Auseinandersetzung um eine vermeintliche kriegsdienstverweigerungsfeindliche und rüstungsbejahende *„Wehrkunde“* in der Schule mit dem Schlagwort *„Militarisierung des Bildungswesen“* folgte[26]. Parallel dazu artiku-

[26] Vgl. aus der umfangreichen Debatte Schwamborn/Schmitt (1972). Damit wurde direkter Bezug genommen auf die schulischen Elemente der vormilitärischen

lierte sich eine kritische Friedenserziehung, die in ihrem Anliegen durch die Institutionalisierung der *„Deutschen Gesellschaft für Friedens- und Konfliktforschung“* (DGFK) bestärkt wurde (Broschart 1978).

Während 1979 die Schulbuch-Studie des *„Sozialwissenschaftlichen Instituts der Bundeswehr“* die wissenschaftliche Erörterung anregte (Anker/Zelinka 1980), trat 1980 durch die Krawalle (Bremen, Hannover u.a.) jugendlicher Gewalttäter gegen die öffentliche Durchführung des feierlichen Gelöbnisses anlässlich des 25jährigen Bestehens der Bundeswehr die gesellschaftliche Kontroverse in das politische Bewusstsein. Neben Änderungen im internen Bereich der Bundeswehr (Traditions-Richtlinien vom 20. September 1982) verfolgte der Verteidigungsminister erneut das Gespräch mit den Kultusministern der Länder. In der 201. Sitzung der Kultusminister-Konferenz (KMK) am 5. Dezember 1980 in Freiburg/Br. wies Bundesminister Dr. Hans Apel wie seine Vorgänger darauf hin, dass bei der Jugend das Verständnis für die Begriffe „Staat“ und „Dienen“ geweckt werden sollte. Er schlug die Behandlung dieser Frage unter dem Thema *„Bedingungen des Friedens in unserer Zeit in Europa“* vor, in dem die Politik der Friedenssicherung in Europa und das Gleichgewicht der Kräfte als Voraussetzung für den Frieden eingeschlossen sein sollten und hob hervor, dass Dienst in der Bundeswehr Friedensdienst sei (Lutz 1983).

Man einigte sich auf die Bildung einer aus vier Ministern der Länder Baden-Württemberg, Rheinland-Pfalz (beide damals unionsregiert), Hessen und Nordrhein-Westfalen (beide damals SPD-regiert) bestehenden Kommission zur Erarbeitung einer gemeinsamen Vorlage. Ein internes Positionspapier der beteiligten unionsregierten Länder vom 15. April 1981 wurde am 7. August 1981 den Kultusministern von Nordrhein-Westfalen und Hessen übersandt, gelang dann aber durch eine Indiskretion am 10. September 1981 in die *„Frankfurter Rundschau“* (Lutz 1983, 99ff.). Nach dem Konzept *„Friedenssicherung und Bundeswehr im Unterricht“* hätten sich alle männlichen Schüler mit dieser Thematik und der Frage der Wehrpflicht vor dem Ende der Schulzeit auseinandersetzen müssen. „Sie sollen den Sinn des Wehrdienstes verstehen, die Notwendigkeit der Verteidigungsbereitschaft einsehen“ (Lutz 1983, 102). Ein

---

Erziehung in der DDR, die auf eine Vorbereitung auf den Wehrdienst in der NVA zielte und in der Bundesrepublik Deutschland als Wehrkunde bezeichnet wurde.

zwischen den Ländern Hessen und Nordrhein-Westfalen abgestimmter Entwurf wurde erst am Rande der 207. KMK in Berlin am 19. November 1981 vorgelegt.

Der *„Friedenserziehung in der Schule"* umschriebene Beitrag bezog sich auf die o.g. UNESCO-Empfehlung vom 19. November 1974 und thematisierte die Problematik ausgehend von einem positiven Friedensbegriff (Lutz 1983, 112ff.). Gespräche der Viererkommission auf verschiedenen Ebenen führten 1981/82 aber zu keinem Ergebnis. Daraufhin verfestigten sich die Vorarbeiten zu eigenständigen Papieren in den beiden politischen Lagern. Obwohl Bundesminister Dr. Manfred Wörner sich am 15. November 1982 beim damaligen Präsidenten der KMK, dem bayerischen Staatsminister Prof. Dr. Hans Maier, für eine Empfehlung zur Behandlung der Friedens- und Sicherheitspolitik im Unterricht einsetzte, trug die Veröffentlichung des Entwurfes *„Friedenserziehung in der Schule"* durch den Kultusminister Nordrhein-Westfalens am 24. Januar 1983, der durch ein Papier des Hamburger Schulsenators ankündigt wurde, zur Zuspitzung der Kontroverse bei (Lutz 1983, 128ff.). Die 213. (16. März 1983) und 215. KMK (23. /24. Juni 1983) führten zu keiner Einigung, so dass das SPD-Papier und ein am 13. Juni 1983 bekannt gewordenes Unions-Papier unversöhnlich nebeneinander standen (Lutz 1983, 178ff.).

Der Unionsentwurf vom 13. Juni 1983 verfolgte das Ziel, im Unterricht

> *„bei der Behandlung des Themas ‚Friedenserziehung und Bundeswehr' (zu) verdeutlichen, welche Rolle das Grundgesetz der Bundeswehr zugewiesen hat. Die unterrichtliche Aufarbeitung von Fragen der Friedenssicherung soll dazu beitragen, die Notwendigkeit und den Auftrag der Bundeswehr für die äußere Sicherung unserer Demokratie einsichtig zu machen. Sie muss aufzeigen, dass der Dienst in der Bundeswehr Friedensdienst ist"* (Lutz 1983, 181).

Demgegenüber weitete die SPD-Empfehlung vom 16. März 1983 die Thematik erheblich aus:

> *„Friedenserziehung lässt sich als der Versuch begreifen, die verschiedenen Formen der Gewalt und Friedlosigkeit im internationalen und innergesellschaftlichen Bereich zu erfassen, ihre Ursachen zu analysieren, ihre wechselseitigen Abhängigkeiten zu erkennen sowie zu einem Abbau von Gewalt beizutragen"* (Lutz 1983, 155).

Beide Papiere spiegeln inhaltlich die Kontroversen um den richtigen sicherheitspolitischen Weg wider. Während das Unionspapier vom bestehenden Ost-West-Gegensatz in ideologischer und militärischer Hinsicht ausging, schwangen im SPD-Papier die damaligen Befürchtungen (Erhöhung der Kriegsgefahr) wegen der Stationierung von nuklearen Mittelstreckenraketen mit.

Es folgte ein auf parlamentarischer Ebene ausgetragener Streit in den Ländern. Einige Kultusminister setzten ihre Empfehlung als Erlass um oder leiteten beide Konzepte mit ergänzenden Materialien an die Schulen weiter[27]. Es blieb bei unterschiedlichen Regelungen in den Bundesländern aufgrund ihrer Kulturhoheit.

Dieser Streit um das richtige Friedenskonzept drückte sich in den Rahmenrichtlinien und Lehrplänen der 1990er Jahre dann nur noch in Ansätzen aus. Nach Ende des Ost-West-Konfliktes näherten sie sich inhaltlich der aktuellen sicherheitspolitischen Lage an[28]. Im Mittelpunkt der Dokumente steht seitdem ein breiteres Verständnis von Sicherheitspolitik mit dem Blick auf die Weltprobleme und die Folgen der Globalisierung. Demgegenüber haben militärstrategische Betrachtungen eine untergeordnete Bedeutung. Die Themen Sicherheitspolitik und Bundeswehr haben seitdem auch ihren festen Platz im Sozialkundebuch (Wasmuth/Plath/Volke 1997: Anlage III). Darüber hinaus unterstützen einzelne Landeszentralen für politische Bildung die Schulpädagogen mit

---

[27] In Baden-Württemberg fand aufgrund der entsprechend umgesetzten Verwaltungsvorschrift *„Friedenssicherung und Bundeswehr im Unterricht"* vom 21.07.1983 eine juristische Auseinandersetzung statt, die mit einem Urteil des Verwaltungsgerichtshofs Baden-Württemberg vom 27.05.1987 zu Gunsten der Schulbehörde endete (Duchrow/Eckertz 1988).

[28] Vgl. die entsprechende Auflistung von Rahmenrichtlinien, Lehrplänen und Erlassen bei Wasmuht/Plath/Volke (1997).

Lehrmaterialien und Seminarangeboten zu sicherheitspolitischen Themen. Diese werden auch von den Jugendoffizieren mitorganisiert.

Die aktuelle Debatte wird erneut durch die Rolle der Jugendoffiziere im Schulunterricht bestimmt. Aufgrund von Kooperationsabkommen zwischen territorialen Bundeswehr-Dienststellen und den Kultusministerien der Länder entstand in kritischen Teilen der Gesellschaft der Eindruck, die Jugendoffiziere könnten einen stärkeren Einfluss auf die SchülerInnen ausüben (Schulze von Glaßer 2010). Diese Kritik wurde auch auf öffentliche Aktivitäten der Bundeswehr ausgedehnt. Dazu gehören Messestände, das Spiel *„PO&LIS"* sowie die Herausgabe von Lehrmaterialien und Werbemitteln. Gerade durch das Strategiespiel *„PO&LIS"* und das durch das Bundesministerium der Verteidigung finanzierte Unterrichtspaket (Print und Online) *"Frieden und Sicherheit"* erzielte die amtliche Informations- und Kommunikationspolitik eine erkennbare Aufmerksamkeit im Schulbereich[29].

Die Themen Frieden und Sicherheit werden nicht nur in der Sozial-/ Gemeinschaftskunde bzw. politischen Bildung, sondern auch im Religions- und Ethikunterricht sowie in Geschichte und Erdkunde behandelt. Des Weiteren erscheint die Thematik in einzelnen Ländern in einem fächerübergreifenden Unterricht als querschnittliches Angebot. Hierbei liegen Lehrpläne für einzelne Unterrichtsfächer (Sozialkunde, Gemeinschaftskunde usw.), für mehrere sozialwissenschaftliche Fächer oder für alle Fächer einer Jahrgangsstufe oder einer Schulform vor (Reeb 2008: 48ff.; Anlage II)[30].

Die Pläne sind in den letzten Jahren schrittweise aktualisiert worden. Damit entstanden nach und nach Dokumente, die im Kontext der aktuellen internationalen Entwicklungen (11. September, Afghanistan- und Irak-Krieg) entworfen worden sind.

Die Thematik Frieden und Sicherheit wird sowohl in der Sekundarstufe I, meistens in der 9. oder 10. Klassenstufe, sowie in der gymna-

---

29 Dazu gehört auch das Jugendmagazin *("infopost")* mit einer Auflage von 200.000, das auf Anforderung versandt wird.

30 Die Ergebnisse dieser Lehrplan-Studie aus dem Jahr 2008 sind weiterhin aktuell. Lediglich zwei Bundesländer haben in der Zwischenzeit ihre Pläne aktualisiert. Das ergab eine Auswertung der Redaktion *„Wochenschau"* (Guido Weber) zur Vorbereitung eines Themenheftes *„Sicherheitspolitik"*.

sialen Oberstufe angeboten. Dort gibt es zudem Schwerpunktthemen, die als Leistungskurse durchgeführt werden. Dem Charakter als curriculare Vorgabe mit Handlungsspielraum entsprechend, sind diese Angaben aber nicht zwingend verbindlich. Bei den stärker lernzielorientierten Richtlinien steht das Thema mit anderen Inhalten zur Auswahl. Für sozialwissenschaftliche Themen bleibt im Pflichtbereich der Sekundarstufe ohnehin nur ein geringer Stundenumfang von in der Regel zwei Wochenstunden (Georg-Eckart-Institut 2007).

Sicherheit und Frieden ist häufig ein Teilaspekt unter einer umfassenderen Themenstellung, insbesondere den Internationalen Beziehungen bzw. der Internationalen Politik. Mehrere Lehrpläne stellen sie außerdem regelmäßig in Bezug zur Globalisierung oder in den Kontext der europäischen Integration (GSVP).

Es wird von dem erweiterten Sicherheitsbegriff ausgegangen. Häufiger Bezugspunkt sind Kriege und Konflikte bzw. Konfliktregionen sowie damit korrespondierenden Akteure (UNO, Bündnisse) und Strategien zu deren Bewältigung. Damit verknüpft und ergänzt werden die Aspekte zu Fragen der Menschenrechte.

Die Bundeswehr ist schwerpunktmäßig inhaltlicher Bestandteil in der Sekundarstufe I. Dabei werden auch, aber nicht überall, (noch) die Wehrpflicht sowie der Wehrdienst behandelt. Kriegsdienstverweigerung und Zivildienst sind keine explizit hervorgehobenen Themen mehr.

Fazit:

In Konkurrenz zu anderen politischen Themen, denen heute eine große gesellschaftliche Relevanz zugeschrieben wird, ist das Thema Sicherheitspolitik im Schulunterricht gleichberechtigt, aber nicht herausgehoben vertreten. Einige Bundesländer ermöglichen es interessierten Schülern, sich genauer mit dem Thema befassen zu können. In der politischen Erwachsenenbildung würde das Thema Sicherheitspolitik ohne die Aktivitäten der Bundeswehr und ihrer Institutionen in den Programmen kaum erscheinen. Im Bereich der allgemeinen politischen Bildung ist es lediglich ein „konjunkturabhängiger“ Bildungsgegenstand, der nur bei Tagesaktualität nachgefragt wird.

Information und Bildung in der Bundeswehr

Es gehört ebenfalls zur sicherheitspolitischen Kultur, dass die Angehörigen der Bundeswehr umfassend über die Grundlagen und Veränderungen in der Sicherheitspolitik informiert werden und sich in Unterrichten der politischen Bildung eine eigene Meinung bilden können (Tabelle 5, S. 104).

Den Soldaten werden regelmäßig Informationen über Print- und elektronische Medien angeboten. Kritik an der aktuellen Sicherheitspolitik erfolgt dabei zurückhaltend. Grundlage zur Unterrichtung und kritischen Reflexion der SoldatInnen ist die Konzeption Innere Führung (Reeb/Többicke 2003). Die Informationsarbeit und die politische Bildung stellen innerhalb dieser Vorgabe ein jeweils eigenes Anwendungsgebiet dar. Ein enges Netz an Grundsatzdokumenten und Vorschriften regelt Zuständigkeiten, Organisation, Stundenansätze, Verantwortlichkeiten, Finanzierung, Durchführung sowie auch Inhalte und Methoden. Dementsprechend liegen in der Praxis zahlreiche Aktivitäten vor.

Seit 2005 untersteht der gesamte Bereich der Truppeninformation dem Informations- und Pressestab im Bundesministerium der Verteidigung. Der Generalinspekteur der Bundeswehr ist nur noch für die politische Bildung zuständig. Bis zu dieser Trennung der Verantwortlichkeit galt der Grundsatz, dass die sicherheitspolitische Information der SoldatInnen keine Nähe zur jeweiligen politischen Führung haben sollte. Die Herausgabe sämtlicher Medien der Bundeswehr durch den PresseInfoStab bedeutet auch, dass diese Produkte sowohl in als auch außerhalb der Bundeswehr wirken sollen (Tabelle 6, S. 105). Damit bewegt sich die Truppeninformation auch von ihrer ursprünglichen Aufgabe innerhalb der politischen Bildung weg (Reeb 2006).

Die Informationsmedien bestehen heute aus den Printprodukten *„Bundeswehr aktuell"* (wöchentlich), *„Y. Magazin der Bundeswehr"* (monatlich) sowie *„IF. Zeitschrift für Innere Führung"* (quartalsmäßig). Dazu treten zahlreiche Online-Websites unter dem Dach von www.bundeswehr.de (Duchscherer 2008) sowie verschiedene Web 2.0-Anwendungen (*„You Tube"*, Wikis). Eine Besonderheit stellt die Online-Zeitschrift *„Reader Sicherheitspolitik"* dar, da sie hervorgegangen aus einer Loseblatt-Sammlung monatlich durch Artikel von renommierten Wissenschaftlern und Experten gefüllt wird. Sie stellt mittlerweile das einzige Periodikum aus dem

Verantwortungsbereich der Bundeswehr dar, das sicherheitspolitische Themen grundlegend und reflektiert behandelt[31]. Weitere Zeitschriften können dem Umfeld des Bundesministeriums der Verteidigung zugeordnet werden, haben aber trotz der teilweisen finanziellen Unterstützung eine redaktionelle Eigenständigkeit[32]. Dazu treten Periodika, die von Freundes- und Förderkreisen spezieller militärischer Gruppierungen herausgegeben werden.

Die politische Bildung findet vorrangig in der Truppen- und Lehrgangsausbildung statt. Dazu legt die Zentrale Dienstvorschrift (ZDv 12/1, 2007) die zeitlichen, organisatorischen und inhaltlichen Vorgaben fest. In erster Linie sind die Disziplinarvorgesetzten für die Durchführung der politischen Bildung zuständig. Damit treten sie regelmäßig in ein Spannungsfeld zwischen Alltagsautorität und offener Diskussionskultur im Unterricht. Auch fällt es schwer, den Grundsatz der Kontroversität auf sämtliche Themen der Sicherheitspolitik in der politischen Bildung auszudehnen, z.B. vor einem Afghanistan-Einsatz die politische Notwendigkeit dieser Mission offen zu diskutieren. Daher binden die Vorgesetzten auch zivile Referenten in den Unterricht ein.

Die Zusammenarbeit mit zivilen Bildungsträgern wird ausdrücklich unterstützt und mit Haushaltsmitteln unterlegt. Das *„Netzwerk Politische Bildung in der Bundeswehr"* beinhaltet elf Institutionen mit insgesamt 24 Häusern, die engen Kontakt zur Bundeswehr pflegen. In der Praxis hat sich meist eine über die Jahre gewachsene Bindung zwischen einzelnen Truppenteilen und zivilen Bildungseinrichtungen entwickelt.

---

31 Zu speziellen Aspekten werden von unterstellten Dienststellen Periodika herausgegeben, z.B. *„SOWI.Thema"*, hrsg. vom *„Sozialwissenschaftlichen Institut der Bundeswehr"*.

32 Dazu zählen *„Europäische Sicherheit. Politik, Streitkräfte, Wirtschaft, Technik"* (60. Jg.) und *„Mittler-Brief"* (26. Jg.), hrsg. vom *„Mittler-Verlag"*; *„Loyal. Magazin zur Sicherheitspolitik"*, hrsg. vom *„Verband der Reservisten der Deutschen Bundeswehr e.V."*; *„Hardthöhen-Kurier. Das Magazin für Soldaten und Wehrtechnik"* (27. Jg.), hrsg. von der *„Unteroffizier-Kameradschaft im BMVg e.V."*; *„bundeswehr-journal. Unabhängiges deutsches Militärmagazin"* (7. Jg.), hrsg. von Christian Denitz; *„IMS. Internationales Magazin für Sicherheit"* (4. Jg.), hrsg. von *„IMS. Verlagsgesellschaft b.R."*, die Online-Zeitschrift *"Adlas. Magazin für Außen- und Sicherheitspolitik"* (5. Jg.), hrsg. vom *"Bundesverband Sicherheitspolitik an Hochschulen"* sowie Zeitschriften der Katholischen und Evangelischen Militärseelsorge.

Politische Bildung in der Bundeswehr

Leitbild „*Staatsbürger in Uniform*“ • freie Persönlichkeit • verantwortungsbewusster Staatsbürger • für den Auftrag einsatzbereit
Funktionen Politische Bildung in der Bundeswehr hilft den Soldatinnen und Soldaten, ihre Kenntnis der Werte und Normen des Grundgesetzes zu vertiefen, damit sie den Sinn und die Notwendigkeit ihres Dienstes für Frieden, Freiheit und Recht besser verstehen und anerkennen.
Ziele Politische Bildung • vertieft geschichtliche Kenntnisse, • erklärt politische Zusammenhänge, • unterstützt politische Urteilsfähigkeit, • verbessert die interkulturelle Kompetenz, • fördert das Wertebewusstsein und • regt zur aktiven Teilnahme an der politischen Willensbildung an.
Themenkreise (1) Die freiheitliche demokratische Grundordnung, (2) Bundeswehr und Soldatinnen und Soldaten in Staat und Gesellschaft, (3) Vernetzte Sicherheitspolitik im nationalen und internationalen Rahmen, (4) Globalisierung – neue Risiken und sicherheitspolitische Herausforderungen, (5) Historische Entwicklungen und Ereignisse, (6) Politische Bildung im Hinblick auf einen aktuellen Einsatz sowie (7) Umgang mit Medien und ihren Inhalten.

Tabelle 5

Medien der Truppeninformation

Titel	Erscheinungsweise/ Auflage	seit Jahr (Relaunch)
Printmedien		
Aktuell. Zeitung für die Bundeswehr	wöchentlich 60.000	1965
Y. Das junge Magazin der Bundeswehr	monatlich 78.000	2001 (2009)
IF. Zeitschrift für Innere Führung	Quartal 48.000	1956 (2007)
Reader Sicherheitspolitik (Teil 3: Transformation im 21. Jahrhundert)	monatlich online	1994 (2007)
Militärgeschichte. Zeitschrift für historische Bildung	Quartal	1986 (2002)
Elektronische Medien		
bwtv- Fernsehen der Bundeswehr	täglich in 63 Liegenschaften	2001
Info-forum	DVD: online	1997
Intr@net aktuell	kontinuierlich; online	2000
you tube: Bundeswehr-Kanal	kontinuierlich	2010
Flickr: Bundeswehr-Fotos	kontinuierlich	2010
Medien im Auslandseinsatz		
Radio Andernach (Bosnien-Herzegowina, Kosovo, Afghanistan)	täglich	1974
MAZ & More (Feldzeitung Bosnien-Herzegowina/ Kosovo)	wöchentlich 5.000	1999, 2011 eingestellt

Tabelle 6

Fazit:

Insgesamt lässt sich feststellen, dass die sicherheitspolitische Information und Kommunikation am intensivsten nicht nur in der Bundeswehr, sondern auch durch die Bundeswehr und die ihr nahe stehenden Institutionen betrieben wird. Damit hat es die Führung im Bundesministerium der Verteidigung prinzipiell auch in der Hand, auf welche Themen und in welche Richtung die Information gelenkt werden soll.

Sicherheitspolitische Berufsfortbildung

Im Rahmen der beruflichen Fortbildung ist ein dichtes Netz an Bildungsangeboten zur Sicherheitspolitik insbesondere in der Bundeswehr geknüpft worden. Dazu gehören zunächst die Anteile in den Offizier- und Unteroffizierlehrgängen (Proll 2006). In den Lehrgängen der *„Führungsakademie der Bundeswehr"* werden diese Themen für die Gruppe der Stabsoffiziere noch weiter vertieft. Die intensivste Vermittlung erfolgt im Lehrgang *„Generalstabs-/Admiralstabsdienst"*[33]. An der *„Akademie der Bundeswehr für Information und Kommunikation"* (Strausberg) erfolgt eine sicherheitspolitische Schulung für das Personal der Informationsarbeit der Bundeswehr, das *„Zentrum Innere Führung"* bereitet die Vorgesetzten auf die Didaktik der politischen Bildung vor und die *„Führungsakademie der Bundeswehr"* bietet bedarfsgerechte Seminare zu diversen Themen an.

Von besonderer Relevanz für die Ausbildung einer sicherheitspolitischen Kultur ist die Errichtung der *„Bundesakademie für Sicherheitspolitik"* in Berlin auf Beschluss der Bundesregierung vom 3. Juli 1990 als zentrale ressortübergreifende Fortbildungsstätte des Bundes anzusehen.

> *„Aufgabe der Bundesakademie ist es, durch Veranstaltungen zur gemeinsamen Fortbildung gegenwärtiger und zukünftiger Führungskräfte aus Bundes- und Länderressorts sowie aus dem sicherheitspolitisch interessierten Umfeld ein umfassendes, über die Ressortgrenzen hinausreichendes Verständnis für die langfristigen sicherheitspolitischen Interessen der Bundesrepublik Deutschland als Teil der demokratischen Staatengemeinschaft zu erreichen, um damit die*

[33] Für diese Zielgruppe ist sogar ein weiterführender Master-Studiengang angedacht.

Teilnehmer zu befähigen, diesen Interessen angemessen Rechnung zu tragen".

Diese Veranstaltungen finden für Meinungsführer im Umfang von bis zu sechs Monaten statt. Sie basieren auf einem umfassenden Sicherheitsverständnis. Neben der Vorbereitung auf die Berufspraxis soll durch die Seminare ein dauerhaftes, ressortübergreifendes Netz sicherheitspolitischer Akteure geknüpft werden. Die bisherigen Ausbildungsgänge für das militärische Führungspersonal müssten strukturell mit diesen zivilen Angeboten verzahnt werden (Naumann 2011a: 10).

Strategisches Informations- und Kommunikationsmanagement

Der Begriff strategisches Informations- und Kommunikationsmanagement bezeichnet hier die Aktivitäten von Regierungen, um auf auswärtige Akteure (Politiker, Militär, Gesellschaft) einzuwirken und deren Kenntnisse, Einstellungen und Handlungen im Interesse der eigenen Prämissen zur Außen- und Sicherheitspolitik zu beeinflussen. Diese Aufgabe wird in Theorie und Praxis auch als *„Public Diplomacy"* bezeichnet (Busch/Florian 2007: 220). Aufgrund der unterschiedlichen Zielgruppen, zeitlichen Reichweiten und Absichten unterliegt ihr aber kein einheitliches Verständnis. Außerdem variieren durch die Interessenlagen von Regierungen und deren Protagonisten auch die Zuständigkeiten, wiewohl sich traditionell in erster Linie das Außenministerium für diese Aufgabe verantwortlich fühlt.

„Public Diplomacy" hat gerade in den USA eine lange historische Vorgeschichte, die bis in den Ersten Weltkrieg hineinreicht (Reeb 2006a). Besonders erfolgreich war ihr Wirken im *„Kalten Krieg"*. Als Bestandteil der heutigen Sicherheitspolitik wird sie definiert als

> *„das Einbinden, Informieren und Beeinflussen eines ausgewählten internationalen Publikums mit dem Ziel, die amerikanischen Interessen und Sicherheit voranzubringen, um die moralische Grundlagen für eine US-Führung in der Welt zu schaffen"*[34].

---

34 Deutsche Übersetzung der Definition von Charlotte Beers, ehemalige Staatssekretärin für *„Public Diplomacy and Public Affairs"* im US-Außenministerium.

Die *„National Security Strategy"* (NSS) vom September 2002 beschrieb *„Public Diplomacy"* im Krieg gegen den Terrorismus als *„Krieg der Ideen"*. Das federführende State Department benennt als strategisches Ziel von *„Public Diplomacy"* und *„Public Affairs"*, das Verständnis für amerikanische Werte, Politik und Initiativen zu stärken, um ein günstiges internationales Umfeld zu schaffen. Das System *„Public Diplomacy"* besteht aus einer Vielzahl an Organisationen, Institutionen und Initiativen, die teilweise traditionell gewachsen sind, teilweise aufgrund aktueller politischer Entwicklungen geschaffen wurden. Ein Schwerpunkt sind Maßnahmen, die sich gegen anti-amerikanische Haltungen richten. Gefördert wird ein positiver Dialog mit muslimischen und arabischen Ländern, um den seit 2001 zunehmenden Anti-Amerikanismus und den erfolgreichen Medienkampagnen von internationalen Terrorgruppen entgegen zu treten.

Die Instrumente der *US-„Public Diplomacy"* bestehen somit aus einem Bündel von Kommunikations-, Informations-, Medien- und PR-Aktivitäten. Sie können unterschieden werden in Ausbildungs- und kulturelle Austauschprogramme, Informationsprogramme, internationale Rundfunkprogramme sowie PR-Kampagnen.

Im Laufe der Auseinandersetzung im *„Kampf gegen den Terror"* kam es dann sowohl im Weißen Haus als auch im Pentagon zum Versuch, eine *„Strategic Communication"* zu etablieren, der sich die *„Public Diplomacy"* einordnen sollte. Dazu wurden auch zunehmend verdeckte Informationskampagnen eingesetzt, die von privaten PR-Unternehmen durchgeführt wurden. Aufgrund der Rückkopplung in die USA löste diese *„schwarze Propaganda"* kritische Nachfragen aus dem politischen Raum aus (Elter 2005).

Die Bundesregierung geht im sicherheitspolitischen Informations- und Kommunikationsmanagement andere Wege. Unter Federführung des Auswärtigen Amtes (Abteilung Kultur und Kommunikation) sind daran vor allem das Bundesministerium für wirtschaftliche Zusammenarbeit und Entwicklung (BMZ) sowie der Auslandsrundfunk *„Deutsche Welle"* beteiligt[35]. Bis 2003 wurde diese Aufgabe vom Presse- und In-

---

[35] Die *„Auswärtige Kultur- und Bildungspolitik"* (AKBP) beinhaltet in erster Linie aber kulturelle und pädagogische Programme, Institute und Aktivitäten (z.B. *„Goethe-Institute"*, akademischer Austauschdienst, Auslandsschulen, Jugendwerke). Weitere

formationsamt der Bundesregierung erfüllt, das auch die *„Leitlinien zur politischen Öffentlichkeitsarbeit im Ausland"* erstellt hatte (Maaß 2011: 592).

Das deutsche Verständnis von *„Public Diplomacy"* unterscheidet sich maßgeblich von dem der USA (Harnischfeger 2007; Grolig/ Schageter 2007; Maaß 2011). Es hebt die friedenskonsolidierenden und sicherheitsstabilisierenden Aspekte deutlicher hervor. Folglich steht in der Presse- und Öffentlichkeitsarbeit und in der auswärtigen Kultur- und Bildungspolitik das dialogische Prinzip im Vordergrund:

> *„Auswärtige Kultur- und Bildungspolitik (AKBP) ist auf langfristige Wirkung angelegt. Ihre übergreifende Aufgabe ist die Förderung des Dialoges zwischen Menschen unterschiedlicher kultureller Hintergründe und die Schaffung von Vertrauen und dauerhaften weltweiten Partnerschaften mit unserem Land. Mit ihren spezifischen Instrumenten der Kultur- und Bildungsarbeit legt sie so das Fundament für stabile außenpolitische Beziehungen. Neben den politischen und wirtschaftlichen Beziehungen ist die AKBP traditionell eine der drei Säulen und integraler Bestandteil deutscher Außenpolitik"* (Bundesregierung 2009).

Die politische Öffentlichkeitsarbeit im Ausland soll dazu dienen,

> *„das Ansehen der Bundesrepublik Deutschland im Ausland zu stärken, über die Bundesrepublik Deutschland und die deutsche Politik im Ausland zu informieren sowie die Verbreitung von Nachrichten, Informationen und Meinungen über die Bundesrepublik Deutschland im Ausland auch im Wege von Bildberichterstattung, Film, Funk und Fernsehen zu fördern ..."* (Bundesregierung 2004: 2).

Bundesministerien (Bildung und Wissenschaft; Jugend) sind daran beteiligt. Die *„Deutsche Welle"* untersteht dem Bundesministerium des Innern.

Zielgruppen

„sind in erster Linie Multiplikatoren, d.h. Journalisten der führenden Medien, Politikwissenschaftler, hochrangige Vertreter von Parteien und Organisationen der Zivilgesellschaft, Repräsentanten der Universitäten und wissenschaftlichen Einrichtungen und Entscheidungsträger aus Politik, Verwaltung und Kultur. Besondere Beachtung wird den jungen Eliten geschenkt". (Auswärtiges Amt 2005).

Als Rahmen wurde vom Auswärtigen Amt die *„Konzeption 2000"* formuliert, die aufgrund der globalen Veränderungen mit neuen Schwerpunkten weiterhin als „kulturpolitische Richtschnur" gilt. Dazu zählt auch die Konfliktprävention und Krisenbewältigung durch Einwirkung auf die Zivilbevölkerung (Grolig/Schlageter 2007: 563). Als integraler Bestandteil der Außenpolitik soll der deutschen Stimme im *„Dialog der Kulturen"* Gehör verschafft werden. Dieses Postulat wird im Aktionsplan der Bundesregierung *„Zivile Krisenprävention, Konfliktlösung und Friedenskonsolidierung"* als effektives sicherheitspolitisches Instrument beschrieben. In Kenntnis der Wirkkraft von Massenmedien fördert die deutsche Politik den – allerdings langfristig angelegten – deutsch-arabischen Kulturdialog.

Dieser dient dem Abbau gegenseitiger Vorurteile durch genauere Informationen sowie der Verbesserung von Arbeitsbedingungen der Journalisten. Entsprechende Programme führt das 1949 gegründete *„Institut für Auslandsbeziehungen"* (Stuttgart) durch.

Diese Politik wird auch in der entwicklungspolitischen Bildung verfolgt, die als deutsche Besonderheit einem eigenen Bundesministerium für entwicklungspolitische Zusammenarbeit (BMZ) unterstellt ist. Im Geschäftsbereich des BMZ entstehen zahlreiche Aktivitäten, Initiativen, Förderungen und Materialien. Die Zuständigkeit liegt bei der ihm unterstellten *„Gesellschaft für internationale Zusammenarbeit"* (GIZ), in der *„Inwent"*, die *„Internationale Weiterbildung und Entwicklung GmbH"* (www.invent.org) eingegliedert wurde. Die Programme richten sich an Fach- und Führungskräfte aus Politik, Verwaltung, Wirtschaft und Zivilgesellschaft.

Die entwicklungspolitischen Fördermaßnahmen sind besonders intensiv in Afghanistan angewendet worden. Es wurden mit deutscher

Hilfe Schulen aufgebaut, Lehrer ausgebildet und Schulmaterialien angeschafft. Bildung ist dabei als ein Instrument zu verstehen, mit dem Sicherheit und Frieden zu gewährleisten sind (Reeb 2011: 25ff.).

Die *„Deutsche Welle"* (DW), gegründet 1953, bietet ein 30-sprachiges Angebot für alle elektronischen Medien an. Besondere Programme richten sich an einzelne Zielländer, um dort Rechtstaatlichkeit, Menschenrechte und Demokratie zu fördern. Im Fokus stehen die muslimischen Länder, aber auch Lateinamerika und Russland. Die Angebote werden wöchentlich von 85 Mio. Menschen erreicht. Dem Sender stehen 283 Mio. Euro (2011) zur Verfügung.

Sowohl das BMZ als auch die DW sehen in der Medienförderung einen Faktor zur Erreichung ihrer politischen Ziele. Die *„Akademie zur Fortbildung von Medienschaffenden aus Entwicklungs- und Transformationsländern"* der DW ist ein Instrument der vom BMZ geförderten Medienentwicklungszusammenarbeit. Journalisten werden vor Ort geschult, um mit den publizistischen Prinzipien und Arbeitsweisen einer freien Gesellschaft vertraut gemacht zu werden.

Verglichen mit dem Konzept der USA ist die deutsche Variante von *„Public Diplomacy"* gering ausgeprägt und unterentwickelt, dafür aber erfolgreicher. In der PEW-Umfrage 2005 lag das Ansehen Deutschlands in den muslimischen Ländern durchweg deutlich höher als das der USA (PEW 2005). Andererseits reichen die eingesetzten Ressourcen nicht aus (2008: 0,46 Prozent des Bundeshaushaltes), von einer professionalisierten politischen Presse- und Öffentlichkeitsarbeit im Ausland zu sprechen (Spiegel 2002). Diese Zurückhaltung wird mit historischen Gründen erklärt. Ein Großteil der auswärtigen Kultur- und Bildungspolitik findet außerdem durch nicht-staatliche Institutionen (*„Trägerpluralismus"*) statt. Sie kann daher der *„Public Diplomacy"* im engeren Sinne nicht zugerechnet werden.

Neben der Arbeit aus den Botschaften sind es das öffentliche Auftreten und Handeln von Spitzenpolitikern, das in der ausländischen Öffentlichkeit wahrgenommen wird (Dorn 2008). Eine Studie zur deutschen Irak-Politik belegt, dass eine hierauf ausgerichtete *„Public Diplomacy"* in den USA nicht erfolgreich war (Hübecker 2004), wegen der Weigerung, am Krieg 2003 teilzunehmen, wohl auch nicht sein konnte.

Informations- und Kommunikationsmanagement in Krisen, Konflikten und Kriegen

Die sicherheitspolitische Kommunikation steht bei Krisen, Konflikten und erst recht in Kriegssituationen vor besonderen Herausforderungen. Eine theoretische Unterlegung einer Krisen-, Konflikt- oder Kriegskommunikation liegt nur fragmentarisch vor (Löffelholz 2004: 48; Reeb 2011). Bisher wurde für jeden Gewaltkonflikt eine spezifische mediale Situation konstatiert.

Krisenkommunikation gewinnt als Gegenstand in Wissenschaft und Praxis mit der zunehmenden Relevanz von Öffentlichkeit für politische und ökonomische Entscheidungsprozesse an Bedeutung. Mit ihr lassen sich die institutionellen Kommunikationsanstrengungen beschreiben, die innerhalb und außerhalb von Organisationen die Folgen einer vorhersehbaren oder überraschenden Krise in der öffentlichen Meinungs- und Entscheidungsbildung beeinflussen sollen. Eine Krise stellt systemtheoretisch eine Störung eines stabilen Zustandes dar oder wird zumindest als solche wahrgenommen. Anlässe einer Krise können vielfältiger Art sein. Bekannte Beispiele der letzten Jahre sind Naturkatastrophen, Atomreaktorunglücke, Börseneinbrüche und Staatsinsolvenzen.

Die Sicherheitspolitik fasst mit Krisen die Störungen zusammen, die auf Gesellschaften oder staatliche Strukturen einwirken. Insofern betreffen sie regelmäßig eine größere Öffentlichkeit. Im allgemeinen Sprachgebrauch werden sicherheitspolitische Krisen als Konflikte bezeichnet, die gewaltsam ausgetragen werden können. Es geraten dann Bürgerkriege, Massenaufstände und Terroranschläge in den Blick.

Im Umgang mit Krisen, Konflikten und Kriegen ergeben sich entsprechend der bisher herausgearbeiteten sicherheitspolitischen Kultur in Deutschland besondere Herausforderungen:

- Angesichts der Komplexität und des engen Raum-Zeit-Bezugs können sich die vielfältigen Risiken zu meist unvorhersehbaren Krisen entwickeln, auf die die politischen Akteure schnell öffentlich reagieren müssen. Sie treffen dabei auf andere Akteure, die unberechenbar sind und jederzeit auch eine Krise eskalieren lassen können.

- In Deutschland wird auf Krisen und Konflikten öffentlich mit Überzeugungen, z.T. Rigidität reagiert. Eine moralische Überhöhung macht es den politischen Akteuren mit Entscheidungskompetenz schwer, eine ausschließlich an Sachargumenten orientierte Kommunikation aufzubauen.
- Gewaltkonflikte treten nicht nur zwischen Staaten auf, so dass semantisch noch nicht von Krieg gesprochen wird. Eine Unterscheidung zwischen einer Kommunikation in einer Krise, einem Einsatz (von Streitkräften) oder einem Krieg ist aber nicht Erkenntnis fördernd.
- In konkreten Konfliktbewältigungssituationen, z.T. in der Beteiligung an militärischen Interventionen, stellt sich zu jeder Zeit das Anspruchs-Wirklichkeits-Problem, d.h. die einmal propagierten Argumente können sehr schnell durch die Dynamik des Geschehens unterlaufen werden.

Alle diese Faktoren können die Kommunikation als unglaubwürdig, widersprüchlich oder ungenügend erscheinen lassen. Innerhalb des Meinungs- und Entscheidungsfindungsprozesses nutzt das der innenpolitische Rivale aus. Gleichzeitig wird das Kommunikationsverhalten durch externe Gegner im asymmetrischen Konflikt beeinflusst. Zwischen den unterschiedlichen Interessen müssen Politik und Militär mit einem Balanceakt regieren.

Kommunikation im asymmetrischen Konflikt

Während die meisten Krisen durch ein „System“, die Natur oder die Technik verursacht werden und keine konkreten Personen dafür verantwortlich gemacht werden können, lässt sich der bewaffnete Konflikt auf benennbare Personen, Gruppen und Staaten beziehen. Gegenüber dem klassischen Staatenkonflikt kompliziert aber die Vielzahl und fehlende Zuordbarkeit dieser Akteure die zielgenaue Kommunikation. Die digitalen Technologien können von jedermann und überall eingesetzt werden. Zwischen politischen und militärischen Aspekten, Krieg und Frieden sowie zivilen und militärischen Akteuren wird das Ziehen einer Trennlinie schwieriger. Das erschwert die Zuordnung von Verantwortlichkeiten und ermöglicht gezielte Manipulationsversuche.

Im asymmetrischen Konflikt treffen reguläre staatliche Streitkräfte auf sog. „private“ Gewaltakteure, d.h. Warlords, Banden, Terrorgruppen, Aufständische usw. sowie auf private Sicherheitsdienste (Münkler 2002). Diese Gruppen fühlen sich selten an die Regeln und Normen der klassischen Kriegsführung gebunden. Sie beschränken sich auch nicht auf ein definiertes Territorium, sondern agieren unabhängig von staatlichen Zonen. Der Konflikt wird deshalb räumlich entgrenzt. Die Asymmetrie besteht aus Sicht dieser Akteure in den Kriegszielen und der Kriegsführung.

Den Kriegsmethoden ist gemein, dass das in der Staatengemeinschaft anerkannte humanitäre Völkerrecht missachtet wird und sie nach westlichen Moralvorstellungen verwerfliche, skrupellose und hinterlistige Handlungen beinhalten. Dazu zählen Terrorakte gegen Unbeteiligte, der Einsatz von Kindern als Soldaten und die bewusste Einbeziehung der Zivilbevölkerung in die Kriegsführung. Die Opfer des Krieges werden zur Steigerung des medialen Interesses instrumentalisiert.

Gewaltakteure wie AlQaida, Taliban oder Hisbollah machen den Umgang mit öffentlichen Informationen und die Instrumentalisierung von Medien zum festen Bestandteil ihrer Gewalttaten (genauer Reeb 2008a). Der damalige Stellvertreter Bin Ladens und heutige AlQaida-Chef, Aiman az-Zawahiri, äußerte sich entsprechend:

> *„Mehr als die Hälfte dieses Kampfes findet auf dem Schlachtfeld der Medien statt (…) Wir befinden uns in einem Medienkrieg um die Herzen und Köpfe der Muslime“* (zitiert in Rötzer 2006).

In der Innenwirkung geht es ihnen um die Beeinflussung der meist jungen Bevölkerung. Die radikalen Kräfte wollen durch den Aufbau von Feindbildern die eigenen Reihen stärken, dabei von ihren fundamentalen Fehlern ablenken und die öffentlichkeitswirksamen Massenmedien auf ihre Seite ziehen. Gleichzeitig soll der Einfluss und die Integrität westlicher Medien in den muslimischen Gesellschaften geschwächt werden.

Um eine möglichst große Wirkung über die Medien erzielen zu können, haben sich in diesen Gruppierungen spezialisierte „Medienabteilungen" gebildet. Diese Gruppen bedienen sich eigener Printmedien, Rundfunkprogramme und Medienzentren, um in der internationalen Welt präsent zu sein. Besonders werden aber die Möglichkeiten des Internet genutzt, um die eigenen Botschaften weltweit verbreiten zu können (Beispiele in Reeb 2008a: 590). Dabei hat sich ein eingespielter Produktions- und Verbreitungszyklus etabliert, der von Propaganda-Netzwerken gesteuert wird. Er beginnt mit eigenen Videos über Gewaltdarstellungen oder Reden der Anführer, die in Websites integriert werden und über weitere Kanäle von Sympathisanten eine Verbreitung zunächst in hauptsächlich arabischen Medien und von dort in die westliche Welt finden. Die Reaktionen auf solche Berichte in den unabhängigen Medien werden dann wiederum in den eigenen Medien zurückgespiegelt (Reeb 2008a: 590).

Unter Ausnutzung moderner Kommunikationstechnologien und ohne Rücksichtnahme auf die Wahrheit gelingt es ihnen somit auf sehr effektive Weise, durch spektakuläre Berichte und Bilder (Anschläge, Entführungen, Opfer in der Zivilbevölkerung) in die deutsche Berichterstattung zu gelangen.

Die Gewaltakteure beherrschen ein nach PR ausgerichtetes Management, um die Schwachstellen der regulären Streitkräfte (z.B. Kollateralschäden, Verfehlungen einzelner Soldaten) einerseits und die inszenierten Gräuel (z.B. Entführungen von westlichen Journalisten, Terroranschläge auf Soldaten oder mit hohen Opferzahlen) andererseits in die Länder der politischen Entscheidungsträger zeitlich bestimmt zu transportieren und dadurch die Debatte mit Themen zu besetzen, die die Politik dort vermeiden möchte (Loch 2007; Reeb 2008a). Der Angriff an dieser Front richtet sich gegen das Vertrauen, die Glaubwürdigkeit und die Wahrhaftigkeit der westlichen Gesellschaften, ihrer Regierungen und des Militärs. Die Erschütterung ihrer Integrität zielt auf einen massiven Entzug der öffentlichen Unterstützung als Grundlage jeder legitimen Handlung.

Die markantesten Beispiele dieser „Gegnerkommunikation" gegenüber deutschen politischen Akteuren waren manipulierte Berichte bei Entführungen von Deutschen in Afghanistan und im Irak sowie das Einstellen von Fotografien in das Internet bei Anschlägen gegen deutsche Soldaten und von Aufrufen zum Dschihad in Videos. Der damalige Sprecher im Auswärtigen Amt bezeichnete diese Methoden als *„Medienkrieg“* und zeigte damit eine gewisse Ratlosigkeit, dagegen kommunikativ vorzugehen (Reeb 2007a).

Legitimationsmuster in Krisen, Konflikten und Kriegen

Der Wandel im Sicherheitsbegriff geht einher mit einem veränderten gesellschaftlichen Verständnis von militärischen Aufgaben. Streitkräfte sollen eingesetzt werden zur

- Sicherheit vor Friedensbrechern, die nur mit militärischer Gewalt im äußersten Fall an ihrer Aggression gehindert werden können, stets als Voraussetzung für politische Lösungen zur Friedensgestaltung und Konfliktbewältigung,
- Absicherung und letztendlich Erzwingung international verbindlich getroffener Entscheidungen bei völkerrechtlichen Verletzungen des Friedens und bei humanitären Katastrophen,
- Not- und Katastrophenhilfe im Rahmen freier und bestgeeigneter Ressourcen.

Diese Aufgaben erfüllen Streitkräfte, die primär zur Kriseneindämmung und Konfliktbewältigung in den regionalen Brennpunkten der Welt eingesetzt werden. In der deutschen Gesellschaft gibt es einen weitgehenden Konsens darüber, dass der Einsatz von militärischer Gewalt folgenden Prinzipien folgen sollte:

- Vor jedem Einsatz von Streitkräften sind die Ziele, Chancen, Risiken und Alternativen gewissenhaft abzuwägen.
- Der Gebrauch militärischer Macht unterliegt immer den Grundsätzen der Verhältnismäßigkeit der Mittel, d.h. muss erforderlich, geeignet und im Verhältnis zum Ziel der geringste Eingriff sein.
- Dazu bedarf es der legitimatorischen Anbindung an eine international anerkannte Autorität.

Diese Aufgaben und Prinzipien sind Ausdruck einer demokratischen Gesellschaft, die der militärischen Gewalt grundsätzlich skeptisch bis ablehnend gegenüber steht und als *„postheroisch“* (Münkler) bezeichnet werden kann (Weisswange 2006). Dementsprechend traten in der politischen Argumentation moralische Begründungen und Nutzenkalküle als die beiden Begründungspfeiler der Theorie vom demokratischen Frieden für die Einsätze der Bundeswehr in den Vordergrund (Müller 2002: 4).

Grundsätzlich bereiten die politischen und militärischen Akteure die Gesellschaft auf einen Einsatz vor, indem sie dem Gegner einen massiven Verstoß gegen elementare und universelle Werte (*„humanitäre Katastrophe“*, Völkermord, Gräuel) vorwerfen. Der politische Moralismus gewinnt an Bedeutung. Die Argumente des Gegners werden angezweifelt, ihm wird nicht nur seine Integrität abgesprochen, er wird auch dämonisiert (Müller 2002). Dieses Muster verfolgte die deutsche Bundesregierung besonders eindrucksvoll vor und während des Kosovo-Krieges 1999. Slobodan Milosevic wurde zum Feindbild, seine Gräueltaten in den Kontexten von Völkermord gestellt. Ein erfundener *„Hufeisen-Plan“* sollte die massenhafte Vertreibung der Kosovo-Albaner durch die serbischen Milizen belegen.

Der Einsatz in Afghanistan basierte auf dem Argument eines solidarischen Kampfes gegen den Terror von Osama Bin Laden und dem Wiederaufbau eines zerfallenden Staates. Das Engagement 2006 im Kongo diente der Demokratisierung des Landes und der im selben Jahr begonnene Einsatz vor dem Libanon sollte die deutsche Solidarität unterstreichen. Alle Begründungen dieser Missionen lassen sich kritisch hinterfragen. Sie halfen eher dazu, nicht über die eigentlichen Motive öffentlich zu diskutieren[36]. Schließlich können bei Vorliegen der gleichen Argumente (Muammar al-Gaddafis Gräueltaten in Libyen; Völkermord in Darfur führen zu Anklagen der Machthaber vor dem Internationalen Strafgerichtshof) auch Einsätze ausgeschlossen werden.

---

[36] Das Kosovo ist um den Preis der Vertreibung der serbischen Rest-Bevölkerung unabhängig erklärt worden und stellt einen Hort organisierter Kriminalität dar. Der Stabilisierungseinsatz in Afghanistan hat sich zu Kriegshandlungen ausgeweitet. Der Bürgerkrieg in Ost-Kongo wütet mit unveränderter Gewalt, und ein Ende des Nahost-Konfliktes ist nicht in Sicht. Waffenlieferungen erfolgen weiterhin über das Mittelmeer.

Während des Einsatzverlaufs konzentriert sich die Diskussion auf die richtige Wahl der Mittel (Operationsführung, Zielplanung, Waffensysteme) und auf den Erfolg der militärischen Aktionen. Es geht konkret um die militärische Auftragserfüllung der politischen Vorgaben, d.h. ob die ausgewählten Ziele erfolgreich erreicht wurden und inwieweit nicht beabsichtigte Schäden vermieden werden konnten. Ziel ist die Darstellung eines „sauberen Krieges", d.h. die Vermeidung von Bildern über Tote und Zerstörungen. Bevorzugt werden *„Human Storys"* verbreitet. Denn Leiden und Grausamkeiten will eine zivilisierte Gesellschaft nicht ertragen. Angesichts von über 50 toten deutschen Soldaten in Afghanistan mussten die verantwortlichen deutschen Politiker die bisher gepflegte verharmlosende Sprache nach und nach ändern. Mittlerweile reden sie von verwundeten und gefallenen Soldaten, die Opfer in kriegsähnlichen Zuständen wurden[37].

Grundsätze für die Kommunikation in Krisen, Konflikten und Kriegen

Diese Widersprüche und begrenzten Wahrheiten sind letztendlich gegenüber einer gewaltabstinenten Gesellschaft schwer zu vermeiden. Politik, Gewaltgegner und das Militär verfolgen die unterschiedlichsten Interessen.

Nach der Konzeption Innere Führung sind die deutschen Streitkräfte in die Gesellschaft integriert. Das Militär erwartet eine grundlegende Unterstützung für sein Handeln (Akzeptanz), die Gesellschaft möchte über alle relevanten Angelegenheiten der Streitkräfte informiert sein. Die Informationspolitik zielt darauf ab, Vertrauen in der Gesellschaft zu begründen und deren Anerkennung zu erhalten. Dazu soll sie zeitgerecht, umfassend und sachgerecht informiert werden (BMVg 2005). Gerade in der Krise nimmt das Informationsbedürfnis in der Gesellschaft zu. Demgegenüber bestehen besondere militärische Interessen, die in Widerstreit mit einer umfassenden und offenen Information geraten können.

Eine erfolgreiche Kommunikation in Krisen, Konflikten und Kriegen sollte einige Regeln beachten, wie sie auch in der politischen PR

[37] Offiziell handelt es sich auch in Nordafghanistan um einen "nicht internationalen bewaffneten Konflikt im Sinne des humanitären Völkerrechts" (Regierungserklärung Außenminister Westerwelle am 10.01.2010).

aufgestellt worden sind (Jarren/Donges 2006: 256). Abbildung 9 fasst das System von PR-Elementen im asymmetrischen Konflikt zusammen.

PR-Elemente im asymmetrischen Konflikt

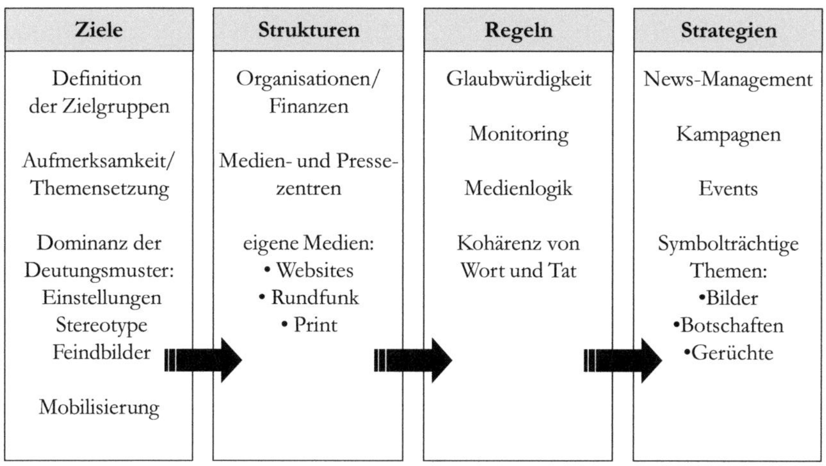

Abbildung 9

Die politischen Akteure treten am überzeugendsten durch Geschlossenheit auf. Glaubwürdigkeit kann nur durch Widerspruchsfreiheit und Synchronisation der zentralen Botschaften gelingen. Alle Aktivitäten in der öffentlichen Sphäre müssen aufeinander abgestimmt sein. Die politischen Gründe für den Krieg sollten sich in der Berichterstattung über die Ereignisse auf dem Gefechtsfeld auch widerspiegeln. Dazu gehört, dass die eingesetzte Quelle oder das Medium vertrauenswürdig erscheinen muss. Aus diesem Grund ist es von zentraler Bedeutung, mit eigenen Botschaften in die etablierten und vertrauenswürdigen Leit- und Mainstreammedien zu gelangen. Kritisch zu bewerten sind verdeckte Maßnahmen, da sie im Falle ihrer Enttarnung die Integrität massiv beschädigen können. Außerdem ist bei der Verbreitung von Informationen in einem Einsatzgebiet der *„Blow-Effekt“* zu beachten, der eintreten kann, wenn die Meldungen auch im eigenen Land veröffentlicht werden[38].

Entsprechende Aktivitäten werden stets an der Medienlogik ausgerichtet. Dazu gehören die Beachtung von Formaten, das richtige Timing, der Wunsch nach bestimmten Informationen und nach Bildmaterial mit hohem Nachrichtenwert sowie die Vermittlung von Experten.

Dem gegenüber bemüht sich der Gegner – wie oben dargestellt - darum, gerade diese Kohärenz zu zerstören, indem er unter Ausnutzung der kulturellen Unterschiede die Widersprüche zwischen Worten und Taten herausstellt. Durch Manipulationen und Falschmeldungen versucht er, eine negative Berichterstattung zu provozieren.

Das eigene Informationsmanagement ist im „Kampf um die öffentliche Meinung“ an einer Monopolisierung und Steuerung der Informationen interessiert, um die Wirkung seiner „Botschaften“ zu verstärken. Dieses Ziel versuchen die Akteure aufmerksamkeitsökonomisch zu erreichen. Wo die eine Seite an großer Aufmerksamkeit für einen bestimmten Aspekt interessiert ist, versucht die andere Seite davon abzulenken oder das öffentliche Interesse auf andere Aspekte zu lenken. Dabei geht es entsprechend der Agenda-Setting-Theorie stets um die Besetzung von Themen sowie um eine bewusste Ausrichtung dieser Themen auf die gewünschte Einordnung oder Interpretation (Framing). Um den Handlungsdruck zu minimieren, ordnen Politiker z.B. eine Entführung in einem Krisengebiet lieber als kriminell denn als politisch motiviert ein.

Die Streitkräfte sind in dieser Situation in erster Linie an einer ungehinderten erfolgreichen Auftragserfüllung interessiert (Reeb 2004). Die Sammlung, Auswertung und Weitergabe von Informationen gelten als wichtiges Führungsmittel. Es gehört zu den operativ-taktischen Grundsätzen der Einsatzführung, diese Informationen zum eigenen militärischen Vorteil zu nutzen und gleichzeitig Fehlinformationen zur Verwirrung des Gegners einzusetzen. Gleichzeitig müssen alle, die unmittelbar vom Einsatzgeschehen betroffen sind, wie die Zivilbevölkerung, mit

---

[38] So hatte die PR-Agentur *„Lincoln Group“* im Auftrag des US-Militärs von PsyOps-Offizieren erstellte Artikel einigen irakischen Redaktionen gegen Bezahlung zum Abdruck in ihren Zeitungen angeboten. Obwohl in den Vereinigten Staaten Propaganda verboten ist, konnten sie somit via Internet dort erscheinen und lösten politische Debatten aus (Reeb 2005).

den wichtigsten Informationen versorgt werden. In Bezug auf die Massenmedien geht es dem Militär im ersten Fall um die Wahrung seiner Operationsfreiheit, im zweiten Fall um gewollte oder unbeabsichtigte Einbeziehung der Medien in die psychologische Kriegsführung und im letzten Fall um meist technische Unterstützung. Dabei werden verschiedene Facetten von Informationsoperationen betrieben, von der physischen Ausschaltung der Systeme bis zu deren Manipulation (Cyberwar). Solche Maßnahmen können in deutlichen Widerspruch zu den politischen Kommunikationsanstrengungen treten.

Instrumente in der Krisen- und Kriegskommunikation

Der Umgang mit Informationen gehört seit jeher zum Kern des militärischen Handwerks. Nachdem die Streitkräfte aus früheren Kriegen die Erfahrung gemacht haben, dass der Umgang mit Presse und Öffentlichkeit wesentlich zum Erfolg der eigenen Kriegsführung beiträgt, sind die Instrumente, mit Hilfe professioneller Agenturen und Berater, systematisch weiterentwickelt worden. Sie werden den Bedingungen des Kriegsschauplatzes angepasst und der jeweiligen technologischen Möglichkeiten der Medien entsprechend eingesetzt (Luostarinen/Ottosen 1998). Dazu gehören spezielle Richtlinien für die Medien, eine eigene militärische Organisation mit entsprechend ausgewähltem Personal, das an speziellen Akademien ausbildet wurde, sowie ein Spektrum an Methoden und Mitteln in der konkreten Informationsarbeit. Alle diese Steuerungsmaßnahmen dienen dazu, die Berichterstattung der unabhängigen Medien zu beeinflussen (Reeb 2004).

Als Beginn der Presserichtlinien gilt der *„Befehl über die Beschränkung der Arbeit von war correspondents“* (1856) durch den britischen General Sir William Codrington als Reaktion auf die Berichterstattung des *„Times“*-Reporters William Howard Russell über den Krim-Krieg (Kister 1991). In der Gegenwart wurden die freizügigen Bedingungen für Reporter im Vietnam-Krieg durch restriktive Regeln auf den Falklands, in Grenada und am Golf 1991 abgelöst. Im Kosovo-Krieg 1999 und in Afghanistan 2001 agierte die Pressearbeit aus dem NATO-Hauptquartier und den Hauptstädten der Bündnisstaaten bzw. im *„Kampf gegen den Terror“* aus Washington. Spezielle Presse-Richtlinien sind aus diesen beiden

Konflikten nicht bekannt. Für die militärische Intervention in den Irak wurden aktuelle US-Guidelines erlassen (abgedruckt in Reeb 2003).

Die in den Richtlinien formulierten Maßnahmen dienen dazu, die Tätigkeiten der Journalisten am Ort des Kampfgeschehens einzuschränken, zu kanalisieren und zu kontrollieren. Beispielsweise sahen die von den Alliierten am Golf praktizierten Presse-Richtlinien (1991) eine Pool-Bildung von Reportern für Fahrten in die Kampfgebiete nach Genehmigung von und in Begleitung durch Presseoffiziere vor; des Weiteren ein Verbot, über militärische Daten, Maßnahmen, Mittel und Ergebnisse zu berichten, eine Militärzensur und die Weitergabe der genehmigten Berichte an die anderen anwesenden Reporter. Die Richtlinien für „eingebettete" Journalisten im Irak 2003 erschienen großzügiger, führten in der Praxis aber zu ähnlichen Ergebnissen (Reeb 2003).

Die militärische Organisation für die Kriegskommunikation ist heute umfassend geregelt. Die Bundeswehr sieht Informationsarbeit als eine übergreifende militärische Führungsaufgabe an, die in alle militärischen Bereiche hineinwirkt und damit in der Verantwortung der Kommandeure wahrzunehmen ist. Der politische Stellenwert wird daran deutlich, dass der Presse- und Informationsstab im Bundesministerium der Verteidigung im Auftrag der politischen Leitung die Fäden in der Hand behält. Er ist für alle Angelegenheiten von grundsätzlicher Bedeutung zuständig (Damm 2002). Informationsarbeit der Bundeswehr bei Auslandseinsätzen umfasst Pressearbeit im Inland und im Einsatzgebiet, Öffentlichkeitsarbeit im Inland sowie Truppeninformation (Beiträge in Bockstette/Quandt/Jertz 2006).

Die Einrichtung von internationalen und nationalen *„Media Operation Center"* (MOC) ist aufgrund der Erfahrungen mit den NATO-Strukturen im Kosovo-Krieg bei Bedarf vorgesehen (Jertz/Bockstette 2004: 223). In Anlehnung an entsprechende Wahlkampf-Zentralen (*„war rooms"*) gehören zu den Aufgaben eines MOC die Planung und Koordination von Maßnahmen in enger Abstimmung mit militärischen Dienststellen, ein Medien-Monitoring, die Formulierung und Absprache gemeinsamer Botschaften, Redetexte und Präsentationen. Während des Afghanistan-Krieges 2001 sind *„Coalition Information Centers"* in Washington, London und Islamabad eingerichtet worden.

Seitens der Bundeswehr wird im Einsatzgebiet ein Presse- und Informationszentrum (PIZ) aufgestellt, das mit qualifiziertem Personal und technischen Komponenten ausgestattet ist. Es bietet den Journalisten vor Ort eine umfassende Unterstützung, Betreuung und Information an und konzentriert sich im Wesentlichen auf Pressearbeit (Prietze 2005; Löffler 2006).

Eine weitere Komponente in der Kriegskommunikation ist die *„Operative Information der Bundeswehr"* (OpInfoBw). Sie besteht aus regulären Truppenteilen und richtet sich im Einsatzgebiet in erster Linie direkt an die Zivilbevölkerung und den militärischen Gegner. Die Bundeswehr will sich damit bewusst von der in anderen Streitkräften praktizierten psychologischen Kriegsführung unterscheiden, um ihre Glaubwürdigkeit gegenüber Dritten aufrechtzuerhalten[39].

> *„Operative Information wirkt mit kommunikativen Methoden unter Nutzung von Druckerzeugnissen, Lautsprecheranlagen mit großer Reichweite, Hörfunksendungen, TV-/Videobeiträgen und Internet sowie sonstigen zur auftragsgerechten Erreichung von Zielgruppen im Einsatzgebiet ein, um deren Einstellungen und Verhalten zu beeinflussen, Vertrauen und Unterstützung für den eigenen Auftrag zu erzielen und damit zum Schutz eigener Kräfte beizutragen"* (Grade 2002: 31).

Angehörige der PIZ und der OpInfo stimmen ihre Maßnahmen, auch mit den anderen Koalitionsstreitkräften bzw. mit internationalen Stäben ab. Gleichzeitig wird die Truppe mit denselben Informationen versorgt, um eine stringente Kommunikationssituation zu erreichen. Dazu ist ein breites Spektrum von Print- (Feldzeitungen), AV- (Bundeswehr-TV, Radio-Sender) und Online-Medien (Websites) aufgebaut worden (Tabelle 7). Außerdem engagieren sich diese Kräfte beim Aufbau

---

[39] Daher sind ihre Instrumente auch nicht so vielfältig, wie sie in den US-Streitkräften eingesetzt werden, um dort zu einer ausgeprägten psychologischen Kriegsführung verwendet zu werden, vgl. U.S. Department of Defense, *„Information Operations Roadmap"* vom 30.10.2003; Joint Chiefs of Staff, Joint Publication 3-13 *„Information Operations"* vom 13.02.2006.

von Bildungsangeboten, um mit der Zivilbevölkerung näher in Kontakt zu treten.

Das in der Informationsarbeit eingesetzte Bundeswehr-Personal erhält eine qualifizierte Ausbildung mit theoretischen und praktischen Komponenten auf wissenschaftlicher Grundlage an der *„Akademie der Bundeswehr für Information und Kommunikation"* (Strausberg) und am *„Zentrum Operative Information"* (Meyen).

Die Methoden und Mittel der Kommunikation für Kriege und Einsätze haben sich im Laufe der Zeit den besonderen Bedingungen der Nachrichtenproduktion in der Mediengesellschaft angepasst. Sie reflektieren die oben genannten Rahmenbedingungen. Die umfassendsten Maßnahmen gibt es weiterhin in den US-Streitkräften. Dort wird mit der Doktrin von *„Information Operations"* ein weitreichender Ansatz von Informationskriegsführung verfolgt, der weit über den hier betrachteten Gegenstand einer Kriegskommunikation wirkt und zahlreiche Konzepte, Doktrinen und Studien hervor gebracht hat (Eckart 2001). Als klassische Methoden und Mittel können angesehen werden:

- Einweisung von Journalisten in das militärische Handwerk (Gefahren und Verhalten im Einsatzgebiet), um Vertrauen aufzubauen und Missverständnisse zu beseitigen (*„Media Boot Camps"*) (Rid 2003);
- Pressekonferenzen;
- Pressemitteilungen, Broschüren, Fotos, vorproduzierte Video-Filme, *„Gun camera footage"* (Bilder von der einschlagenden Bombe);
- Internet-Präsentationen;
- Organisation von Journalistenreisen in Einsatzgebiete, *„Medientage"* bei Truppenverbänden;
- Information, Unterstützung und Betreuung von Reportern vor Ort, *„Embedded Correspondents"*;
- Symposien und Tagungen über militärische Konflikte;
- Eigenes Internet-TV (z.B. *„NATO-TV-Channel"*).

Unter Verwendung von Grundgedanken der PR erfolgen in den Einsatzgebieten auch größere Kampagnen oder gezielte Events.

Zur Geheimhaltung ihrer Operationen verwendet das Militär die Nachrichtensperre und die Zensur. Die meisten Journalisten akzeptieren, dass Angaben über militärische Kräfte, Operationen, die Namen gefallener Soldaten sowie Gewinne und Verluste nicht veröffentlicht werden sollten, wenn sie dem militärischen Gegner unmittelbar nutzen. Als Bestandteil von militärischen Operationen sind solche Täuschungen durchaus zulässig und werden von allen Akteuren eingesetzt. Dagegen müssen die politischen Akteuren in demokratischen Gesellschaften mit massiver Kritik rechnen, wenn ihnen eine bewusste Täuschung der Öffentlichkeit vorgeworfen oder gar nachgewiesen wurde (Reeb 2004a). Auch positive Meldungen dürfen nicht übertrieben dargestellt werden (Forster 2004).

Wirksamkeit des sicherheitspolitischen Informations- und Kommunikationsmanagements

Die Wirksamkeit des sicherheitspolitischen Informations- und Kommunikationsmanagement ist abhängig von der richtigen Wahl und Anwendung von Wort und Bild. Diese bestimmen eine erfolgreiche Kommunikation oder erzeugen Missverständnisse mit jeweils weitreichenden Folgen für die Sicherheit. Die idealen Bedingungen, eine politische Kommunikation sprachlich und visuell zu gestalten, setzen Verstehen und Verständigung sowie Wahrheit und Wahrhaftigkeit voraus.

Für das Verstehen gilt die Verständigung als eine wichtige Voraussetzung. Jemand muss etwas begriffen, geistig erfasst bzw. erkannt haben. Er muss intellektuell in der Lage sein, eine Aussage oder Botschaft im gemeinten Sinne zu verstehen. Damit etwas verstanden werden kann, ist ein gleicher Zeichenvorrat erforderlich. Dieser wird meist in einer gemeinsamen Sprache begründet, die eindeutig sein muss. Verstehen meint auch immer, sich mit anderen zu verständigen. Politisch zielt diese Verständigung innerhalb einer Gesellschaft auf Gemeinsamkeiten über grundsätzliche Ziele und Wege ab. Sicherheitspolitik muss folglich argumentativ begründet werden, damit eine Verständigung über sie zustande kommt. Diese Gründe leiten sich letztendlich aus gesellschaftlichen Grundwerten ab, die im Konsens erzielt wurden. Eine weitere Bedingung von Verständlichkeit liegt in der Offenlegung des Kontextes der Aussage durch Hintergrundinformationen und alternative Auffassungen.

Sprache wird in einem spezifischen kulturellen Kontext erlernt und angewandt. Sie ist Teil der sozialen Identität. Eine Verständigung über Sicherheit in den internationalen Beziehungen muss diese Abgrenzung durch Sprache berücksichtigen und nach gleichen Voraussetzungen und Übereinstimmungen suchen. Hier bestehen häufig große Diskrepanzen, die zu Missverständnissen und Fehlinterpretationen führen. Denn Begriffe sind kulturell mit unterschiedlichen Bedeutungen unterlegt. So meinen die Menschen in der arabischen Welt politische Freiheit, wenn sie von Gerechtigkeit sprechen (Lynch 2003). Was in einem Zusammenhang als Terrorist oder Aufständischer (Afghanistan) bezeichnet wird, ist unter anderen sicherheitspolitischen Bedingungen ein Freiheitskämpfer (Libyen) oder Märtyrer.

Bilder können gegenüber dem Wort eine direktere Wirkung erzielen. Ihre Prägekraft liegt zunächst in der vermuteten Authentizität, d.h. der angenommenen Echtheit der abgebildeten Situation. Gerade wenn es sich um Fernsehbilder handelt, meint der Zuschauer, unmittelbar alles Gesehene erlebt zu haben.

Die stärkste Wirkkraft von Bildern liegt in ihrer Emotionalisierung. Lösen Bilder starke Erregungszustände aus, fällt eine rationale Auseinandersetzung über den Sinngehalt schwer. Bilder können Texte ergänzen und verständlich machen. Sie können aber auch das bisher Gehörte und Gelesene in Frage stellen. Im Zweifel über die Richtigkeit einer Aussage gewinnt das Bild an Überzeugungskraft. Bilder können sicherheitspolitische Zusammenhänge plastischer darstellen als Worte. Die Kehrseite besteht in der Vereinfachung des Sachverhalts. Es genügen wenige eindrucksstarke Bilder, damit Politiker unter Entscheidungsdruck geraten.

Ein verantwortungsvoller Umgang mit Worten und Bildern setzt das Bemühen um weitgehende Richtigkeit und Objektivität der dahinter stehenden Aussagen voraus. Gerade die Abstraktheit und Komplexität der Sicherheitspolitik erfordert in ihrer Darstellung ein hohes Maß an Konkretem. Die Wahrhaftigkeit in der Kommunikation verlangt des Weiteren nach Transparenz. Sicherheitspolitik muss offen dargestellt werden. Geheimhaltung ist zum Schutz von Sicherheit zwar häufig notwendig und gerechtfertigt. Sie darf aber kein Deckmantel sein, um unliebsame Informationen der Öffentlichkeit zu verheimlichen. Da Sicherheit alle angeht, haben sie auch ein Recht darauf, den Sachverhalt umfassend und mit allen Zusammenhängen aufgezeigt zu bekommen. Auch müssen etwaige Nebenwirkungen und Absichten, die mit einer politischen Entscheidung verbunden sind, angesprochen werden. Eine verharmlosende Sprache ist zu vermeiden. Werden diese Bedingungen nicht erfüllt, stellen sich Misstrauen, aber auch Ängste und schließlich Apathie ein.

Problematisch ist eine sicherheitspolitische Kommunikation, wenn Worte und Bilder nicht der Wahrheit entsprechen. Die Lüge wird eingesetzt, wenn auf dem anstrengenden und aufwendigen Weg der argumentativen Auseinandersetzung schnell Wirkungen und damit Zustimmungen für politische Entscheidungen gewünscht werden. Besonders wirkungsvoll ist der Einsatz von gefälschten Bildern. Aufgrund der angesprochenen Prägekraft können sie den ersten Eindruck verfestigen. Eine spätere Korrektur wird häufig nicht wahrgenommen oder akzeptiert. In gleicher Weise funktioniert die Interpretation von Bildern. Auch hier gewinnt, wer als erster „seine Geschichte" – meist über das Internet – verbreiten kann.

Eine Verständigung zwischen den Kulturen und Gesellschaften beginnt mit dem Abbau von Stereotypen und Feindbildern. Eine aufgeladene Sprache ist genauso zu vermeiden wie eine Anheizung durch eskalierende Bilder, z.B. Darstellungen, die den Gegner als Dämon zeigen.

Eine auf Legitimität zielende Sicherheitspolitik muss deshalb glaubwürdig sein. Diese Glaubwürdigkeit ist nur zu erreichen, wenn die verbreiteten Botschaften in keinem Widerspruch zur Realitätswahrnehmung der Zielgruppe stehen.

Nimmt man diese Grundsätze zur Grundlage einer Bewertung des deutschen sicherheitspolitischen Informations- und Kommunikationsmanagements, kommt man zu folgenden Ergebnissen.

Das politische Informations- und Kommunikationsmanagement zielt auf die Bevölkerung in Deutschland. Sie wird aber nur unzureichend in den Meinungs- und Entscheidungsprozess einbezogen. Die politischen Akteure haben kaum ein Interesse an einer gesellschaftlich breiten sicherheitspolitischen Grundsatzdebatte. Politische Entscheidungen werden als unausweichlich („alternativlos") dargestellt. Die politische Kommunikation dient dann der nachträglichen Legitimierung. Am Beispiel des Afghanistan-Einsatzes wird erkennbar, dass diese Kommunikation dauerhaft erfolglos ist.

> *„Die deutschen Interessen sind nicht mehr klar, die nationalen Vorteile nicht mehr einsichtig, in der afghanischen Bevölkerung wächst die Skepsis, und in der deutschen Bevölkerung schwindet die Akzeptanz"* (Steg 2010).

Eine entsprechende Skepsis ließ sich auch bei anderen sicherheitspolitischen Entscheidungen feststellen. Der politisch festgelegte Sprachgebrauch mit ziviler Konnotation (humanitär) geriet in einen deutlichen Widerspruch zur Realität, so dass er zur „Entlastung" schließlich aufgegeben werden musste.

Im strategischen Informations- und Kommunikationsmanagement scheint Deutschland gegenüber den USA als Referenzakteur besser abzuschneiden. Das Image Deutschlands ist weltweit hoch (PEW 2010). In den Einsatzgebieten genießen die deutschen Akteure (noch) ein hohes Ansehen. Allerdings musste sich Deutschland bisher weniger exponiert in der *„Public Diplomacy"* darstellen. Die *„Totenschädel"*-Fotos (2006) und die Tanklaster-Bombardierung (2009) wurden anders als *„Abu Ghraib"* oder die Koran-Schändungen in den USA nicht so kritisch als Widerspruch der propagierten Politik in der arabischen Welt wahrgenommen. Ohne dass es dazu veröffentlichte Erkenntnisse gäbe, könnten hierzu auch die Aktivitäten der Einsatzkräfte vor Ort (*„Operative Information der Bundeswehr"*) und die Vorbereitung der Soldaten auf die Einsatzbedingungen (interkulturelle Kompetenz) maßgeblich beigetragen haben. Mit zunehmenden Kampfhandlungen wird auch die Rolle Deutschlands in Afghanistan kritischer betrachtet (Abbildung 10).

In der Krisen- und Kriegskommunikation fühlen sich die Politiker durch die bisherigen Erfahrungen im Umgang mit Informationen bestätigt. Dementsprechend konnte eine restriktive Informationspolitik die Geschehnisse vor Ort aus einer öffentlichen Wahrnehmung heraushalten. Spektakuläre Ereignisse, die auf unterschiedlichen Wegen in die Öffentlichkeit kamen, führten dann aber zu einer defensiven Informationspolitik, die die Debatten eskalieren ließ und letztendlich die politischen Akteure beschädigte. Im Fall *„Kunduz"* kam es in Folge dieser Politik zu einem Ministerrücktritt und der Einrichtung eines parlamentarischen Untersuchungsausschusses. Insofern ist eine restriktive Informationspolitik über den Verlauf von militärischen Einsätzen immer mit dem Risiko einer späteren Legitimationsdiskussion behaftet.

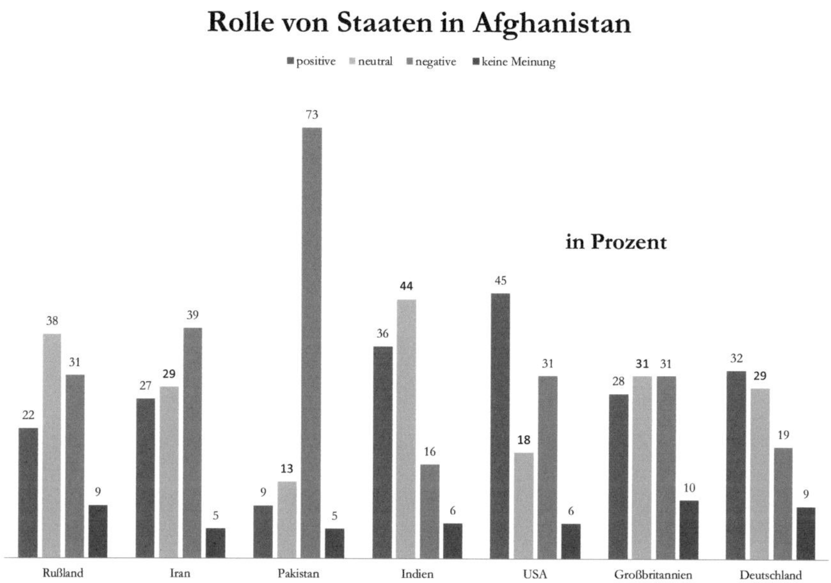

Quelle: PEW Global Project; © Hans-Joachim Reeb

Abbildung 10

Die Wirksamkeit der praktizierten Kommunikation durch das federführende Bundesministerium der Verteidigung und die ihm unterstellten Presseoffiziere im Einsatzgebiet ist begrenzt. Aufgrund der Intransparenz, dem Schönreden und dem Verschweigen gegenüber interessierten Journalisten konnte bis 2010 kein Vertrauen in die Informations- und Kommunikationspolitik aufgebaut werden. Durch die Thematisierung des folgenreichen Einsatzbefehls eines deutschen Offiziers am 4. September 2009 geriet diese Politik sehr intensiv in die Kritik. In der

Folgezeit konnte eine Öffnung im Kommunikationsverhalten gegenüber den Medien festgestellt werden. Eine systematische Analyse der derzeitigen Bedingungen steht noch aus. Letztendlich erfüllen die politischen Akteure aber nicht die Forderungen, die sich aus einem Anspruch der deliberativen Öffentlichkeit ergeben.

Fazit:

Insgesamt zeigt sich, dass eine dialogisch ausgerichtete Informations- und Kommunikationspolitik langfristig die größere Wirksamkeit in allen Zielgruppen entfaltet. Flankierend sind Effekte durch allgemeine und berufsbezogene Bildung zu verstärken.

4 Mediales System

Die aufgezeigten Trends der Globalisierung und Digitalisierung bestimmen in wesentlichen Teilen das Mediensystem. Es verzweigt sich stufenförmig von der globalen Metaebene bis zur konkreten Mikroebene der journalistischen Praxis (Abbildung 11). Von jeder Stufe erfolgen Einwirkungen auf die unteren Subsysteme. Die Medienproduktion ist daher das Ergebnis verschiedenster Einflussfaktoren: Globalisierungstendenzen wirken auf staatliche und gesellschaftliche Systemelemente ein. Diese beeinflussen die Organisationen (Medienverlage, Rundfunksender), daraufhin die Struktur und die Arbeit der Redaktionen und schließlich die Handlungsspielräume des Journalisten.

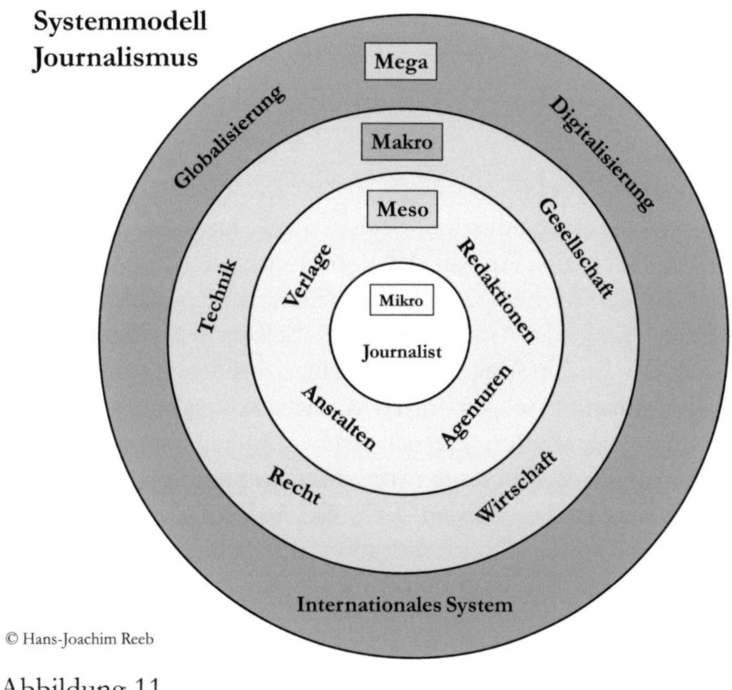

Abbildung 11

Der Prozess der Nachrichtenproduktion unterliegt entsprechend verschiedenen Einflüssen, die einerseits von außen auf das Mediensystem einwirken und andererseits im Journalismus selbst begründet liegen. Als wichtige externe Faktoren können hier politische, ökonomische und technologische Einflüsse gelten, während die Professionalität des Journalisten den bedeutendsten internen Faktor ausmacht.

Die Medien haben sich also zu einem eigenständigen gesellschaftlichen Subsystem ausdifferenziert, das zu anderen Bereichen in Wechselwirkung tritt, so in der politischen Kommunikation zum politischen System. Die verfassungsrechtlichen Garantien in westlichen Gesellschaftssystemen verhindern eine Dominanz der Politik gegenüber den Medien. Vielmehr stehen beide Subsysteme in einem symbiotischen Verhältnis zueinander (Jarren/Donges 2006: 26). Eine besondere Situation ergibt sich für die Medien in der sicherheitspolitischen Berichterstattung, da diese über das politische System hinaus in den internationalen Raum hineinwirkt (Hoge 2000). Die Medien werden dabei mit verschiedenen Interessen konfrontiert.

4.1 Orientierungen bei der sicherheitspolitischen Berichterstattung

Die Massenmedien verstehen ihre Rolle in den internationalen Beziehungen in unterschiedlicher Weise und können sowohl als „Brandstifter" als auch als „Anwalt des demokratischen Friedens" angesehen werden (Dietz/Menzel 2001). Die inhaltliche Ausrichtung der Berichterstattung und das journalistische Selbstverständnis hängen maßgeblich von der Einbindung in das jeweilige politische und kulturelle System, von den ökonomisch-technischen Sachzwängen sowie von den angestrebten und praktizierten journalistischen Qualitätsnormen ab. Je nach Relevanz dieser Bedingungen für Mediensysteme, Verlage und Sender sowie Redaktionen werden sich die Informationsquellen, die Nachrichtenauswahl sowie die Präsentation der Inhalte unterscheiden. Legen die Medien einen Schwerpunkt ihrer Interessen auf einen der drei Rahmenbedingungen, bilden sich idealtypisch drei Orientierungspräferenzen bzw. Rollenverständnisse heraus (Abbildung 12).

Orientierungen der Medien bei der sicherheitspolitischen Berichterstattung

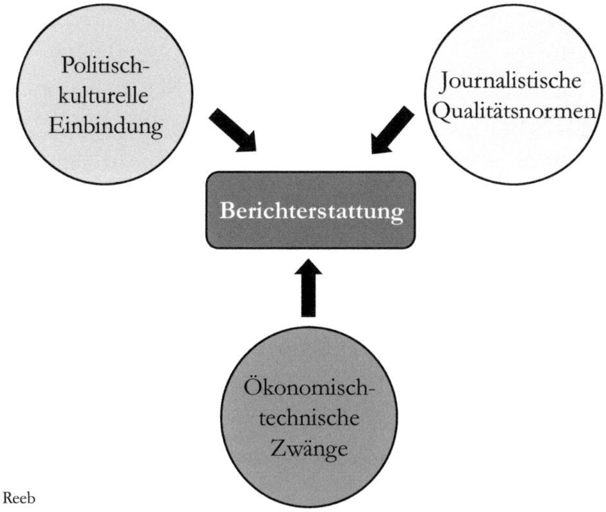

Abbildung 12

Die Präferenz für eine starke Einbindung in das politische und kulturelle System stellt die Medien an die Seite der politischen Akteure. Sie ergreifen deutlich Partei für das eigene politische und kulturelle System. Die Präferenz für die Berücksichtigung der ökonomisch-technischen Sachzwänge macht die Medien zu einem eigenständigen Akteur mit eigenen Interessen. Die Präferenz für die optimale Umsetzung von journalistischen Qualitätsnormen bringt die Medien in die Rolle eines neutralen Vermittlers zwischen divergierenden politischen Akteuren.

Die Präferenz für eine Interessenausrichtung bedeutet keine absolute Außerachtlassung der anderen Aspekte, wohl aber eine erkennbare Positionierung, die sich in der Berichterstattung widerspiegelt. Beispiele zeigen sich besonders deutlich in der Krisenkommunikation.

Orientierung an das politische und kulturelle System

Die Einbindung des Mediensystems in die politischen, ökonomischen und kulturellen Rahmenbedingungen des eigenen gesellschaftlichen Systems begünstigt eine entsprechend große Affinität. In sicherheitspolitischen Angelegenheiten werden Medien mit dem „nationalen Interesse" konfrontiert. Ihre publizistische Ausrichtung erfolgt auch in Kenntnis entsprechender Maßnahmen in politisch autoritären Systemen. Dort haben die Akteure ihr Mediensystem unter Kontrolle gebracht und setzen es als Instrument in der Gunst um die öffentliche Meinung zu Zwecken der Propaganda und Desinformation ein. Aber auch der Eindruck, mit den Anliegen des zugehörigen Kulturkreises in der Berichterstattung im internationalen Raum bisher nicht ausreichend repräsentiert worden zu sein, fördert die Ausbildung einer eigenen, auch pointierten Sichtweise.

Die Orientierung an das eigene politische und kulturelle System kann zu einem tendenziell parteiischen Journalismus führen. Häufig lehnen sich die Medien an die Positionen der eigenen Regierung und des Militärs an (*„Indexing-Theorie"*; Pohr 2005; Maurer u.a. 2008: 145). Sie lassen sich in die sicherheitspolitische Informationspolitik integrieren, verwenden ungeprüft die ihnen bereit gestellten Informationen und reduzieren gleichzeitig ihre eigenen Recherchen. Propagandistische Inszenierungen der Regierungen werden unterstützt, zumindest nicht kritisch hinterfragt. Auch werden Feindbilder und Stereotypen über politische Systeme und Akteure mit entgegenstehenden Interessenlagen übernommen. In der Krisenkommunikation fokussiert sich die Berichterstattung auf negative Berichte der anderen Seite (z.B. Lügen von Politikern, Gräueltaten im Krieg). Die Katastrophen-berichterstattung erfolgt sehr zurückhaltend und reduziert sich auf die amtlichen Verlautbarungen. Insgesamt dominiert ein Patriotismus die Auswahl, Darstellung und Präsentation in der Bericterstattung.

Soweit sich diese Orientierung während eines sicherheitspolitischen Konfliktes in den Medien aller Parteien widerspiegelt, kommt es zum *„Medienkrieg"*. Die konträren Berichterstattungsmuster liefern die kommunikative Unterstützung der gewaltsamen Auseinandersetzung. Im äußersten Extremfall setzen die Medien ihre Wirkpotentiale aktiv und eskalierend als *„Kriegswaffe"* ein *(„Hass-Medien")* (K.Krüger 2003; Eberle 2003).

Orientierung an das ökonomische System

Die Medien unterliegen als eigenständige Akteure in pluralistischen Gesellschaften besonders ökonomischen Sachzwängen. Die Kommerzialisierungstendenzen und der Wettbewerb führen zu einer einseitigen Ausrichtung an den Publikumsinteressen. Einschaltquoten und Verkaufszahlen bestimmen die Höhe von Werbeeinnahmen und damit die Existenzsicherung von Medienunternehmen (Der Beauftragte der Bundesregierung für Kultur und Medien 2008: 82). Die Ausrichtung auf Kostenfaktoren führt zur Reduzierung der Auslandskorrespondenten zugunsten der Übernahme von Agenturangeboten. Deshalb greifen viele Redaktionen auf externe Informanten zurück oder setzen in Konfliktgebieten Ad-hoc-Teams ein. Diesen Journalisten ist der Hintergrund eines Konfliktes eher fremd. Meist haben sie auch nur den Auftrag, das Spektakuläre und Dynamische in ihren Berichten einzufangen. Einfache und schnelle Übertragungstechniken helfen, Informationsquellen unmittelbar und schnell verfügbar zu machen. Die Exklusivität der Meldungen steigert den Erfolg. Echtzeit-Berichterstattung, oberflächliche Recherchen und die kritiklose Übernahme von Verlautbarungen gehen einher mit mangelndem Sachverstand und fehlender Hintergründigkeit. Die Anmischung von Politik mit publikums-fördernder Unterhaltung führt zu ereignisorientierten, teilweise inszenierten Berichten. Gefragt sind Meldungen mit Sensationswert und Bilder mit Erregungspotential. Insgesamt erfolgt eine Berichterstattung nach medienspezifischen Spielregeln ohne ethische Bindungen (Beiträge in Paukens 2000).

Orientierung an das publizistische System

Diesen beiden Ausrichtungen steht die Orientierung an einen unabhängigen Journalismus gegenüber, der demokratietheoretisch publizistischen Qualitätsnormen folgt (Gleich 2003). In der sicherheitspolitischen Berichterstattung werden die nachfolgenden Überlegungen unter dem Begriff des Friedensjournalismus thematisiert (Bilke 2008).

Die Medien treten in diesem Konzept als unabhängige Beobachter und Vermittler kontroverser sicherheitspolitischer Interessen auf. Sie bemühen sich, die Standpunkte aller Parteien gleichermaßen darzustellen und somit die Kontroversität deutlich zu machen. Das setzt eine distanzierte Haltung zu allen Informationsquellen und eigene Recherchetätigkeiten voraus. Einseitigkeit in der Argumentation und Pauschalurteile sind zu vermeiden. Die Quellenlage und die Rahmenbedingungen der Informationsbeschaffung müssen offen gelegt werden. Die Berichterstattung hat sich an Fakten zu orientieren, die hintergründig zu analysieren sind, um die unterschiedlichen Interessen verständlich zu machen. In der Krisenkommunikation sollte auf eine verharmlosende oder verherrlichende Berichterstattung verzichtet werden. Die Propagierung von Handlungsalternativen für Konfliktparteien und die Schaffung eines friedensfördernden Klimas machen die Medien zu einem sicherheitspolitischen Akteur. Insgesamt stellt dieser Friedensjournalismus eine moralische Instanz dar (Bilke 2008).

Diese Form des internationalen Journalismus findet sich eher nur in alternativen Medien innerhalb von demokratischen Gesellschaften. Auch wenn einzelnen Redaktionen und Journalisten diese publizistische Orientierung nicht abgesprochen werden kann, steht sie im Alltagshandeln stets in Konkurrenz zu den beiden anderen Rollenmodellen. Im internationalen Vergleich muss festgestellt werden, dass die journalistischen Qualitätsnormen aufgrund der staatlichen Einschränkung der Pressefreiheit einerseits sowie der Kommerzialisierungstendenzen andererseits in nur wenigen Staaten berücksichtigt werden (Reporter ohne Grenzen 2011).

Ein investigativer Journalismus kann auch dazu beitragen, sicherheitspolitische Themen hervorzubringen, die die politischen Akteure gerade nicht auf die offizielle Tagesordnung setzen wollten. In Krisensituationen ermöglicht die Berichterstattung, eine Frühwarn-funktion wahrzunehmen (Hafez 2002: 159f. in Bezug auf Davison). Ob die Medien die Agenda letztendlich mitbestimmen können, hängt dann von weiteren Faktoren ab, wie dem Interesse der Gesellschaft oder anderer Akteure. Besonders in asymmetrischen Konfliktformen sind die Fronten nicht klar ausgemacht. Der Journalist findet sich oftmals mitten in der Gewalt. Will er keine Risiken eingehen, muss er sich unter den Schutz einer Konfliktpartei begeben und verliert dadurch die erwünschte Unabhängigkeit. Häufig wird er von den Gewaltakteuren von vorn herein als Kombattant angesehen und auch gezielt bekämpft.

4.2 Medienakteure in der sicherheitspolitischen Kommunikation

Die sich teilweise widersprechenden Orientierungen bzw. Rollenbilder in der sicherheitspolitischen Berichterstattung manifestieren sich in den Medienstrukturen. Die international tätigen Medienakteure setzen den Rahmen, der in den nationalen Redaktionen entsprechend ihrer Ausrichtung auf sicherheitspolitische Themen ausgefüllt wird.

International agierende Medienakteure

Ein globales Weltbild, das nach einheitlichen Regeln in allen Weltregionen Ereignisse erfasst und diese in Informationen in alle Welt widerspiegelt, existiert so nicht. Vielmehr entwickelte sich seit dem 19. Jahrhundert ein System von Nachrichtenagenturen und TV-Sendern, die sich lange Zeit an westlichen Interessen ausgerichtet hatten (Schulz 2009: 372).

Den westlich dominierten Weltnachrichtenagenturen und international agierenden Fernsehsendern wurde in der langjährigen politischen Auseinandersetzung um eine internationale Komunikationsordnung eine Orientierung am eigenen politischen und kulturellen System vorgeworfen. Die ehemals in der Krisenberichterstattung führenden Fernsehsender wie CNN und BBC bekamen seit 2001 sowohl auf dem heimischen Markt (z.B. *„Fox News"* des Medienmoguls Rupert Murdoch) als gerade auch aus anderen Weltregionen Konkurrenz. Daneben bieten nun auch die großen Nachrichtenagenturen Bewegtbilder an (*„APTN"*, *„Reuters TV"*).

Der arabische Satelliten-Fernsehsender *„Al Dschasira"* steht dabei für den Prototyp einer alternativen Berichterstattung. Er und andere arabische Fernseh-Programme wie *„Abu Dhabi TV"* oder *„Al Arabija"* treten als alternative Bildproduzenten auf. Sie zeigen somit konsequent die arabische „Gegensicht" zur primär amerikanischen Berichterstattung. Die Darstellung einer anderen Perspektive wird ihnen auch durch den exklusiven Zugang zu gegnerischen Akteuren ermöglicht, für die sie ein Sprachrohr bilden (Lanzinger 2003; Meiering 2003; Miles 2005). Im Fall der Berichterstattung über den Nahost-Konflikt und die Ereignisse in

Afghanistan und Nordafrika konkurrieren somit zwei kulturell unterschiedlich orientierte Mediensysteme um die Deutungshoheit über die ausgesendeten Botschaften.

Während das eigene Publikum seine politischen Erwartungen erfüllt sehen möchte, erhalten die Zuschauer in Ländern ohne Beteiligung am jeweiligen Konflikt Berichte über Ereignisverläufe aus jeweils unterschiedlicher Sichtweise. Beispielsweise hatten deutsche Nachrichtenredaktionen in etwa zu gleichen Anteilen Beiträge von angloamerikanischen und arabischen Sendern über den Irak-Krieg 2003 übernommen (U. Krüger 2003: 412). Die Kommentierung dieses Krieges folgte der deutschen Regierungsposition (Maurer u.a. 2008: 153).

Mittlerweile strahlen weitere Nachrichtenprogramme wie *„France24"*, *„Russia Today"*, *„CCTV International"* (China) oder *„Telesur"* (Venezuela) Bilder aus, deren Anbindung an staatliche Strukturen die politische Stoßrichtung erkennen lässt[40]. Im Ringen um das richtige Weltbild sollen sich die eigenen kulturellen Sichtweisen in der Welt durchsetzen. Daneben sind für die Information über regionale Konflikte oder Katastrophen die Agenturen und TV-Sender vor Ort von Bedeutung, da meist nur ihnen ein exklusiver Zugang zu dem Geschehen ermöglicht wird. Die nicht präsenten Nachrichtenanbieter treten dann meist nur durch Übernahme der Meldungen und Bilder als Zweitverwerter auf. Gibt es also keinen Zugang von internationalen Medien zu solchen Ereignissen oder verlassen sie sich auf die Berichterstattung der regionalen Anbieter, sind Leerstellen (z.B. syrischer Aufstand) oder Verzerrungen (z.B. japanische Atomkraftwerkkatastrophe) nicht zu vermeiden.

Als ernstzunehmendes Medium in der internationalen Kommunikation ist das Internet anzusehen. Die als Alternative oder aufgrund fehlender Informationen der traditionellen Anbieter aufgegriffenen Inhalte können verzugslos in das erste Mediensystem wandern und dann entsprechende Aufmerksamkeit erhalten. Hierbei wird die gesamte Anwendungsbreite genutzt: spezielle Websites, Kurznachrichten oder Social Media (Pannen 2010)[41]. Für eine öffentliche Debatte der dort

---

[40] 25 Staaten verfügen über einen Auslandssender.

[41] Beispiele aus den Protestbewegungen im Iran und in Ägypten: Rosenthal (2011) sowie auch Themenheft Adlas (2/2011).

verbreiteten Inhalte bleiben die traditionellen Medien aber unverzichtbar. Ebenfalls mit einer gezielten Erwartung an politischer Mobilisierung werden Online-Beiträge auf investigativ arbeitenden Websites eingestellt. Erhalten einzelne Anbieter quer über das Mediensystem eine hohe Popularität, bekommen sie den Status eines einflussreichen Medienakteurs. Beispielswiese gelingt es *„WikiLeaks"*, durch Videos und Geheimberichten sowohl große Aufmerksamkeit für sich selbst zu erreichen als auch kurzfristig eine politische Debatte loszutreten.

Sicherheitspolitischer Journalismus in Deutschland

Die Informationsangebote dieser internationalen Nachrichtenmedien fließen in das journalistische Handeln ein. In Deutschland werden für die Auslandsberichterstattung die Weltnachrichtenagenturen, der Auslandsdienst der *„Deutschen Presseagentur"* (dpa) sowie die Korrespondentenberichte eigener Reporter verwendet. Allerdings ist das Korrespondentennetz im Ausland in den letzten zehn Jahren erheblich ausgedünnt worden, was nicht ohne Auswirkung auf die Inhalte bleiben konnte (Breckl 2006; Dreßler 2008; Hahn/Lönnendonker/Schröder 2008).

Die Kommunikationsmöglichkeiten des Redakteurs in der Zentrale machen ihn letztendlich zum entscheidenden Gatekeeper, der nicht zwingend auf die Berichte der Reporter im Ausland angewiesen ist (Bulmahn 2008: 152). Aufgrund von Sozialisationsprozessen findet sich häufig der Typus des Militär abstinenten oder kritischen Journalisten, der Sicherheitsthemen mit entsprechenden Prägungen bearbeitet. Die Verteilung der parteipolitischen Präferenzen unter den deutschen Journalisten spricht für diese (militär)-kritische Sichtweise (Weischenberg 2006). Entsprechende Ergebnisse liegen für die Auswertung von Kommentaren zur Sicherheitspolitik in deutschen Printmedien vor (Viehrig 2010).

Da in den Redaktionen die Sicherheitspolitik lediglich als ein (durchaus wichtiges) Thema neben vielen anderen angesehen wird, kommt ihr regelmäßig keine herausragende Beachtung zu. Lediglich die überregionalen Zeitungen, Nachrichtenmagazine, Fachzeitschriften und einzelne öffentlich-rechtliche Rundfunkanstalten beschäftigen Fachjournalisten, die sich auf Sicherheitspolitik und Streitkräfte konzentrieren. Diese Redakteure verfügen über die entsprechenden Kontakte, um an Hintergrundinformationen von Politikern und Offizieren zu gelangen.

Gemäß einer aktuellen Befragung unter Politikjournalisten behandeln 216 (27,4 Prozent) von ihnen verteidigungspolitische Themen (Lünenborg/Berghofer 2010: 35).

Meistens bearbeiten aber auch die Fachjournalisten genauso wie ihre Kollegen zunächst nur die eingehenden Verlautbarungen und Meldungen. Untersuchungen zum Einfluss solcher PR-Maßnahmen belegen, dass die Berichterstattung teilweise bis zu zwei Dritteln auf diesen lancierten Pressemitteilungen basiert, die meist durch Nachrichtenagenturen übermittelt werden (Schulz 2009: 388). Sogar „Frontberichte" über den Kosovo-Krieg und den Afghanistan-Krieg stützten sich großenteils auf diese offiziellen Vorgaben (Reeb 2002a: 26). Eine steuernde Funktion üben des Weiteren die *„Mainstream-Medien"* aus. Gehen sie auf Themen ein, folgen ihnen meistens auch andere Redaktionen (Jarren/Donges 2006: 184). Das konnte besonders deutlich in der Berichterstattung über *„Totenschädel"*-Fotos festgestellt werden (Bulmahn 2007). Darüber hinaus finden sich in den Lokalzeitungen häufig Berichte über Einsätze der im regionalen Einzugsbereich der Leserschaft stationierten Truppenteile[42].

„Frontreporter", die sich auf die Bundeswehr im Ausland spezialisiert haben, gibt es so nicht, allerdings verfügen einzelne Journalisten über entsprechende Erfahrungen (z.B. Susanne Kölbl, Der Spiegel; Uli Gack, ZDF). Erschwerend kommt die Gefährdungslage sogenannter Unilaterals, d.h. Korrespondenten, die eigenständig in Krisen- und Kriegsgebieten recherchieren, hinzu, die im Allgemeinen als recht hoch anzusehen ist (Reporter ohne Grenzen 2011). Die Journalisten sind von der logistischen Unterstützung, den Zugangsregelungen und dem Schutz durch lokale Politiker bzw. das Militär oder örtliche Machthaber weitgehend abhängig. Die Medien unterwerfen sich daher dem „Besuchstourismus" anlässlich von Aufenthalten deutscher Politiker in Einsatzgebieten oder bei Staatsbesuchen und nutzen die staatlich organisierten Journalistenreisen. Eigenständige Beobachtungen können „vor Ort" nur begrenzt gewonnen und journalistisch verarbeitet werden.

---

42 Untersuchungen zur Lokalpresse liegen nicht vor. Im Irak-Krieg (2003) wurden die eingebetteten Reporter von Lokalmedien gezielt den Truppenteilen aus ihrem Verbreitungsgebiet zugeordnet. Die Berichterstattung über das „Leben im Felde" fiel entsprechend positiv aus (Weber 2005).

Die Informationen zu sicherheitspolitischen Sachverhalten werden im deutschsprachigen Bereich durch ein breites Angebot an Websites erweitert. Der Online-Journalismus hat auch hier Fuß gefasst. Neben den von politischen Akteuren verantworteten Internet-Auftritten gehen im Prinzip alle einschlägigen mit Sicherheitspolitik befassten Institutionen und Redaktionen ins Netz. Die *„Scientific Community"* bietet auf den Websites analytische, vertiefende und kritische Informationen an. Als quasi Meta-Websites für die deutschsprachige sicherheitspolitische Debatte können die der *„Stiftung Wissenschaft und Politik"* (www.swp-berlin.org) sowie die des *„Netzwerkes Schweizerischer Außen- und Sicherheitspolitik"* der Eidgenössischen Technischen Hochschule Zürich (http://www.ssn.ethz.ch) angesehen werden. Von beiden Websites aus lässt sich eine große Anzahl von einschlägigen Online-Angeboten über Datenbanken ansteuern. Das *„Center for Security Studies"* (CSS) der ETH Zürich betreibt mehrere Online-Informationsdienste, darunter das *„International Relations and Security Network"* (ISN), die nach eigenem Verständnis weltweit führende Online-Plattform für Internationale Beziehungen und Sicherheitspolitik. Auf der SWP-Website finden sich außerdem mehrere Dokumenten-Sammlungen.

Für eine sicherheitspolitische Debatte in Deutschland haben sich des Weiteren zahlreiche Milblogs etabliert. Angelehnt an die Bezeichnung Webblogs handelt es sich um Online-Tagebücher, in denen Texte, Links, Bilder und Videos zu sicherheits- und militärpolitischen Themen ins Netz gestellt werden (Dauber 2006). Military Blogs (Milblogs) werden insbesondere von Soldaten, anderen dem Militär nahe stehende Personen und/oder mit Bezug auf militärspezifische Themen verfasst. Wie allgemein bei Blogs erfolgt eine tagebuchartige Fortschreibung von Nachrichten, Erfahrungsberichten oder Diskussionsforen auf einer Website des Internet.

Diese Entwicklung erscheint logisch, liest bereits über 30 Prozent der Bevölkerung in Blogs und betreibt 9 Prozent ein eigenes Blog (Institut für Demoskopie 2009). Somit schwingt neben dem sicherheitspolitischen Interesse auch das Verlangen mit, an den neuen Kommunikationsformen partizipieren zu wollen. Hier ist ein weiterer journalistischer Zweig entstanden, dessen Relevanz für das Mediensystem noch nicht weiter untersucht worden ist (Neuberger/Nuernbergk/Rischke 2009).

Die Blogs zur Sicherheitspolitik werden von einzelnen Personen mit unterschiedlichen Hintergründen gestaltet. Mit einem hohen Grad an Professionalität zeigen sich die von Journalisten eingestellten Seiten. Nach einer Pause ist Thomas Wiegold (ehemals Focus) wieder mit *„Augen geradeaus*“ aktiv. Mit hoher multimedialer Verdichtung tritt der Phoenix-Redakteur Boris Barschow mit dem *„Afghanistan-Blog*“ auf. Eine andere Gruppe von Autoren hat eine längere Verwendung in der Bundeswehr hinter sich, so Sascha Stoltenow mit dem *„Bendler-Blog*“, der als Soldat der Operativen Information professionelle Erfahrung mit der Materie gesammelt hat. Durch den Tod von Michael Forster ist eine der besten Informationsquellen zu internen Bundeswehr-Dokumenten weitgehend ausgetrocknet. Die Seite *„geopowers.com*“ kann aber weiterhin angesteuert werden und wird inhaltlich bearbeitet. Autoren wie Stefan Stahlberg, der den Blog *„zu Guttenberg*“ eingerichtet hatte, zeigen, dass das Interesse auch von Studenten der Politikwissenschaften gegeben ist. Interessant ist auch der Blog *„Soldatenglück*“, der sich an die Truppe richtet. Eine Liste (Blogroll) von deutschen Milblogs ist u.a. auf www.bendler-blog.de eingestellt worden.

Eine kursorische Betrachtung dieser und weiterer deutscher Milblogs zeigt auf, dass im Vordergrund der Kommentar der Betreiberseite sowie die Einbindung von massenmedialen Inhalten stehen. Dadurch kann eine erwünschte Anschlusskommunikation zu sicherheitspolitischen Themen hergestellt werden.

Spezielle *„Social Communities“* zur Sicherheitspolitik oder dem Militär vergleichbar *„facebook“*, *„xing“* oder *„studyvz“* sind nicht bekannt, wohl aber finden sich auf diesen geschlossenen Networks entsprechende Interessengemeinschaften. Das dürfte angesichts der großen Gruppe an Teilnehmern dieser Foren auch nicht verwundern. Hierbei sollten künftig die sozialen und politischen Funktionen dieser *„Social Media“* noch stärker beachtet werden. Aus der Sicht einer sicherheitspolitischen Kommunikation gehört dazu ein Nachdenken über sog. *„Social Media Strategies“*.

Als sicherheitsrelevanter Aspekt wird von den politischen Akteuren die erleichterte Verbreitung von Informationen aller Art durch Soldaten wahrgenommen. Bilder mit kompromittierenden Botschaften können politischen Zündstoff beinhalten, der entsprechende Wirkungen zeigt. Als typisches Beispiel gelten die sog. *„Totenschädel*“-Fotos von 2003, die drei Jahre später skandalisiert wurden. Darauf hat das Bundesministerium der Verteidigung (2007) mit einem internen Erlass zum Umgang mit ins Internet gestellten Bildern und Videos reagiert.

Fazit:

Die journalistische Szene, die sich in Deutschland auf Sicherheitspolitik spezialisiert hat, ist überschaubar klein. Neben den bei Printmedien arbeitenden Experten hat sich eine Gruppe von Online-Journalisten etabliert. Das Internet wird in seiner Funktion als Massenmedium auch in der sicherheits- und militärpolitischen Debatte weiter an Bedeutung gewinnen.

4.3 Sicherheitspolitische Themen in den Medien

Die Darstellung von sicherheitspolitischen Themen in der Berichterstattung folgt den allgemeinen Auswahl- und Präsentationsgesichtspunkten in den Medien (Abbildung 13, S. 144). Die Ausrichtung auf das Publikum begünstigt eine am Nachrichtenwert orientierte Berichter-stattung. Demnach werden Ereignisse aufgrund von Nachrichtenfaktoren herausgefiltert. Die Selektionsmechanismen der Medienberichterstattung führen zu Bevorzugungen oder Vernachlässigungen von Themen. Die Themenauswahl bestimmt maßgeblich, worüber in der politischen Kommunikation debattiert wird. Ausschlaggebend sind daher die verfügbaren Informationen, die journalistischen Auswahlentscheidungen sowie die formatspezifischen Präsentationselemente. Neben diesen Nachrichtenformaten müssen fiktionale und edukative Angebote betrachtet werden, da sie ebenfalls das Bild von der Wirklichkeit konstruieren.

Sicherheitspolitische Nachrichtenproduktion

Nachrichten im internationalen Raum

Die sicherheitspolitische Berichterstattung der nationalen Mediensysteme ist nur vereinzelt analysiert worden (Reeb 2003a). Daneben liegen grundlegende Strukturmuster und empirische Vergleiche für die Auslandsberichterstattung im internationalen System vor[43]. Es lassen sich Kriterien bestimmen, nach denen weltweit Auslandsnachrichten ausgewählt werden. Angesichts der Anwendung allgemein geltenden professionellen Standards finden sich auch gleiche Formate in der Präsentation dieser Nachrichten.

Nachrichtenauswahlprozess

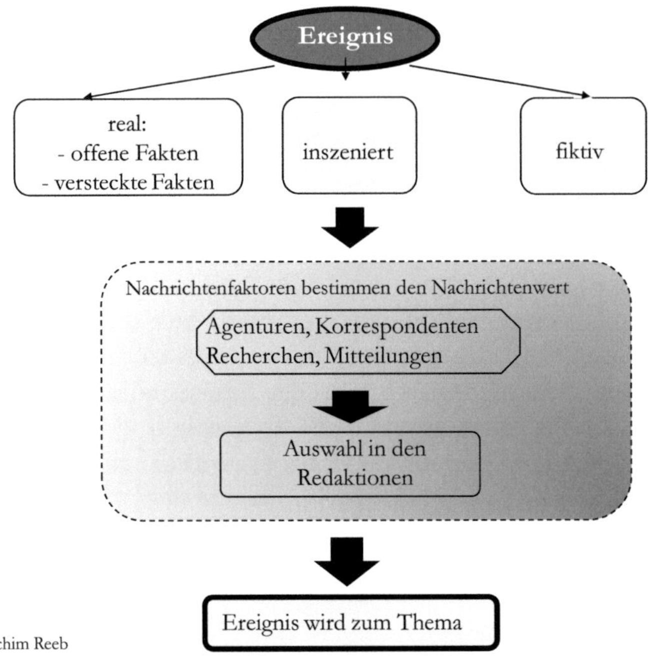

© Hans-Joachim Reeb

Abbildung 13

[43] Hafez (2002: 51ff.) verknüpft dabei die Aussagen des MacBride-Berichts der UNESCO mit empirischen Forschungsergebnissen („*Foreign News*"-Studie) und der Nachrichtenwerttheorie.

Die international durchgeführten Studien belegen, dass sich die Auslandsberichterstattung an bestimmten Strukturmerkmalen orientiert. Zu den wichtigsten Kriterien gehören in diesem Zusammenhang Regionalismus, politische und ökonomische Macht bzw. Beziehungen eines Staates, Konfliktperspektive, Elitenzentrierung, Ereignisorientierung und Visualisierung. Galtung hat aus diesen Beobachtungen ein „Modell der Nachrichtenselektion" entwickelt, das erklären helfen soll, warum bestimmte Ereignisse in der Welt für die regionale Medienberichterstattung mehr oder weniger relevant sind. Je mehr dieser Kriterien vorliegen, desto eher wird über das Ereignis berichtet.

> *„Das ideale Ereignis, das eine neue Top-Meldung ergibt, - ist etwas Negatives (nichts Positives, das ist weniger interessant), - das einer Person widerfährt (nicht einer Struktur oder Institution, das ist abstrakt und weniger interessant), - die zu einer Elite gehört (nicht gewöhnliche Leute, das ist weniger interessant), in einem Elite-Land...)"* (Galtung 1998: 12).

Als eine wesentliche Ursache für die Dominanz einzelner Nachrichtenfaktoren wird die Informationslage für die Redaktionen angesehen. Angesichts der ökonomischen Zwänge in der Nachrichtenproduktion beschränkt sich der Einsatz der Auslandskorrespondenten auf wenige Weltzentren und Orte mit Ereignisqualität. Im Wesentlichen erfolgt die Übernahme von Informationen aus dem Angebot der Weltnachrichtenagenturen (Topf 2003). Der überwiegende Anteil an Nachrichten für Wort- und Filmbeiträge stammt von diesen globalen Anbietern. Daneben haben sich im Fernsehbereich Informationspools gebildet, in die einzelne Sendeanstalten Beiträge für andere einstellen können. Im Falle fehlender Alternativen findet somit auch politisch umstrittenes Bildmaterial eine große Verbreitung[44]. Mit CNN *„World Report"* wurde eine einmalige politische globale Plattform zur

---

[44] Die Fernsehbilder aus dem Kosovo von sog. Kollateralschäden durch die NATO-Luftstreitkräfte stammten vom staatlichen serbischen Fernsehen, das sie aufgrund vertraglicher Regelungen in den Eurovisions-Pool gegeben hatte. Diese Filme wurden u.a. vom deutschen Fernsehen ausgestrahlt und bewirkten eine kurzfristige Abnahme der öffentlichen Zustimmung für das Kriegsengagement.

Verbreitung von Fernsehbeiträgen geschaffen. Vor den Augen der Öffentlichkeit können politische Akteure ihre unterschiedlichen Standpunkte präsentieren (Volkmer 1999).

Die Informationsbeschaffung durch Korrespondenten und Agenturen unterliegt einem Bündel von Bedingungen und Zwängen vor Ort. Häufig sind Recherchearbeiten nicht möglich, da sie vom politischen System untersagt oder angesichts von gewaltsamen Konflikten in der Regionen mit erheblichen Gefahren verbunden sind. Die weitergegebenen Informationen sind eher das Ergebnis von Auswertungen regionaler Medienberichte, der Teilnahme an Pressekonferenzen oder der Kooperation mit Informanten. Somit stellen sich bereits am Anfang der Nachrichtenproduktion erhebliche Verzerrungen und Ausblendungen ein, die den weiteren Prozess bestimmen.

Als ein universelles Prinzip in der Auslandsberichterstattung gilt der Regionalismus, d.h. die „Bevorzugung von Nachrichten aus der eigenen Region" (Wilke 1986: 56). Ergänzend lässt sich durch empirische Studien eine „Nachrichtengeografie" zeichnen, die einzelne Weltregionen mit unterschiedlicher medialer Aufmerksamkeit charakterisiert. Im Zentrum liegen aufgrund ihres politischen und ökonomischen Status die USA und Westeuropa. Aber auch der Nahe Osten erfährt weltweit ein hohes Interesse. Umgekehrt befinden sich andere Weltregionen (Afrika, Lateinamerika) in der Nachrichtenperipherie und müssen andere Merkmale aufweisen, um in den Nachrichten Beachtung zu finden (Hafez 2002: 58ff.).

Nachdem die westliche Sicherheitspolitik die neuen Bedrohungen Terrorismus, Staatszerfall und Proliferation von Massenvernichtungswaffen in den Mittelpunkt gerückt hat, sind die Regionen, von denen aus diese Gefährdungen vermutet werden, erstmals von größerem und nachhaltigem medialen Interesse. Die Komplexität dieser neuen Thematik begünstigt eine stereotype Berichterstattung. Sobald eigene Staatsbürger im Ausland zu Schaden kommen (z.B. Entführung), wird auch aus entlegenen Weltregionen berichtet.

Alle Untersuchungen bestätigen als wesentliches Strukturelement der Auslandsberichterstattung die Konfliktperspektive. Grundsätzlich gehört es zum Leistungsanspruch der Medien, über das Ungewöhnliche und nicht über das „Routinemäßige" zu berichten.

Krisen, Kriege, Konflikte und Katastrophen stellen vom Alltagsleben abweichende Handlungen dar und besitzen deshalb prinzipiell eine große Aufmerksamkeit (Kohring/Görke/ Ruhrmann 1996). Aus der Fülle der Ereignisse werden allerdings nur die ausgewählt, die mit weiteren Nachrichtenfaktoren belegt werden können. Im Ereignis bleiben somit zahlreiche konflikthafte, auch gewaltsame sicherheitspolitische Ereignisse für das Publikum westlicher Gesellschaften unbeschrieben. Auch können vormals häufig erwähnte Konfliktgebiete wieder in die Bedeutungslosigkeit verschwinden, obwohl der Konflikt noch virulent ist, ggf. sogar größer geworden ist[45]. Treten Krisen, Konflikte und Katastrophen zur selben Zeit auf, wird die Aufmerksamkeit auf die einzelnen Ereignisse stark relativiert[46].

Als weiteres Merkmal tritt die Politiker- und Elitenzentrierung in der Berichterstattung hinzu. Politische Akteure werden als Rollenträger stellvertretend für das allgemeine Interesse eines politischen Systems angesehen. Sicherheitspolitik stellt sich häufig als „Machtspiel" zwischen Personen und nicht von Gesellschaften dar. Alternative Akteure benötigen ebenfalls einen höheren Grad an (PR-)Aktivitäten, um von den Medien wahrgenommen zu werden. Das führt dann dazu, dass sie mehr mit dem Spektakel (z.B. Protest) als mit den dahinterstehenden politischen Anliegen identifiziert werden.

Die genannten Strukturelemente der Auslandsberichterstattung führen zu einer Vernachlässigung der Thematisierung von Grundproblemen der internationalen Beziehungen. Aus Ressourcegründen bleibt die Berichterstattung häufig oberflächlich und ereignisorientiert, so dass die Ursachen-Wirkungs-Zusammenhänge unterbelichtet sind. In der Konfliktkommunikation finden sich dann Vereinfachungen, die einen Sachverhalt als gut oder böse beschreiben und damit die Produktion von Feindbildern erleichtern. Der gegnerische Akteur wird meist dämonisiert. In der Kriegsberichterstattung bleiben zentrale Fragen nicht gestellt oder

---

45 Das gilt beispielsweise für die Kongo-Berichterstattung, die trotz des gewaltsamen Bürgerkrieges im Osten des Landes kaum noch erfolgt.

46 So in der Berichterstattung im März/ April 2011: japanisches Erdbeben mit anschließender Reaktorkatastrophe, Luftschläge der NATO gegen Libyen und gewaltsame Intervention der UN in der Elfenbeinküste mussten sich die mediale Aufmerksamkeit teilen.

unbeantwortet (z.B. zum Kriegsverlauf: Gefechte, zerstörtes Kriegsgerät, Verluste des Gegners) (Albrecht/Becker 2002). Typischerweise werden die Berichte nach dem Zentrum-/Peripherie-Prinzip ausgewählt. Wenn es zum eigentlichen Thema (Gefechtshandlungen) keine Informationen gibt, weicht die Berichterstattung immer weiter auf entferntere Themen aus.

Medien und Krieg

Krieg	Verhältnis Militär / Medien	Bericht-erstattung	Neues Medium	Bewertung der Medienarbeit
Vietnam (1965/73)	offener Zugang geringe Kontrolle	intensiv	Fernsehen	Negative Wirkungen auf die öffentliche Meinung
Falkland (1982)	sehr restriktiv nur 28 britische Journalisten	eingeschränkt	-	Patriotismus vs. unabhängiger Journalismus
Golfkrieg (1991)	reglementiert pool-Bildung Pressekonferenzen	gesteuert	SAT-TV live (CNN)	Instrumentalisierung der Medien
Kosovo (1999)	professionalisiert aufgrund bekannter Rollen	hoch, Informationsdefizite	Internet	erfolgreich für Politik
Afghanistan (2001)	unkritisch	hoch, Informationsdefizite	*„Al Dschasira"*	weitgehend erfolgreich für Politik/Militär
Irakkrieg (2003)	*„Embeddeds"*	hoch	-	für alle Akteure zufriedenstellend

Tabelle 7

Die Kriegsberichterstattung folgt dabei den gleichen journalistischen Handlungsbedingungen für die Darstellung internationaler Ereignisse (Brüggemann/Weßler 2010; Eilders/Hagen 2005). Besonderheiten ergeben sich aufgrund der starken Beeinflussung der Krieg führenden Parteien einerseits sowie der Selbstreferenzialität der Medien während dieses Konfliktes. Die Kriegsberichterstattung wird häufig mit neuen Entwicklungen im Produktionssystem der Medien in Verbindung gebracht. Des Weiteren wird die These vertreten, aus dem medialen Umgang mit einem Krieg würden Lehren für die Zukunft gezogen (Luostarinen/Ottosen 1998). Nachweisbar ist bisher nur, dass sowohl die externen Arbeitsbedingungen (Zugang zu Informationen; Verwendung von Fremdquellen) und die Orientierung der Medien wesentliche Faktoren für die konkrete Kriegsberichterstattung darstellen. Tabelle 7 gibt einen Überblick über das Beziehungsgeflecht von Medien und Krieg, Abbildung 14 beschreibt die Rahmenbedingungen des Kriegsjournalismus. Ein Analyseraster für die Berichterstattung über deutsche Auslandseinsätze wird in der Tabelle 8 (S. 150) angeboten.

Rahmenbedingungen des Kriegsjournalismus

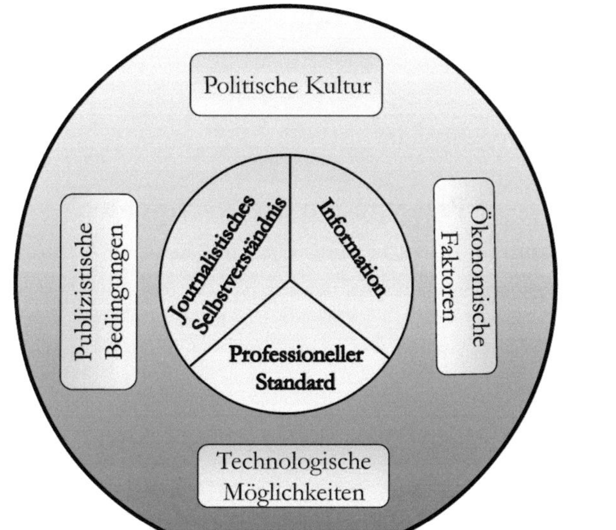

Abbildung 14

Medienberichterstattung über Auslandseinsätze der Bundeswehr - Eine Strukturierungshilfe

Auslandseinsatz:

Informationsquellen

- Augenzeugen/ Bevölkerung im Einsatzland
- Akteure
  - Deutsche Politiker
  - Bundeswehr
  - Alliierte
  - Politiker/ Dienststellen des Einsatzlandes
  - Gegner/ Aufständische
  - Hilfsorganisationen
- Journalisten
  - Nachrichtenagenturen
  - Nachrichtensender
  - Reporter
- Andere Quellen

Nachrichtenauswahl durch die Redaktionen

- Themen
- Phasen
- Personen/ Gegenspieler

Präsentation der Nachrichten

- Aufmachung
- Sonderformate
- Trailer
- Begriffe
- Bilder
- Hintergrundberichte und Analysen

Rolle des Internet

- Wichtige Websites

Tabelle 8

Sicherheitspolitik und Streitkräfte in deutschen Medien

Die deutsche Berichterstattung über Sicherheitspolitik folgt diesen allgemeinen Gesetzmäßigkeiten. Dem Prinzip des Regionalismus entsprechend gibt es einen speziellen deutschen Blick der Journalisten auf die Ereignisse.

Die Relevanz von Sicherheitspolitik in der Berichterstattung lässt sich zunächst am Umfang der Sendungen und der Beiträge quantifizieren. Für Printmedien liegen aktuell nur ereignisorientierte Analysen vor (Kister 1984; Viehrig 2010). Demnach steigen bei Konflikten mit deutscher Beteiligung die Presseartikel sprunghaft an. Kommt es zu einer militärischen Auseinandersetzung, dominiert dieses Thema anfangs die Berichterstattung. Sie nimmt dann kontinuierlich ab, um bei herausragenden Ereignissen auf dem Kriegsschauplatz erneut anzuwachsen. Nach Ende der „heißen Phase" eines Konfliktes konkurrieren die Berichte mit anderen Themen (Reeb 2002a). Für weniger spektakuläre Ereignisse gilt, dass über sie im Rahmen der vorgegebenen Formate informiert wird. Sie teilen sich den verfügbaren Platz mit anderen Themen auf den „Politikseiten" der Zeitungen und Magazine.

Genauere Daten liegen aufgrund aktueller Untersuchungen für die Politikvermittlung im Fernsehen vor (Krüger 2010). Der Anteil des internationalen Politikangebotes am Gesamtprogramm lag 2010 bei Nachrichtensendungen im öffentlich-rechtlichen Fernsehen bei 20 (ARD) bzw. 16 Prozent (ZDF), in den Privatsendern bei maximal 10 Prozent (Sat1). Innerhalb dieses Umfangs ist der Anteil von außen- und sicherheitspolitischen Themenfeldern sehr gering (Tabelle 9, S. 152).

Berücksichtigt man, dass nicht alle diese Sendebeiträge der Sicherheitspolitik zugerechnet werden können, lässt sich eine regelmäßige Berichterstattung, wenn überhaupt nur im geringen Umfang, bei ARD und ZDF feststellen. Eine Analyse von politischen Magazinen kommt zu dem Ergebnis, dass der Umfang an Themen zur deutschen Außenpolitik seit Mitte der achtziger Jahre abgenommen hat (Wegener 2001: 169).

Noch geringer ist der Anteil an Sicherheitspolitik im Hörfunk (Clement 1999: 86). Berichte, die über Kurzmeldungen hinausgehen, finden sich in diesem Medium nur in den Informationskanälen. Eine exponierte Stellung nimmt dabei die Sendung *„Streitkräfte und Strategien"* auf NDR Info ein[47].

Sicherheitspolitische Themen in TV-Nachrichtensendungen

in Prozent bezogen auf die Sendung	Tages-schau	heute	RTL aktuell	Sat.1 Nachr.	Tages-themen	heute journal
NATO-/UN-Politik	1,0	0,7	0,3	0,3	0,6	0,5
Verteidigung	0,9	0,6	0,4	0,4	0,7	0,8
Kriege, militärische Kämpfe	1,7	1,3	0,8	1,0	1,2	1,7
Bürgerkrieg, Unruhen	1,9	1,5	0,7	0,9	1,8	1,6
Terrorismus	1,9	1,5	1,1	1,0	1,4	1,8
Staatsbesuch, internationale Beziehungen	6,2	4,2	1,3	1,9	4,1	4,1

Tabelle 9

Die Online-Angebote zur Sicherheitspolitik lassen sich aufgrund der dezentralen Internet-Struktur nicht quantifizieren. Sie dürften nicht zuletzt wegen der Auftritte zahlreicher politikwissenschaftlicher Institute und politischer Institutionen sehr ausgeprägt sein (Reeb 2010). Hierbei nehmen auch alternative Politikkonzepte einen großen Platz ein. Mehr noch als bei den traditionellen Medien entscheidet der Internet-Nutzer über den tatsächlichen Grad an Rezeption und damit über die Relevanz

[47] Die Ausstrahlung der Sendung erfolgt vierzehntägig in den geraden Kalenderwochen: Sonnabend 19.20 bis 19.50 Uhr, Wiederholung Sonntag 12.30 bis 13 Uhr; Leitung: Andreas Flocken; Sendemanuskripte über www.ndr.de, vgl. Hagena/Mutz (2001).

dieser Inhalte. Spezielle Untersuchungen zur Sicherheitspolitik im Internetangebot sind nicht bekannt.

Betrachtet man die inhaltlichen Schwerpunkte in der Berichterstattung über deutsche Sicherheitspolitik, so dominieren zunächst symbolische Handlungen (Staatsbesuche, Tagungen, Konferenzen), Ereignisse und Events (Pressekonferenzen) gegenüber Hintergrundberichten. Eine häufige Aufmerksamkeit erfahren die politischen Akteure in den Debatten um Entscheidungen zu Bündnisfragen und speziell den Auslandseinsätzen.

Zur Bundeswehr greifen die Journalisten solche Ereignisse und Entwicklungen auf, die einen Neuigkeitswert, ein Abweichen vom Bekannten oder etwas Spektakuläres darstellen. Daneben erfolgt die ritualisierte Berichterstattung über Konferenzen und Tagungen mit politischer Prominenz. Anfang 2001 stand die Eingliederung von Frauen in alle Laufbahnen im Mittelpunkt der Aufmerksamkeit. Einen breiten Raum nehmen seit Jahren die Strukturveränderungen ein. Gerne stehen dann Zahlen und Fakten im Vordergrund (Truppenstärke, Haushalt, Standorte). Aber besonders ausgeprägt ist die Berichterstattung bei Verstößen gegen Prinzipien der Inneren Führung, bei nicht „normgerechtem" Verhalten hoher Offiziere sowie bei besonderen Vorkommnissen im Auslandseinsatz. Affären und Skandale im „Dunstkreis" des Geheimen und der Mächtigen scheinen die Phantasie der Medien besonders zu beflügeln.

Besonderes Interesse der Medien: Auslandseinsätze der Bundeswehr

Auslandseinsätze haben sich zum zentralen Thema in der Berichterstattung über die Bundeswehr entwickelt. Wie Scherer u.a. in einer Untersuchung von Berichterstattungsmustern in der *„Frankfurter Allgemeinen Zeitung"* (FAZ) und der *„Süddeutschen Zeitung"* für die Jahre 1989 bis 2000 feststellten, finden sie seit der Somalia-Mission 1993 mehr Aufmerksamkeit als Fragen zur Struktur, Ausrüstung oder Finanzierung der Bundeswehr (Scherer u.a. 2005: 285). Allerdings beschränkt sich das mediale Interesse an Auslandseinsätzen auf einzelne Phasen und Inhalte. Als leitend für Umfang und Auswahl einschlägiger Meldungen gelten die Nachrichtenfaktoren Neuigkeit, Anschlussfähigkeit (von Debatten und Ereignissen) sowie Dramatik (Viehrig/Ostrowski 2007: 21). Dementsprechend steigt die Berichterstattung deutlich an, sobald neue Einsatzgebiete in die politische Debatte geraten. Das zeigte sich in besonderer Ausprägung im zweiten Halbjahr 2006, als mit dem Kongo und dem Nahen Osten Regionen in den Blickpunkt traten, die für Kampfverbände der Bundeswehr bisher politisch ausgeschlossen wurden. Entsprechend ausgeprägt war die Berichterstattung über die einsetzende Debatte, wie Viehrig und Ostrowski anhand der Auswertung von fünf großen Tageszeitungen über den Kongo-Einsatz 2006 feststellen konnten (Viehrig/Ostrowski 2007; zum Libanon-Einsatz Viehrig u.a. 2008). Mit zunehmender Dauer nahm das Medieninteresse an diesen Einsätzen erkennbar wieder ab.

Seit 2007 stellen die Berichte über die Situation in Afghanistan das überragende Bundeswehrthema dar (Hilpert 2011: 48). In den Fernsehnachrichten besaßen alle Berichte über die Lage in Afghanistan in den Jahresbilanzen eine hohe Sendedauer (Krüger 2008: 71; Abbildung 15).

Mehrere Dokumentationen im öffentlich-rechtlichen Fernsehen thematisieren die Lage der Bundeswehr am Hindukusch[48]. Sendebeiträge, die auf Verteidigungspolitik eingehen, machen ansonsten im Durchschnitt nur ein Prozent aus. Bei den News von RTL, einem von jungen Zuschauern gern gesehenen Fernsehprogramm, sind es sogar nur 0,1 Prozent (Krüger 2007: 69). Dabei fallen bestimmte Schwerpunkte, aber auch blinde Flecken der Berichterstattung ins Auge.

Medieninhalte lassen sich mit Hilfe der Framing-Theorie untersuchen (Fröhlich/Scherer/Bertram 2007). Erforscht wird, welche Aspekte bzw. Perspektiven in der Berichterstattung in den Vordergrund gestellt werden (sog. Frames). Die Berichte über Auslandseinsätze werden durch die Medien schwerpunktmäßig in eine innenpolitische Debatte eingeordnet (Viehrig/Ostrowski 2007). Dabei handelt es sich um eine Elitediskussion, denn „das vermittelte Gespräch über die Bundeswehr findet maßgeblich zwischen Politikern, Bundeswehrangehörigen und Journalisten“ (Großmann 2006: 100) statt. Allerdings stellten Scherer u.a. fest, dass diese Debatte erst mit einem großen zeitlichen Abstand seit Beginn des laufenden Einsatzes richtig einsetzt. Insbesondere das geringe Interesse der politischen Eliten führe dazu, dass erst kurz vor einer

48 Beispiele: „Sterben für Afghanistan“ (ZDF 2010); “ Die Afghanistan-Lüge – die Soldaten, die Politik und der Krieg“ (ZDF 2010); „Verloren am Hindukusch - Die Bundeswehr in Afghanistan“ (WDR 2011).

parlamentarischen Entscheidung die Berichterstattung ansteigt (Scherer u.a. 2005: 294).

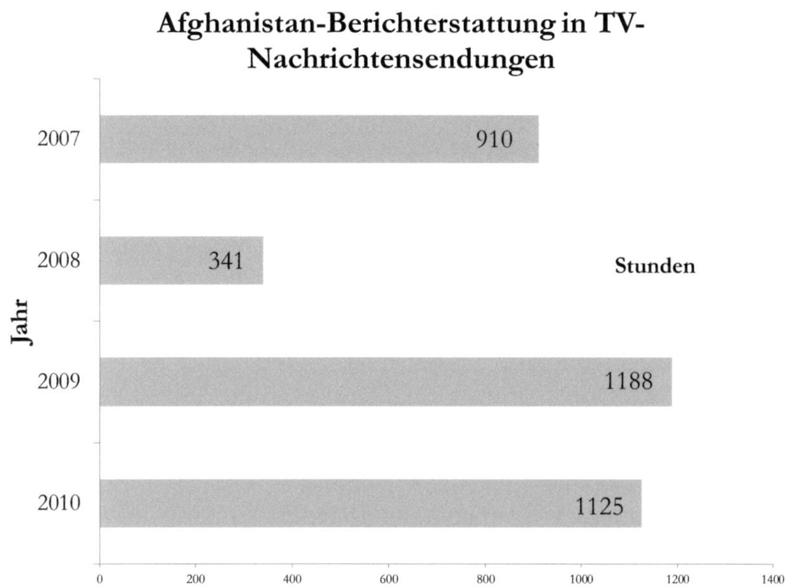

Quelle: InfoMonitor; © Hans-Joachim Reeb

Abbildung 15

Die mediale Aufbereitung der Debatte gewinnt immer dann an Intensität, wenn ein Dissens zwischen den politischen Akteuren besteht. Daher wird die Berichterstattung insbesondere in der überregionalen Presse als besonders kritisch wahrgenommen. Diese Kritik richtet sich in erster Linie an die Politiker. Dies führte dazu, dass im Jahr 2006 der damalige Verteidigungsminister Franz Josef Jung zu den zehn Politikern gehörte, über die in den Fernsehnachrichten am häufigsten berichtet wurde (Krüger 2007: 81). Die Soldaten werden dagegen von solcher Kritik ausgenommen und als Betroffene von Fehlentwicklungen (mangelnde Ausrüstung, unklares Mandat) dargestellt.

Die Afghanistan-Berichterstattung stellt seit 2007 den innenpolitischen Streit um den Zweck des Einsatzes (Kampf oder Wiederaufbau) und um die praktische Durchführung in den Vordergrund[49]. Grundsätzlich werden mit dieser Debatte die Rolle von Militär, die deutschen Interessen in der internationalen Politik und die Ressourcen für den Militäreinsatz verknüpft. Grundsätzlich wird der Einsatz befürwortet, wenngleich im Einzelnen Vorbehalte benannt werden (Viehrig 2009). Ebenfalls findet in den Medien ein „Kampf um Worte" statt, mit denen die jeweilige politische Positionierung verbunden wird[50].

Ein zweiter Frame in der medialen Deutung der Auslandseinsätze ergibt sich aus der Konzentration auf außergewöhnliche, meist negative Ereignisse im Einsatzgebiet. Dazu zählen die Tötung und Verletzung von Soldaten durch Anschläge und schwere Unglücksfälle in Afghanistan sowie das Verhalten der Bundeswehr bei den Unruhen im Frühjahr 2004 im Kosovo oder der Umgang von ISAF-Soldaten mit aufgefundenen Totengebeinen (Bulmahn 2008a: 157)[51].

Die intensive Berichterstattung über die Verfehlungen von Ausbildern am Standort Coesfeld Ende 2004 löste kurzfristig in der Qualitätspresse eine Debatte über ein verändertes Bild des Soldatenberufs aus. Auch reflektierten Reportagen im öffentlich-rechtlichen Fernsehen die Bedingungen des soldatischen Einsatzes. An diese Berichterstattung knüpften die Medien im Oktober 2006 mit großem Interesse nach der Veröffentlichung der so genannten *„Totenschädel"*-Fotos an. Die Diskussion spiegelte eine Aufgeregtheit in Politik und Medien, weniger einen sicherheitspolitischen Diskurs über den Einsatz deutscher Soldaten wider.

Die aufgeführten Beispiele machen auch deutlich, dass die die Bundeswehr betreffenden Ereignisse im Wesentlichen durch das Zusammenspiel von Leitmedien und prominenten Politikern in den Mittelpunkt des Interesses geraten. Die *„Totenschädel"*-Fotos aus Afghanistan

---

49 Zentrale Themen sind: Verlegung von Tornado-Kampfflugzeugen, Übernahme der QRF, Erweiterung des Einsatzraumes in den Süden, Beteiligung an AWACS-Flugzeugen, neuerdings Kampf gegen die Taliban.

50 Gestritten wurde um die Verwendung der Begriffe „Krieg", „Kampf", „gefallene" und „verwundete" Soldaten. In der Berichterstattung wird seit August 2008 von ‚gefallenen Soldaten' der Bundeswehr gesprochen, was den Afghanistan-Einsatz begrifflich in die Nähe eines „Krieges" gerückt hat.

51 Erwähnt werden kann auch der Umgang der Bundeswehr mit gewaltsamen Unruhen in Afghanistan, z.B. 2011 in *Masar-i-Sharif* und in *Talokan.*

konnten letztlich nur deshalb die Pressekonferenz des Verteidigungsministers zur Vorstellung des *„Weißbuches 2006"* in den medialen Hintergrund drängen, weil sie in der *„Bild"*-Zeitung auf der ersten Seite abgedruckt wurden (Bulmahn 2008a: 157).

Sicherheitspolitisch wesentlich brisantere Themen wie die Tätigkeit der *„Quick Reaction Force"* (QRF) werden dagegen kaum medial reflektiert. Bereits die beiden Kampfoperationen unter Beteiligung von Bundeswehreinheiten im Herbst 2007 und im Frühjahr 2008 wurden in den deutschen Medien nicht wahrgenommen[52]. Vermutet werden kann, dass ein journalistisches Interesse über diese Aktivitäten zu berichten, zwar existiert, aber keinerlei verwertbare Informationen zur Verfügung stehen[53].

Die Berichterstattung über die Auslandseinsätze hat ein „neues" Soldatenbild in den Medien geprägt. Eine Untersuchung kommt zu dem Ergebnis, dass der Soldat der Bundeswehr in den Berichten heute im Einsatz steht und dort kämpfen muss. Dazu bedient er sich in der Regel bewaffneter gepanzerter Fahrzeuge. Dieser Soldat wird allerdings journalistisch an dem Leitbild vom Staatsbürger in Uniform gemessen, also im deutschen Journalismus nicht auf die Rolle eines Befehlsempfängers mit Lizenz zum Töten reduziert (Reeb 2010a). Ein intensiv behandeltes Medienthema stellt die neue Problematik des „traumatisierten Einsatzheimkehrers" dar. Personalisierung und Negativismus gehen hierbei eine Symbiose ein.

Auch Fortschritte in der alltäglichen Konfliktkonsolidierung und im Wiederaufbau von Infrastruktur, des Gesundheitswesens oder von Bildungsstätten mit Hilfe der Bundeswehr finden selten Eingang in die Medien. Beispielsweise wird über den Beitrag deutscher Streitkräfte zum Friedensprozess auf dem Balkan kaum noch berichtet. Der graue Alltag erscheint wenig interessant (Bulmahn 2008: 155).

---

52 Eine entsprechende Recherche in der Datenbank *„LexisNexis"* ergibt, dass die *„Operation Harakate Yolo II"* 25-mal in Zeitungen erwähnt wurde, die Operation *„Kares"* nur einmal (bei Spiegel online).

53 Das norwegische Fernsehen hatte dagegen einen Bericht über die frühere QRF mit Hilfe der eigenen Truppe ausstrahlen können (http://www1.nrk.no/nett-tv/indeks/133109, Abruf 17.02.2009).

Feindbildkonstruktion in der Medienberichterstattung?

Schließlich ist zu fragen, ob die sicherheitspolitische Berichterstattung durch die Auswahl der Themen und die Deutung der Inhalte (Framing) eine spezifische Konstruktion begünstigt, die letztendlich statt des Dialoges einer eher stereotypen Feindbildprägung Vorschub leistet.

Eindeutig hat sich seit dem 11. September der Terrorismus als Dauerthema in die Berichterstattung eingestellt. Während die Terroristen diese Konzentration auch selber provoziert haben, stellen sich in einem westlich zentrierten Journalismus auch Nebenwirkungen ein (Münkler 2001). In den Mittelpunkt der Berichte werden die Opfer gestellt, umso stärker, je mehr Personen des eigenen Kulturkreises betroffen sind. Als Täter sind seit 2001 die radikalen Islamisten identifiziert, die dabei zu einem neuen Feindbild stilisiert worden sind.

Die Stereotypisierung setzt sich in den deutschen Medien in der Darstellung des Islams fort. Diese wird selbst im öffentlich-rechtlichen Fernsehen zu 80 Prozent negativ und konfliktorientiert gezeichnet (Hafez/Richter 2007). Die Berichterstattung folgt regelmäßig den spektakulären Ereignissen im In- (Fememorde) und Ausland (*„Karikaturenstreit"*). Als Kontext wird die Religion als eine Gefahr für den Westen hervorgehoben. Das betrifft sowohl die innere Sicherheit aufgrund unterstellter Intoleranz, hohe Gewaltbereitschaft männlicher Jugendlicher und Integrationsverweigerung als auch die Bedrohung durch Terrorakte. Die Flüchtlingsproblematik in Folge der Unruhen in nordafrikanischen Staaten wurde als Gefahr für Europa thematisiert. Diese kulturalistische Sicht wird dadurch verstärkt, dass das Normale und Alltägliche dieser Kulturen in den Medien dagegen kaum vorkommen.

Nachrichtenpräsentation

Am Ende der Nachrichtenproduktionskette steht die Präsentation der ausgewählten Themen und Nachrichten. Sie charakterisiert den publizistischen Stand der Medien, der besonders prägnant in der Kriegsberichterstattung abgebildet wird. Krisen und Konflikte von überragender Bedeutung heben sich gegenüber anderen Ereignissen durch die Aufmachung, Sonderformate, die Schaffung von symbolhafter Begrifflichkeit und die Visualität hervor. Die Kriegs-Präsentation weist Merkmale der Dramaturgisierung, der Ästhetisierung und der Visualisierung auf. Hierbei gibt es entsprechend der Medienformate unterschiedliche Ausgestaltungen.

Die Dramaturgisierung des Ereignisses lehnt sich an eine Duellsituation an. Medien präsentieren den Krieg als ein großes Sport-Event, in dem zwei Parteien um den Sieg ringen (am Beispiel Irak-Krieg Reeb 2003: 24ff.). Die Experten in den Fernsehstudios erinnern dabei an Kommentatoren von Fußballspielen. Die zahllosen Grafiken, Animationen und technischen Hinweise verstärken diesen Eindruck. Das Fernsehen erliegt der Faszination der militärischen Macht.

> *„Die Sportifizierung der Kriegsberichterstattung ist ohne Zweifel von den amerikanischen und englischen Militärs beabsichtigt, weil sie die Identifikation der Zuschauer mit der Armee erhöht"* (Leder 2003).

Da die arabischen SAT-Medien das Ereignis aus ihrer Perspektive darstellen, kommt es gerade durch die Art der Präsentation zu einer Auseinandersetzung um die Deutungshoheit.

Die Ästhetisierung des Krieges erfolgt durch verschiedene mediale Darstellungsformen, die ein Geschehen überschaubar und begreifbar machen sollen. Logos und Trailer erleichtern die Zuordnung in der Berichterstattung. Die Medien überbieten sich im Wettstreit um die Aufmerksamkeit des Publikums durch immer krassere Affektbilder und heben das Spektakuläre hervor. Der Sprachgebrauch des Militärs wird in der Berichterstattung übernommen. Während die amerikanischen Medien in den Bildmotiven das Soldatische heroisieren, stellen die arabischen Fernsehsender die Besiegten, Opfer und Leidenden in den Vordergrund. Einen Höhepunkt dieses „Bilderkrieges" bildeten das ins Internet gestellte Video von der Köpfung eines US-Bürgers durch Terroristen und die Zurschaustellung von Leichenschändungen, die als „Antworten" auf die in Fotos festgehaltenen Misshandlungen irakischer Gefangener durch US-Soldaten aufgefasst werden konnten. In Deutschland bedienen sich Boulevardmedien und die privaten TV-Sender ebenfalls solcher Stilmittel.

Schließlich gewinnt angesichts der weiteren Verbreitung des Fernsehens die Visualisierung als Merkmal der Berichterstattung an Bedeutung. Da ohne Bildmaterial eine Nachricht an Wert verliert, gerät sie in den Hintergrund oder wird mit Bildern von Standardsituationen unterlegt (Pressekonferenzen, Fahrzeuge mit aus- und einsteigenden Regierungschefs). Die Abstraktheit von Politik lässt sich wohl anders kaum visualisieren (Grittmann 2009: 37f.).

Die „Macht der Bilder“ gewinnt an Einfluss in der fernsehdominierten Berichterstattung (Hall 2001; Paul 2009). Soweit solche Fotos und Filmaufnahmen einerseits exklusiv und authentisch sind und andererseits Motive von Opfern und Zerstörungen zeigen, werden sie gern von den westlichen Medien verbreitet. Fernsehbilder erscheinen dem Zuschauer besonders glaubwürdig, weil er sie „mit eigenen Augen“ sieht. Fotographien und Filmsequenzen können das Publikum maßgeblich beeinflussen. Neue Aufnahme- und Übertragungstechniken erlauben jedem Akteur, ohne großen Aufwand Fotos zu produzieren, um sie raum- und zeitunabhängig verbreiten zu können. Auch Fälschungen lassen sich leichter in Umlauf bringen. Mehr noch als die Sprachbilder sind diese visualisierten Botschaften besonders wirksam, weil affektgeladen. Sie erzeugen bei den politischen Akteuren ein „akutes Problemklima“.

Als besonders legitimationsbeeinflussend gelten Reizmotive, die das emotionale Appell-Schema besonders anrühren: Frauen und Kinder in Not und auf der Flucht, Massaker, Misshandlungen, Verluste oder Geiselnahme von eigenen Soldaten, aber auch der Gegner in der „Davidrolle“ (z.B. Kindersoldaten). Die Botschaften solcher Bilder werden vom westlichen Publikum nur begrenzt akzeptiert. Durch Akteure im asymmetrischen Konflikt gezielt an das Mediensystem herangetragene Bilder werden somit zu Waffen, die unmittelbar auf den politischen Willen der demokratischen Gesellschaften zielen. Die Öffentlichkeit gerät zur Ressource des Schwächeren. In den oben beschriebenen *„neuen Kriegen“* werden die Streitkräfte westlicher Gesellschaften mit solchen Situationen konfrontiert. Sie führen zu einer Abnahme der Akzeptanz in der eigenen Bevölkerung und können die Fortsetzung des politischen und militärischen Engagements wesentlich beeinflussen.

Gesamtbewertung

Die sicherheitspolitische Berichterstattung in den Medien kann qualitativ anhand folgender Gegensätze charakterisiert werden:

- Symbolische Handlungen (Staatsbesuche, Tagungen), Ereignisse (Konflikte) und Events (Pressekonferenzen) dominieren gegenüber Hintergrundberichten. Parallel zum Anstieg von Beiträgen über Gewalt hat die Thematisierung von Krieg in Nachrichtensendungen zugenommen. Der Friedensprozess findet dagegen weniger mediale Beachtung (Medien Tenor 2002: 69).
- Ereignisse durchlaufen medial eine Themenkonjunktur. Eine Geschichte, die auch am Ende der Aufmerksamkeitskurve fortgesetzt und zu Ende erzählt wird, fehlt häufig. Dazu dienen als Gestaltungselemente die Jahrestage.
- Akteure (Personen, Institutionen) bestimmen gegenüber einer problemorientierten Betrachtung die Medienberichte. Die höchste Wahrnehmung genießen Entscheidungsträger. Alternative Stimmen und diskursive Elemente werden weniger verbreitet.
- Tendenziell überwiegt ein regierungskonformer Journalismus („etatistische Inszenierung“) gegenüber der Darstellung divergierender Interessen.
- Der Visualisierung von Events wird gegenüber dem Wort der Vorrang eingeräumt. Die „Macht der Bilder“ entfaltet sich im „Kampf um die Köpfe“.
- Bilder und Sprache kreieren Botschaften und Slogans, die einen komplexen Zusammenhang unsachgemäß verkürzen und die Stereotypen und Vorurteile anstelle von Nachdenklichkeit erzeugen. Dieser Trend begünstigt eine Emotionalisierung.
- Der Zwang zur Beschleunigung, Echtzeit-Präsentation und Tagesaktualität verstärkt die oberflächliche Berichterstattung. Tiefgründiges entfällt oder wird später nicht mehr wahrgenommen.

Fazit:

Insgesamt konstruieren die Medien ihre eigene Realität von einem sicherheitspolitischen Ereignis. Die Perspektive orientiert sich dabei an der anvisierten Zielgruppe. Trotz vergleichbarer Strukturen und Formate unterscheidet sich die Berichterstattung zwischen den Mediensystemen von Gesellschaften erheblich im Themen- und Akteursspektrum (Rössler 2003: 329). Die tatsächlichen politischen Entscheidungsabläufe geraten nicht in den Blick.

Fiktionale Inhalte

Das Bild von Krieg und Frieden wird in der Gesellschaft nicht nur durch die Nachrichten gezeichnet. Fiktionale Inhalte können aufgrund der Dramaturgie, einer hohen Identifikation mit den Darstellern und durch emotionalisierende Stilelemente unter Umständen stärkere Einflüsse hinterlassen. Populäre Deutungsangebote erlauben weitere Rückschlüsse auf die sicherheitspolitische Kultur (Virchow 2010: 124).

Aufgrund ihrer Abstraktheit kann die Sicherheitspolitik als Gesamtthema kaum die Anforderungen an Unterhaltungsmedien erfüllen. Sehr wohl kann der politische Hintergrund für eine Geschichte ausgeleuchtet werden, so in Romanen oder Spielfilmen (Thriller). Zahlreiche *„Hollywood"*-Produktionen widmen sich diesem Filmgenre, häufig im Zusammenhang mit militärischen Inhalten durch unmittelbare Unterstützung der US-Administration (Bürger 2005).

Unter dem Stichwort des *„Militainment"* lassen sich Formate identifizieren, die in fiktiver oder fiktiv-dokumentarischer Weise die Militärwelt bzw.- kultur einprägsam und mit der Wirkung, sie zu verallgemeinern, beschreiben. In den letzten Jahren ist der Auslandseinsatz der Bundeswehr als attraktives Fernsehfilm-Thema entdeckt worden (Virchow 2010; Schulze von Glaßer 2010a; Tabelle 10). Zunehmend beschreiben Soldaten in Büchern selbst ihre Kriegserlebnisse (Reeb 2011: M8). Zum Teil mit amtlicher Unterstützung wird die für das deutsche Militär neue Situation gezeigt. Im Mittelpunkt stehen Soldaten, deren Dilemmata (Töten) und Folgen des Einsatzes (Traumata) hervorgehoben werden.

Fernsehfilmsendungen zu Auslandseinsätzen (Auswahl)

Titel	TV-Sender	Erst-Ausstrahlung
Das Kommando	Arte	14.01.2005
Willkommen zuhause	ARD (SWR)	02.02.2009
Bloch: Tod eines Freundes	ARD	16.09.2009
Mörderischer Frieden	Arte (Filmproduktion)	26.09.2009
Kongo	ZDF	18.10.2010
Nachts vor Augen	SWR	19.10.2009
Tatort *„Heimatfront"*	ARD (SR)	23.01.2011

Tabelle 10

Computerspiele nehmen bei männlichen Jugendlichen einen großen Anteil ihrer Freizeit in Anspruch (Medienpädagogischer Forschungsverbund 2010)[54]. Das Segment an Strategie- und Ego-Shooter-Spielen lässt Zusammenhänge zu sicherheitspolitischen Aspekten vermuten. Die These, diese Spiele förderten bei Jugendlichen die Gewaltbereitschaft und erhöhten eine Militäraffinität (Schulze von Glaßer 2010b), ist wissenschaftlich nicht eindeutig belegt (Hefner/Klimmt 2010). Strategiespiele lassen aber Rückschlüsse von der Ausgestaltung der Spielerrollen auf die Förderung autoritärer Denkstrukturen vermuten (Bevc/Zapf 2009). Die Forschung zur Veränderung von politischen Einstellungsmustern durch intensiven Konsum von Computerspielen steht aber erst am Anfang (Hefner/Klimmt 2010).

---

[54] Als PC-Spiele werden hier zusammengefasst: Spielkonsolen und netzgebundene Bildschirmspiele auf PC und Mobiltelefon.

Bildungsmedien

Bildungsmedien unterstützen die Lehr- und Lerntätigkeiten in Einzel- und Gruppensituationen. Neben den traditionellen Schulbüchern werden elektronische Medien (DVD, online) angeboten. Insbesondere die aufgrund staatlicher Zulassungsregeln exponierten Schulbücher als „Wissen der Gesellschaft" tragen zu einer weiteren Facette in der sicherheitspolitischen Kultur bei. Die Annahme in der Forschung geht dahin, dass Schulbücher

> *„als historisch bedeutsame Dokumente angesehen werden, die im Prozess politischer Sozialisation zum Einsatz kommen und als Transfermedium politischer Orientierungsmuster von der politischen Elite hin zur Bevölkerung Wirkung erlangen*" (Pfefferle 2009).

Eine Studie aus dem Jahr 1996 kommt zu dem Ergebnis, dass die Schulbücher für die Sozialkunde sich durchweg mit Sicherheitspolitik und der Bundeswehr befassen (Wasmuth/Palth/Volke 1997). Die Entwicklung seit Ende des *„Kalten Krieges"* wurde zu diesem Zeitpunkt nicht in jedem Buch aufgegriffen. Dagegen ist die frühere Kontroverse in der Lehrplandebatte um den positiven vs. negativen Friedensbegriff überwunden. Auch die Themen Bundeswehr, Wehr- und Zivildienst nahmen einen breiten Raum in der Darstellung ein. Zu kurz kamen nach Bewertung der Autorin die Geschichte der Bundeswehr sowie deren neue Aufgaben. Außerdem wurden selten alternative Sicherheitskonzepte thematisiert.

Die seitdem sich weiterentwickelte Sicherheitspolitik (Kosovo-Krieg, Irak-Krieg, Kampf gegen den Terror seit dem 11. September), die reformierten Sicherheits-Institutionen (GSVP, NATO) sowie die neuen Aufgaben und die Reformen der Bundeswehr (Auslandseinsätze, Aussetzung der Wehrpflicht) müssten auch in Schulbüchern zu gänzlich anderen Darstellungen führen. Dazu aber fehlen bisher Untersuchungen. Auf die aktuellen Entwicklungen reagieren aber solche Unterrichtsmaterialien, die von spezialisierten Verlagen als Lehrmittel angeboten werden (Tabelle 11). Diese Materialien werden durch online-Angebote noch weiter ergänzt.

Unterrichtsmaterialien zur Sicherheitspolitik (Auswahl)

Institution/ Verlag	Titel	Reihe/ Erscheinungsjahr
Stiftung Jugend + Politik (zusammen mit BMVg)	Frieden & Sicherheit	2009/10; aktualisiert auf www.frieden-und-sicherheit.de
Bundeszentrale für politische Bildung	Sicherheitspolitik im 21. Jahrhundert	Informationen zur politischen Bildung, 291 (2006)
	Afghanistan kontrovers	Themenblätter im Unterricht, Nr. 84 (2010)
Landeszentrale für politische Bildung Baden-Württemberg	Außen- und Sicherheitspolitik in Europa	Deutschland & Europa, Heft 55 (2008)
	Deutsche Außen- und Sicherheitspolitik	Politik & Unterricht,1 (2009)
Wochenschau Verlag	Sicherheitspolitik	Wochenschau, Sek. II, 3-4 (2009)
	Internationale Politik I: Sicherheit und Frieden	Wochenschau, Sek. I, 1 (2010)
	Afghanistan	Wochenschau, Sek. II, 3 (2011)
Westermann	Internationale Konflikte	Praxis Politik, 2 (2009)
	Afghanistan	Praxis Politik, 5 (2010)
Bergmoser + Höller Verlag	Die Bundeswehr in Afghanistan	Politik aktuell 2 (2008)

Tabelle 11

Eine Rolle im Bildungsprozess spielen mittlerweile auch elektronische Medien. Die DVD *„Krieg in den Medien"* ragt hier als ambitioniertes Angebot für die Medien- und die Friedenspädagogik hervor (Bundeszentrale für politische Bildung 2009). Die didaktische Konzeption erlaubt eine Verwendung sowohl in sicherheitspolitischen als auch medialen Bezügen. Praxiserfahrungen liegen vor (Selg 2009). Auch Computerspiele sind bei entsprechender Handhabung durchaus geeignet, Ziele in der politischen Bildung zu erreichen (Hefner/Klimmt 2010).

4.4 Wechselwirkungen mit den politischen Akteuren

Die Weiterentwicklung des Kommunikationssystems von einem „Transporteur von Informationen" in den Phasen des politischen Prozesses zu einem gleichermaßen eigenständigen wie unerlässlichen Akteur wirft die Frage nach den Wechselbeziehungen auf. Inwieweit beeinflussen Medien die sicherheitspolitischen Entscheidungen? Welche Rolle spielt dabei die Gesellschaft? Nutzen die politischen Akteure die Medien, um damit die öffentliche Meinung zu lenken? Sind schließlich andere Umweltfaktoren (Weltöffentlichkeit, Akteure im internationalen System) oder weitere Spieler innerhalb des politischen Prozesses zu beachten? Diese Fragen weisen auf die komplexe Struktur im Akteursdreieck von Medien, Gesellschaft und (widerstreitende) politische Akteure hin (Rattinger 2007: 323).

Der wissenschaftliche Erkenntnisstand reicht bisher nicht, um generalisierende Antworten auf diese Fragen geben zu können (Maurer u.a. 2008: 145; Biehl/Jacobs 2009: 234ff.). Die Medienberichterstattung kann durchaus Reaktionen der politischen Akteure auslösen, da sie ihre Entscheidungen auch immer mit Blick auf die Einflüsse in der Gesellschaft treffen (Kapitel 5).

Grundsätzlich beeinflussen die Medien den politischen Prozess durch die Themensetzung und die Präsentationsformen (Dietz 2000). Sie folgen in der Regel der „offiziellen Tagesordnung" (*„exekutive version"*) oder der politischen Elite (*„elite version"*) in ihrer (sicherheits-)politischen Berichterstattung. Ein regierungskritischer Journalismus ist dann am ehesten zu erwarten, wenn zwischen den politischen Eliten Dissens in Sachfragen besteht. Im Falle inkohärenter Politik nimmt der Einfluss der Medien zu. Der Zusammenhang von Medienberichterstattung und außenpolitischem Entscheidungsprozess wird bei humanitären Einsätzen unter dem Begriff *„CNN-Effekt"* diskutiert (Hammerschmidt 2007; Sarcinelli/Menzel 2007: 331). Der *„CNN-Faktor"* tritt ein, wenn die Medien auf einen Konflikt hinweisen, der nicht auf die „amtliche Agenda" gesetzt wurde und wenn sich angesichts beschleunigter Berichterstattung über ein sicherheitspolitisches Problem der Entscheidungs- und Zeitdruck auf die politischen Akteure so stark aufgebaut hat, dass sie sich zum Handeln genötigt sehen. Die Forschung konnte zwar nachweisen, dass wirkungsstarke Fernsehbilder über humanitäre Katastrophen die Öffentlichkeit aufzuschrecken vermögen. Aber nur in Einzelfällen (Somalia 1993, Mozambique 2000) folgten daraufhin politische Entscheidungen.

Für das Interaktionsverhältnis der Akteure am außen- und sicherheitspolitischen Entscheidungsprozess können drei ambivalente Funktionstypen benannt werden (Bellers/Wehmeier 1980: 321ff.; siehe oben auch Kap. 3.1): Die innovative Funktion entspricht dem *„CNN-Faktor“*: Die Medien setzen von der Politik vernachlässigte Themen auf die Tagesordnung. Die Ressourcenfunktion der Medien meint die Bereitstellung von Informationen für die politischen Akteure, entweder weil sie neu sind oder weil sie den Politikern zwar schon aus anderen Quellen bekannt waren, sie nun mit ihrem Wissensvorsprung die öffentliche Diskussion verfolgen können. Die operative Funktion besteht in der Instrumentalisierung der Medien durch das Informationsmanagement der politischen Akteure.

Die Berichterstattung wirkt sich zunächst im Agenda-Setting aus. Da alternative Informationsquellen in der Regel fehlen, prägt die Berichterstattung das Bild der Öffentlichkeit z.B. vom Auslandsengagement der Bundeswehr (Bulmahn 2008a: 164). Damit diese Einsätze von einem größeren, für Sicherheitspolitik eher uninformierten und uninteressierten Publikum erfasst werden, muss eine bestimmte Wahrnehmungsschwelle überschritten sein (Bulmahn 2008: 158). Erst dann wird die Thematik als bedeutsam betrachtet.

Die Gewaltakteure in den Einsatzgebieten nutzen solche Effekte aus, um gezielt mit Gräuelbildern die politischen Legitimationsmuster in der westlichen Gesellschaft in Frage zu stellen. Das beschreibt das oben skizzierte Beispiel: Im Sommer 2007 sprach der Pressesprecher von Außenminister Frank-Walter Steinmeier von einem *„Medienkrieg“*, den die Taliban in Afghanistan gegen Deutschland und die NATO führen würden. Damals sorgten Informationen der *„Gotteskrieger“* über die Umstände zweier entführter deutscher Ingenieure für Aufregung. Die Medien übernahmen die Meldungen. Tatsächlich waren die Taliban an der Aktion gar nicht beteiligt (Reeb 2007a).

Die bisherigen Begründungen für Entsendungen der Bundeswehr basierten eher auf ethischen Kategorien (humanitäre Hilfe, Demokratie und Menschenrechte), während der militärische Charakter (Aufstandsbekämpfung) marginalisiert wurde. Politischer Druck auf das Regierungshandeln entsteht folglich dann, wenn die Medienberichterstattung die öffentliche Aufmerksamkeit auf die – bislang eskamotierten – militärischen Aspekte (Kampf, Töten, Sterben) lenkt (Rattinger 2007: 317).

Fazit:

Die selektive Berichterstattung aufgrund der verfügbaren Quellen und der Auswahlmechanismen führt im Ergebnis zu einer konstruierten Wirklichkeit von sicherheitspolitischen Sachverhalten. Diese „Medienrealität" ist für das Publikum die Grundlage, Ereignisse, Personen und Sachverhalte zu beurteilen. Die Politik nutzt die Strukturen im Mediensystem, um ihre Sicht zu transportieren. Mediale Mechanismen in der Nachrichtenproduktion (z.B. Agenda Setting) und die Einflüsse aus anderen Politik- und Mediensystemen verhindern eine Dominanz der Politik in der Berichterstattung.

5 Gesellschaft

5.1 Öffentliche Meinung zur Sicherheitspolitik

Die Steuerungsabsichten der politischen Akteure und die Einflüsse der Medienberichterstattung mündet schließlich in die Frage, ob tatsächlich wie im demokratietheoretischen Modell des politischen Prozesses vorausgesetzt, alle Bürger die Chance haben, sich umfassend über die Entscheidungen und Handlungen, die in der Sicherheitspolitik getroffen werden, zu informieren und ihre Ziele und Interessen in den politischen Prozess einzubringen. Neben der Feststellung von Kenntnissen durch Befragungen gilt hier die öffentliche Meinung als ein zentraler Indikator.

Begriff der Öffentlichen Meinung

Allerdings liegen für diesen Begriff unterschiedliche Bedeutungen in den Sozialwissenschaften vor (Gallus/Lühe 1998: 10ff.; Sarcinelli 2011: 57ff.). Dabei wird z.T. kontrovers diskutiert,

- was überhaupt mit öffentlicher Meinung gemeint ist,
- wie eine öffentliche Meinung entsteht und wie sie erkennbar ist,
- welche Rolle ihr im politischen Entscheidungsprozess zukommt oder zukommen soll.

Entsprechend der zahlreichen sozialphilosophischen und demokratietheoretischen Gedankengebäude fallen die Antworten auf diese Fragen jeweils unterschiedlich aus. Dabei stellt sich auch das Verhältnis von Meinungsführern bzw. einer Elite gegenüber der Bevölkerung bzw. Masse uneinheitlich dar. Zu heuristischen Zwecken können aus der umfangreichen begrifflich-theoretischen Debatte drei Standpunkte herausgegriffen werden. Sie zeigen die unterschiedlichen Facetten und Interessen auf, die mit diesem Begriff verbunden werden (Raupp 2007: 17ff.).

Das **Elitemodell** hat sich im Zuge der Aufklärung (18. Jh.) herausgebildet und bezieht sich auf demokratische Ansprüche. Eingefordert wird eine Teilhabe des liberalen Bürgertums an der Herrschaft. Träger der öffentlichen Meinung sind ausschließlich die Akteure, die sich im politischen Prozess fundiert artikulieren können. Diese Kompetenz wird den „gemeinen“ Bürgern abgesprochen (Hennis 1957). Das Elitekonzept weist verschiedene normative Theorievarianten auf, die sich durch die Träger der an der öffentlichen Diskussion beteiligten Akteure unterscheiden[55].

Dem steht das soziologische **Integrationskonzept** mit der Grundannahme gegenüber, dass Individuen im gesellschaftlichen Austausch einem starken Gruppendruck unterliegen. Noelle-Neumann definiert im Rahmen ihres Modells der Schweigespirale öffentliche Meinung als solche Meinungen und Verhaltensweisen, die man in der Öffentlichkeit äußern oder zeigen muss, wenn man sich nicht isolieren will, und die man in kontroversen, im Wandel begriffenen Bereichen oder in neu entstandenen Spannungszonen in der Öffentlichkeit äußern kann ohne Gefahr, sich zu isolieren (Noelle-Neumann 1998: 81ff.). Das Integrationsmodell versteht die öffentliche Meinung als eine wirkungsmächtige Form der sozialen Kontrolle, die neben Sitten, Gebräuchen und Gesetzen funktioniert. Es beschränkt sich nicht nur auf den politischen Bereich, sondern hat sämtliche gesellschaftliche Bereiche im Blick. Noelle-Neumann beschreibt mit dem Modell einen Prozess öffentlicher Meinungsbildung, ohne dabei Umfrageergebnisse mit einer öffentlichen Meinung gleichsetzen zu wollen (Noelle-Neumann 1980)[56]. Die Umfragen werden als Teil der „Selbstbeobachtung der Gesellschaft“ verstanden. Der Einzelne neigt in seinem Wunsch nach Gemeinschaft dazu, sich an ihnen zu orientieren.

Schließlich findet sich eine an der amerikanischen Tradition **empirischer Sozialforschung** angelehnte typische Definition aus der Umfrageforschung bei Kaase. Demnach handelt es sich bei öffentlicher Meinung um die mit den Mitteln der repräsentativen Befragung festgestellten Meinungen und Einstellungen der Bevölkerung eines Landes zu Themen von öffentlichem Interesse (Kaase 1999: 12). Volkes Stimme als *„one man, one vote“* manifestiert sich in solchen Umfrageergebnissen und

---

55 Raupp (2007: 19ff.) nennt diskursiv-deliberative (z.B. Habermas) und pluralistisch-liberale Ansätze innerhalb des Elitemodells.

56 Das Modell der Schweigespirale hat verschiedene grundsätzliche und methodische Fragen zur „Integration“ aufgeworfen.

bekommt dadurch seinen demokratischen Gehalt[57]. Diese vom Ergebnis her abgeleitete Definition von öffentlicher Meinung kann aber nicht den Entstehungsprozess erklärbar machen. Deshalb kommt der Medienberichterstattung als veröffentlichte Meinung und den dort und in anderen öffentlichen Räumen „tonangebenden" Meinungsführern eine bestimmende Rolle im Verhältnis zu den Staatsbürgern zu.

> *„Was nicht über die Massenmedien, insbesondere das reichweitenstarke Bildmedium Fernsehen, dargestellt bzw. thematisiert wird, kann in der Regel nicht öffentlich meinungsbildend werden"* (Sarcinelli 2011: 64).

Die theoretische Beantwortung der Frage nach dem Einfluss von Umfrageergebnissen auf politische Meinungsbildungs- und Entscheidungsprozesse hängt somit im Wesentlichen von dem Demokratieverständnis ab, das mit dem Begriff der öffentlichen Meinung verwendet wird.

Die Inhalte und Tendenzen der öffentlichen Meinung sind demnach flüchtiger und weniger dauerhaft stabil als die in der politischen Kultur abgelegten Einstellungen und kollektiven Wertorientierungen der Gesellschaft. Für die Identifizierung der sicherheitspolitischen Kultur in den deutschen Eliten und der Gesellschaft sind daher die tiefer liegenden Vorstellungen und das historische Bewusstsein von Sicherheit und Frieden aussagekräftiger als die aufgrund situativer Einflüsse leichter wandelbaren Meinungsbilder. Das gilt es im Umgang mit demoskopischen Daten neben weiteren Qualitätskriterien zu berücksichtigen (Reeb 2009a).

Relevanz von Öffentlichkeit in der Sicherheitspolitik

Im Laufe der Geschichte ist in demokratischen Gesellschaften eine Zunahme von Öffentlichkeit in der Außen- und Sicherheitspolitik

---

[57] Diese Denkrichtung basiert auf den grundlegenden Überlegungen von Gallup, der als Begründer der modernen Demoskopie gilt und dessen erste Wahlprognose 1936 als Einstieg in die politische Meinungsforschung angesehen und entsprechend erwähnt wird, vgl. zur theoretischen Auseinandersetzung Keller (2001).

festzustellen. Besonders bei Entscheidungen über „Krieg und Frieden" führten Demokratisierung und Partizipation zu vermehrten Mitspracheansprüchen. Öffentlichkeit gilt heute in der Theoriebildung zur internationalen Politik mit zu den relevanten innenpolitischen Determinanten (*„Linkages"*) der Außenpolitik (Glaab 1999: 40ff.). Dazu wurden Modelle des Meinungsflusses von außenpolitischen Entscheidungsträgern und der öffentlichen Meinung entworfen, ohne sie allerdings empirisch zu überprüfen (Glaab 1999: 40ff.).

Die Beziehungen zwischen den politischen Akteuren und der Öffentlichkeit sind bisher unterschiedlich eingeschätzt worden. Die als Almond-Lippmann-Konsens entwickelte *„Mood-Theory"* hält die Gesellschaft in außenpolitischen Angelegenheiten für uninformiert und in ihren Meinungen unbeständig und leicht beeinflussbar. Als Konsequenz wird eine Steuerung durch Eliten für angemessen angesehen. Andere Beobachtungen betonen eine Demokratisierung von Sicherheitspolitik (Russet), so dass die öffentliche Meinung gewisse Grenzen im innenpolitischen Entscheidungsprozess setzen würde (Biehl/Jacobs 2007: 233). Daneben weisen Page/Shapiro mit ihrer *„Rational Public-Theory"* nach, dass die Meinungsbildung in der Öffentlichkeit strukturiert verläuft, somit eine demokratische Rückkopplung erforderlich ist. Dem entspricht das oben skizzierte Modell von Öffentlichkeit.

Der Einfluss der öffentlichen Meinung auf die Sicherheitspolitik ist demnach grundsätzlich vorhanden. Da aber auch umgekehrt medial vermittelte politische Entscheidungen und Darstellungen Veränderungen in den Einstellungen und Ansprüchen des Publikums bewirken, kann im politischen Prozess eine wechselseitige Beeinflussung in einem Dreiecksverhältnis festgestellt werden (Höse/Oppermann 2007).

Folgende Fallgestaltungen können für diesen Prozess in Deutschland beobachtet werden[58]:

Die Gesellschaft setzt sich mit ihren Erwartungen dann am ehesten durch, wenn

---

[58] Vgl. die zusammenfassende Darstellung der Einflussfaktoren in Konfliktsituationen bei Brüggemann/Weßler (2009: 646).

- es um Grundorientierungen und langfristige, stabile Einstellungsmuster geht,
- die Dringlichkeit eines Themas ein sofortiges Handeln erwarten lässt,
- aus wahltaktischen Gründen auf sie Rücksicht genommen wird,
- die Elite selbst unentschlossen und unentschieden ist,
- diese sich im internationalen Raum etabliert haben.

Die politischen Akteure setzen sich mit ihren Entscheidungen dann am ehesten durch, wenn

- sie aufgrund der komplexen Materie und von Absprachen im Arkanbereich einen Informationsvorsprung ausnutzen können,
- der Handlungsdruck im internationalen Raum eine bestimmte Entscheidung erzwingt, die im „nationalen Interesse" getroffen werden muss.

5.2 Sicherheitspolitische Sozialisation

Meinungen, Einstellungen und Werte zu sicherheitspolitischen Sachverhalten gründen sich auf Kenntnissen und Erfahrungen, die die Individuen im Sozialisationsprozess gesammelt haben. Aufgrund des sicherheitspolitischen Wandels und der Verlagerung der militärischen Aufgaben ins Ausland, der Verkleinerung der Bundeswehr, der Verringerung des Personals und der Standorte erhält der Bürger die entsprechenden Informationen überwiegend aus den Massenmedien, dagegen weniger durch das unmittelbare Erleben (z.B. als Soldat) oder die Erzählungen von Bezugspersonen (Fiebig 2009: 123). Nur durch geeignete Bildungsangebote lässt sich eine grundlegende Urteilsbildung aufbauen.

Mediennutzung und -wirkungen

Die Nachrichtenmedien sind weiterhin die wichtigsten politischen Informationsquellen in der Gesellschaft. Der Bürger informiert sich über das aktuelle Geschehen aus dem Fernsehen (rund 70 Prozent), der Tageszeitung (rund 50 Prozent), dem Radio (rund 35 Prozent) oder dem Internet (rund 20 Prozent) (Schneller 2010; im Detail Ridder/Engel 2010). Auch bei Jugendlichen erfolgt die Information über die „große" Politik primär aus dem Fernsehen, der Tageszeitung und dem Internet (Medienpädagogischer Forschungsverbund 2009: 13; Shell 2010: 134).

Sowohl in der Gesellschaft als mehr noch bei den Jugendlichen ist aber die Gruppe der Nicht-Informierten die Größte (Shell 2010: 134). Zwar meint die Mehrheit, grundsätzlich an Politik interessiert zu sein, allerdings schätzt sich nur die Hälfte selbst als aktive Informationssucher ein.

> *„Dabei ist das aktive Informieren über das politische Geschehen deutlich alters- und bildungsabhängig. Nur 30 Prozent der jungen, aber 61 Prozent der älteren Menschen interessierten sich aktiv für Politik. Bei den Bildungsgruppen waren es vor allem diejenigen, die über ein Abitur verfügen, die sich aktiv für Politik interessieren (60 %). Menschen, die in den neuen Bundesländern leben, gehörten ebenfalls eher zu denjenigen, die sich aktiv über Politik informieren (57 %)"* (Ridder/Engel 2010: 547).

Die Gesellschaft unterteilt sich insgesamt in eine kleinere Gruppe politisch informierter Bürger mit entsprechend hoher Mediennutzung sowie eine breite Masse, die lediglich medial anpolitisiert wird. Politische Informationssendungen des Fernsehens erreichen maximal 17 Prozent der Zuschauer (Zubayr/Gerhard 2011: 135). Die Auslandsjournale von ARD und ZDF werden von bis zu 10 Prozent gesehen. Der an Politik interessierte Zuschauer greift in erster Linie auf die Sendungen des öffentlich-rechtlichen Fernsehens und die Printmedien zurück. Diesen wird die größere Kompetenz in der Nachrichtenvermittlung attestiert.

Die Kluft zwischen den politisch Interessierten und den wenig an Politik Interessierten zeigt sich somit am Umfang und der Qualität der Mediennutzung.

> *„Die einen wenden sich allen Medien zu, insbesondere den öffentlich-rechtlichen und der Qualitätspresse, die anderen findet man eher bei den unterhaltungsorientierten elektronischen Medien der Privat-*

wirtschaft und bei der Boulevardpresse" (Wiedemann 2002: 262).

Diese Feststellung dürfte erst recht für die sicherheitspolitische Rezeption zutreffen. Spezielle Studien zur Mediennutzung liegen nicht vor. Allerdings kann nach herausragenden weltpolitischen Ereignissen, wie z.B. dem 11. September 2001, ein stark erhöhtes Interesse ermittelt werden. Es sinkt nach wenigen Monaten wieder auf den Ausgangspunkt ab (Wiedemann 2002: 253). Bei Kriegen und Terroranschlägen spielt das Fernsehen in der Mediennutzung die größte Rolle. Hintergrundinformationen fragt der Bürger ebenfalls zunächst im Fernsehen, dann auch aus der Tageszeitung ab. Das Internet gewinnt bei diesen Ereignissen zunehmend an Bedeutung.

Die Jugendoffiziere der Bundeswehr stellen bei den Jugendlichen

> *„überwiegend ein weniger fundiertes Grundlagenwissen in den Themenbereichen Politik und speziell in der Sicherheitspolitik [fest]" (BMVg 2010: 5). „Die Jugendlichen orientieren sich im Rahmen der Informationsbeschaffung stark an den tagesaktuell in den öffentlichen Medien präsentierten Inhalten. Neben dem Internet und Fernsehen kommt aufgrund der häufigen Nutzung sowie der schnellen Verbreitungsart dem Mobiltelefon und Smartphone mit Internetzugang eine wachsende Bedeutung zu"* (BMVg 2011: 6).

Die Bundeswehr wird ebenfalls fast nur noch über die Medien wahrgenommen. Die Wirkungen dieser Beiträge sind eher positiv, besonders bei Personen mit hohem Interesse und großen Kenntnissen (Bulmahn 2011a: 84).

Fazit:

Eine kontinuierliche Information über politische Themen nehmen nur die stark an Politik interessierten Bürger auf. In der Gesellschaft lässt sich eine Wissenskluft zwischen den *„information rich"* und den *„information poor"* feststellen. Das gilt besonders für die sicherheitspolitische Rezeption. Die sporadische Berichterstattung hinterlässt bei den meisten Bürgern den Eindruck, über Auslandseinsätze, ihre Kontexte und Verläufe nicht umfassend informiert zu sein (Bulmahn 2008b: 26). Ihr Bild wird vielmehr durch die Berichte über meist außergewöhnliche, negative Ereignisse oder kritische Entwicklungen im Ausland geprägt.

Persönliche Wahrnehmung

Auch eine zeitweise Nähe zum sicherheitspolitischen Feld ändert nichts an diesem Befund. Die oben skizzierte Wirksamkeit der Bildungsanstrengungen in der Bundeswehr ist begrenzt und wird seit jeher beklagt (Schneider 1999: 11ff.)[59]. Ein Großteil der Soldaten fühlt sich über Einsätze nicht richtig informiert (Deutscher Bundeswehrverband 2007). Eher lassen sich Sozialisationseffekte aufgrund persönlicher Erfahrungen vermuten, die in den Auslandseinsätzen gesammelt werden könnten. Allerdings erlaubt es die Situation vor Ort nicht jedem Soldaten (Ausgangssperre), eine wünschenswerte interkulturelle Kompetenz herauszubilden. Es liegen mittlerweile eine Anzahl an Erfahrungsberichten vor, die eine kritische Reflexion dieser Soldaten erkennen lassen. Diese persönlichen Erkenntnisse gelangen aber nur im begrenzten Umfang in das soziale Umfeld. Dort wo dies stattfindet, entwickelt sich eine positivere Einschätzung der Bundeswehr (Bulmahn 2009: 45).

Aktuelle Studien zur sicherheitspolitischen Qualifikation von Berufssoldaten sind nicht vorhanden. Bisher wurden erkennbare Mängel festgestellt.

> *„Das für eine kritische Auseinandersetzung mit sicherheitspolitischen Problemstellungen erforderliche intellektuelle Leistungsvermögen des Durchschnitts angehender Stabsoffiziere weist in Schlüsselqualifikationen teilweise erhebliche Mängel auf“* (Hamann/Molter 1999: 10)[60].

---

59 Ausgewertet wurden Befragungsergebnisse sowie Beobachtungen des Wehrbeauftragten.

60 Die Aussage bezieht sich auf Erkenntnisse im Stabsoffizier-Grundlehrgang an der Führungsakademie der Bundeswehr.

Fazit:
Die Tätigkeit im Militär ist noch keine Garantie für ausgeprägte sicherheitspolitische Kenntnisse und Hinterfragungen.

Teilnahme an Bildungsmaßnahmen

Sicherheitspolitik wird ab der 9. Klasse im Schulunterricht der Bundesländer thematisiert. Die oben beschriebenen curricularen Strukturen (Bildungs- und Erziehungsziele, Richtlinien, Lehrpläne) ermöglichen prinzipiell die Aneignung von Sachkenntnissen und den Aufbau eines Problembewusstseins zu sicherheitspolitischen Angelegenheiten für die Mehrzahl der Schüler. Gleichwohl stehen nur wenige Unterrichtsstunden für die politische Bildung zur Verfügung und es gibt eine große Wahlfreiheit der Lehrer in der Auswahl der Themen. Tatsächlich erwirbt somit nur eine kleine Gruppe vertiefende Kenntnisse und Zusammenhänge durch Belegung von Projekten oder Leistungskursen. Die meisten Schülerinnen und Schüler haben im Schulunterricht nichts über die Bundeswehr erfahren (BMVg 2010: 5). Die Jugendoffiziere der Bundeswehr erreichen pro Jahr über 150.000 Schülerinnen und Schüler, um sie zur Sicherheitspolitik zu informieren (BMVg 2011: Anlage 3a).

Die Wirksamkeit dieser sicherheitspolitischen Unterrichtung ist in jüngster Zeit nicht untersucht worden. Aktuelle Studien zur politischen Bildung stellen im internationalen Vergleich allgemein ein eher mittelmäßiges politisches Verständnis bei deutschen Schülern fest (Torney-Purta 2001; Oesterreich 2001; Shell 2010: 130ff.). Nach Einschätzung der Jugendoffiziere sind die Kenntnisse der Jugendlichen über außen- und sicherheitspolitische Themen und bereits schon über die verfassungsrechtlichen Grundlagen des politischen Systems äußerst lückenhaft (BMVg 2011: 6f.).

Die Bevölkerung befasst sich im quartären und tertiären Bildungsbereich generell im geringen Umfang mit Politik, noch weniger mit sicherheitspolitischen Themen. Aktuelle Megaereignisse lassen allerdings das Interesse kurzfristig ansteigen.

Fazit:

Die Bildungsangebote können keine grundlegende Kenntnisvermittlung und Problematisierung über die Sicherheitspolitik sowohl bei Jugendlichen als auch in der Gesellschaft aufbauen helfen. Lediglich eine sehr kleine Gruppe der *„Scientific Community"* lässt sich fortlaufend weiterqualifizieren.

Ergebnis

Insgesamt weist der empirische Befund trotz der vorhandenen Bildungs- und Medienangebote auf einen geringen Kenntnisstand über sicherheitspolitische Sachverhalte während der politischen Sozialisation hin. Dieser Befund findet Bestätigung bei der konkreten Abfrage von Wissen (z.B. Frage nach der Dauer des Grundwehrdienstes) im Rahmen von demoskopischen Untersuchungen[61]. Die Kenntnisse über die einzelnen Auslandseinsätze der Bundeswehr sind insgesamt sehr gering (Fiebig 2011: 29ff.). Trotz dieser Wissenslücke führt ein grundlegendes Vertrauen in die Bundeswehr zur Akzeptanz der Auslandseinsätze, allerdings bei Differenzierungen und Einschränkungen (Bulmahn 2010: 20). So bringt die humanitäre Rahmung einer Einsatzbegründung in der Bevölkerung eine weit höhere Zustimmung als ein politisch-militärisches Framing (Scheufele/Gasteiger 2007: 544). Wie noch durch Daten zu untermauern sein wird, bestehen Vorbehalte bei den Missionen, die einen militärischen Charakter mit Kampfauftrag aufweisen.

5.3 Grundsätzliche Einstellungsmuster zur Sicherheitspolitik

Diese Defizite gilt es zu berücksichtigen, wenn Meinungsbilder interpretiert werden. Bei der Entstehung einer öffentlichen Meinung zu sicherheitspolitischen Themen spielt die affektive bzw. emotionale Komponente die gewichtigere Rolle (Oldhaver 2000: 12). Positive Einstellungen zu sicherheitspolitischen Angelegenheiten basieren weniger auf Kenntnissen als mehr auf Vertrauen. Das sollte bei der Interpretation von Um-

[61] Z.B. in einer Umfrage für das *„Sozialwissenschaftliche Institut der Bundeswehr"* 2008, demnach über 50 Prozent max. nur fünf von neun Fragen richtig beantworten konnten; vgl. Pietsch (2009: 74).

fragedaten berücksichtigt werden. Antworten auf geschlossene Fragen sind aber nur begrenzt aussagefähig, wenn der Befragte den Hintergrund der Frage nicht kennt und er aufgrund der sozialen Erwünschtheit seine Meinung abgibt (Reuband 2001). Deshalb werden im Folgenden weitgehend nur solche Einstellungsmuster aufgegriffen, die aufgrund langfristig fortgesetzter Befragungen stabile Aussagen erlauben[62]. Im Input-Bereich ist von Interesse:

- welche Bedeutung die Gesellschaft sicherheitspolitischen Themen gegenüber anderen Politikfeldern einräumt,
- welche Erwartungen sie an das politische System richtet,
- inwieweit sie mit grundlegenden sicherheitspolitischen Entscheidungen einverstanden ist und
- welchen Beitrag sie zur Umsetzung von sicherheitspolitischen Zielen einzubringen bereit ist.

Historisch bedingte Prägungen

Einstellungsmuster und Wertorientierungen der Bevölkerung in Deutschland sind nur auf dem Hintergrund der historischen Entwicklung verständlich. Prägend wirkten bis heute die Erfahrungen der Weltkriege und mit dem verbrecherischen nationalsozialistischen Regime. Verstärkt durch die Sozialisationsbemühungen der Westalliierten entwickelte sich in der frühen Bundesrepublik eine Skepsis bis Abneigung gegen militärische Gewalt und totalitäre Systeme. Die Westdeutschen integrierten sich erfolgreich in Bündnisstrukturen. Die Zufriedenheit mit dem demokratischen Staat erwuchs aus der wirtschaftlichen Prosperität und der Gestaltung sozialer Sicherungssysteme im Rahmen der sozialen Marktwirtschaft.

---

62 Solche Umfragen werden seit 1996 als *„Sicherheits- und verteidigungspolitisches Meinungsklima in der Bundesrepublik Deutschland"* jährlich vom *„Sozialwissenschaftlichen Institut der Bundeswehr"* durchgeführt. Sie setzte das *„Meinungsbild zur Sicherheitspolitischen Lage in Deutschland"* fort, das 1962-2006 von Emnid erhoben wurde. Beide Datenreihen ermöglichen durchaus langfristige Trends zu erkennen. Allerdings muss dabei beachtet werden, dass bei solchen themenfixierten Befragungen Interview-Effekte eintreten können. In Mehrthemen-Umfragen bzw. solchen mit anderen Schwerpunkten fallen die Antworten gegenüber den sicherheitspolitischen Angelegenheiten kritischer aus.

Der einzige außenpolitische Grund für eine in den 1950er Jahren umstrittene bis ungeliebte Wiederbewaffnung bestand in der ideologischen und militärischen Bedrohung Europas durch die Sowjetunion und den von ihr installierten Warschauer Pakt. Aufgrund der Vorbehalte gegen Nationalismus und Militarismus erbrachte die Bundesrepublik Deutschland diesen *„westdeutschen Verteidigungsbeitrag"* im Rahmen des Atlantischen Bündnisses. Die Bürger der DDR mussten sich dagegen mit einer sozialistischen Gesellschaftsstruktur und einem hegemonial geführten Militärbündnis abfinden. In Deutschland standen sich zwei unversöhnliche Gesellschaftssysteme und die beiden hoch gerüsteten Militärblöcke feindlich gegenüber. Diese Situation prägte die Mentalität zur „Friedensliebe" in der Gesellschaft. Die Strategie der gegenseitigen Abschreckung unter Androhung von Nuklearwaffen führte zur mentalen Ablehnung sämtlicher Kriegsführungsgedanken.

Als sich durch Gorbatschows Politik der Perestroika deutliche Entspannungen im Ost-West-Konflikt abzeichneten, schlug sich dies in der Meinungslage der westdeutschen Bevölkerung nieder. Das Gefühl, durch den Kommunismus nicht mehr bedroht zu sein, stieg von 22 Prozent (1962) bis auf 81 Prozent (1989) deutlich an (BMVg 1989: 14). Die Bereitschaft zur Erbringung von Verteidigungslasten ließ nach (BMVg 1989: 37)[63]. Das Konzept der nuklearen Abschreckung wurde zunehmend angezweifelt (Hoffmann 1992: 94f.).

Die Wiedervereinigung Deutschlands und das Ende des *„Kalten Krieges"* stellen eine fundamentale Veränderung in der Außen- und Sicherheitspolitik dar, die bis heute noch nicht gänzlich abgeschlossen ist. Anfängliche Erwartungen an eine neue Weltordnung und das Einfordern einer *„Friedensdividende"* erwiesen sich als trügerisch. Regionale Konflikte, die in der bipolaren Welt unterdrückt worden waren, brachen auf. Politik und Gesellschaft des vereinten Deutschlands waren Anfang 1991 noch mit sich selbst beschäftigt, als eine internationale Allianz unter Führung der USA den Irak mit militärischen Mitteln aus dem besetzten Kuwait vertrieb. Die emotional geführte öffentliche Diskussion mündete letztendlich in eine verantwortungsethische Grundhaltung der deutschen Gesellschaft (Oldhaver 2000: 243ff.), die ausschlaggebend für das künftige Meinungsbild zur militärischen Gewalt sein sollte.

---

[63] „Zuviel Geld für die Verteidigung": 56 Prozent (1989) gegenüber 31 Prozent (1969).

Weitere Lernprozesse durchliefen die Deutschen bei der Bewältigung der Balkan-Konflikte, dann seit 2001 im Kampf gegen den internationalen Terrorismus und aufgrund der Entwicklung im Afghanistan-Einsatz. Das Urteil des Bundesverfassungsgerichts von 1994, das die Übereinstimmung von Einsätzen der Bundeswehr im Rahmen kollektiver Sicherheitssysteme mit dem Grundgesetz feststellte, begünstigte dieses Meinungsklima. Allerdings sind weiterhin deutliche Differenzen zwischen der west- und ostdeutschen Bevölkerung und zwischen den Anhängern der politischen Parteien festzustellen. Die Mehrheit der Bevölkerung möchte aber bestimmte „rote Linien“ in der Außen- und Sicherheitspolitik nicht überschritten wissen (Meiers 2007).

Die folgende Darstellung orientiert sich an den oben aufgeworfenen Fragen und will die deutlich erkennbaren Einstellungsmuster seit Ende des Kalten Krieges aufzeigen.

Einstellungsmuster zur Sicherheit

Sicherheit als „zutiefst subjektives Gefühl der Unversehrtheit und Unbedrohtheit“ ist neben Wirtschaft und Herrschaft ein zentraler Wert, der durch politisches Handeln in und zwischen Gesellschaften ungleichmäßig verteilt wird (Jäger/Viehrig 2010: 7). Beobachtungen der deutschen Gesellschaft via Umfragen kommen zu dem Schluss, dass dem Wert Sicherheit die höchste Bedeutung in einer Reihe zentraler Werte eingeräumt bekommt (GFK 2011). Gleichwohl hatte 2008 das persönliche Sicherheitsgefühl in der Bevölkerung in den fünf zurückliegenden Jahren kontinuierlich zugenommen (Fiebig 2009: 129), ließ 2009 und 2010 aufgrund wahrgenommener Krisen leicht nach (Bulmahn 2010: 11; 2011: 93). „Beeinträchtigt wird das persönliche Sicherheitsgefühl der Bundesbürger vor allem durch sozioökonomische Bedrohungsfaktoren“ (Bulmahn 2010: 13). Die Erwartungen der Bürger sind jedenfalls stark darauf ausgerichtet, dass der Staat ihm Sicherheit garantiert (Daase 2010: 9).

Der Begriff Sicherheit wird gesellschaftlich in einem sehr weiten Verständnis verwendet. Er schließt die Vorsorge gegen Risiken des täglichen Lebens sowie innere, finanzielle, berufliche und schließlich auch äußere Sicherheit ein und wurde damit zu einem „Konzept zur Erfassung aller Bereiche des menschlichen Lebens“ (Jäger/Viehrig 2009: 13). Eine Betrachtung der politischen Wertorientierungen im größeren Rahmen ergibt, dass die Deutschen vorrangig an der Sicherung ihrer persönlichen Lebensverhältnisse interessiert sind. Unterschiedliche Meinungsforschungsinstitute ermitteln stets Arbeitsplatzsicherheit, Renten und andere Sozialleistungen hierbei als die wichtigsten Themen. Daneben spielt noch die subjektiv empfundene Kriminalität eine Rolle auf der Agenda. Das subjektive Sicherheitsgefühl variiert dabei nach soziodemografischen Merkmalen, folgt zeitgeschichtlichen Strömungen und ist wesentlich durch Erfahrungen und Lebenssituationen beeinflusst (Tabelle 12[64]).

Friedenssicherung gehört dagegen zu den nachrangigen Themen der deutschen Gesellschaft (Fiebig 2009: 123). Nach Wegfall einer kommunistischen Bedrohung nehmen die Deutschen eine diffuse Vielfalt an Risiken und Gefährdungen im Bereich der äußeren Sicherheit wahr. Dabei haben sich solche Sicherheitsrisiken ins Bewusstsein gesetzt, die auf der politischen Tagesordnung stehen und über die umfassend in den Medien berichtet wird. Dazu gehören internationale Konfliktfelder (Zerstörung der Umwelt, Klimawandel, Massenvernichtungswaffen), weniger nationale Probleme (Extremismus, Zuwanderung, religiöser Fundamentalismus) (Bulmahn 2010: 10; 2011: 92). Wird nach wichtigen deutschen Zielen und Prioritäten in der Außen- und Sicherheitspolitik gefragt, ergeben sich als Topthemen: Schutz der Bevölkerung, Sicherheit und Stabilität in Deutschland, Katastrophenhilfe, Energie- und Rohstoffversorgung, Umweltschutz, Friedenssicherung und Menschenrechte (Pietsch 2009: 72). Insofern scheinen die artikulierten Risiken nur zum Teil so dringend zu sein, als dass die Gesellschaft ein Interesse daran hätte, sie vorrangig zu verringern bzw. zu beseitigen. Solange keine unmittelbare Betroffenheit vorhanden ist, erwartet das Publikum vom politischen System nicht, dass es sich primär der Sicherheitspolitik widmet.

---

64 Quelle : Emnid: *„Meinungsbild zur Sicherheitspolitischen Lage in Deutschland“* 1990, 1995, 2000, 2005.

Wichtige politische Aufgaben

	1990	1995	2000	2005
Arbeitsplätzen schaffen u. sichern	70	78	83	84
Kriminalität bekämpfen	59	76	42	19
Renten sichern	51	58	34	37
Umwelt schützen	64	52	21	17
Soziale Leistungen erhalten	44	45	32	34
Bürokratie abbauen	29	41	20	28
(Intern.) Terrorismus bekämpfen	50	42	9	13
Frieden in Europa sichern u. schaffen	34	29	15	12

Tabelle 12

Spektakuläre Ereignisse wie die Anschläge auf die USA am 11. September 2001 bewirkten bisher nur eine kurzfristige Verschiebung der sicherheitspolitischen Prioritäten. Im Bundestagswahlkampf 2002 spielten trotzdem bis zum August nur innenpolitische Themen eine Rolle (Reeb 2002). Aufgrund der Diskussion um eine mögliche deutsche Beteiligung an dem späteren Irak-Krieg sowie während des Krieges 2003 selbst stieg dann das Interesse an dem Thema *„Frieden, Krieg und Terror"* kurzfristig wieder an. In der Folgezeit nahm es nach weiteren Terroranschlägen (London 2003, Madrid 2004) und Kriegen (Libanon 2006, Terror im Irak 2007) nur noch leicht zu, um seit Ende 2007 bis heute keine Rolle mehr zu spielen. (FG Wahlen 2001-2011).

Der intensive medial geführte Diskurs über die Gefahr des Islamismus spiegelt sich auch in den Meinungssets der deutschen Gesellschaft wider. Mehrere Umfragen belegen, dass sie die muslimische Bevölkerung als Gefahrenpotential wahrnimmt (Noelle/Petersen 2006: 5).

Fazit:

Sicherheitspolitische Themen sind für die Gesellschaft eher nachrangige Politikfelder. Außergewöhnliche Ereignisse erzeugen kurzfristig Interesse.

Einstellungsmuster zur veränderten Sicherheitslage

Die Akzeptanz sicherheitspolitischer Entscheidungen basiert auf grundlegenden Einstellungsmustern, die in einem kollektiven Lernprozess entstanden sind. Der umfassendste Bewusstseinswandel zeigt sich in der Bewertung des Gebrauchs militärischer Mittel. Die Abschreckungsarmee hat sich nicht nur in der Praxis, sondern auch in der Mentalität der Deutschen in eine Interventionsarmee verwandelt[65]. Die Zustimmung zu Auslandseinsätzen der Bundeswehr nahm in den 1990er Jahren mit der Intensität der tatsächlichen Aufgaben zu (Fiebig 2009a: 107).

Eine Mehrheit für friedensschaffende Maßnahmen, also Kampfeinsätze, gibt es erst seit 1997. Die Umfrageergebnisse deuten in einer langfristigen Betrachtung darauf hin, dass die Bevölkerung beim Einsatz militärischer Gewalt prinzipiell zurückhaltend bleibt:

- Eine deutliche Mehrheit lehnte während der NATO-Luftoperationen gegen Jugoslawien 1999 den Einsatz von Bodentruppen zur Erzwingung des Friedens ab (Akademie der Bundeswehr für Information und Kommunikation 1999: 17).
- Die Beteiligung von Bundeswehrtruppen an einem NATO-Einsatz in Mazedonien wurde noch im Juni/Juli 2001 mehrheitlich abgelehnt (BMVg 2001: 18)[66].
- Der Einsatz von Spezialtruppen bei *„Enduring Freedom"* fand im November 2001 nur knappe Zustimmung (53 Prozent) (BMVg 2001).

---

[65] Der Begriff Intervention wird heute selbstverständlich in der Presse verwendet und ist im Gegensatz zu früheren Jahren nicht mehr negativ belegt.

[66] 57 Prozent (Juni) bzw. 55 Prozent (Juli). Dagegen nahm die Befürwortung nach dem Einsatz zu: 55 Prozent (September) bzw. 71 Prozent (Oktober)(Rümmer/Hoffmann 2002: 34).

- Die Beteiligung an friedenserzwingenden Maßnahmen, wie der Einsatz deutscher Flugzeuge bei den NATO-Luftschlägen im Kosovo, fand seit 2000 keine Akzeptanz mehr (Rümmer/ Hoffmann 2002: 31).
- Die Ablehnung einer deutschen Beteiligung an militärischen Maßnahmen gegen den Irak war Anfang 2002 mit 81 Prozent sehr hoch (BMVg 2002: 23)[67].
- Die Zustimmung zu den Einsätzen 2006 im Kongo und vor der Küste des Libanon war in den Umfragen nicht höher als 40 bzw. 50 Prozent (Infratest dimap vom 24.03.2006; FG Wahlen vom 13.07.2006, 17.08.2006, 31.08.2006).
- Für den Einsatz von Aufklärungsflugzeugen (Tornados) in Afghanistan stimmten keine 30 Prozent der befragten Bürger (Infratest-dimap vom 09.03.2007; FG Wahlen vom 16.03.2007).
- Ein andiskutierter Einsatz der Bundeswehr im umkämpften Süden Afghanistans wurde 2008 mit über 80 Prozent abgelehnt, Kampfeinsätzen erteilten fast 90 Prozent eine Absage (Politbarometer vom Februar 2008; Deutschland-Trend vom Februar 2008).
- Seit 2009 nahm die Mehrheit erkennbar zu, die sich für einen schnellen Abzug aus Afghanistan aussprach (Mai 2010: 70 Prozent) (Deutschland-Trend vom Mai 2010; Abbildung 16, S. 186).
- 70 Prozent finden es richtig, dass sich Deutschland nicht am Militäreinsatz gegen Libyen beteiligt, 60 Prozent sind aber generell für den Militäreinsatz (FG Wahlen vom April 2011).

---

[67] Umfragen, die nach der Bundestagswahl 2002 durchgeführt wurden, ergaben eine größere Zustimmung für eine deutsche Beteiligung an einer UN-Mission, z.B. FG Wahlen: Politbarometer 10/2002: 51 Prozent dafür, 43 Prozent dagegen.

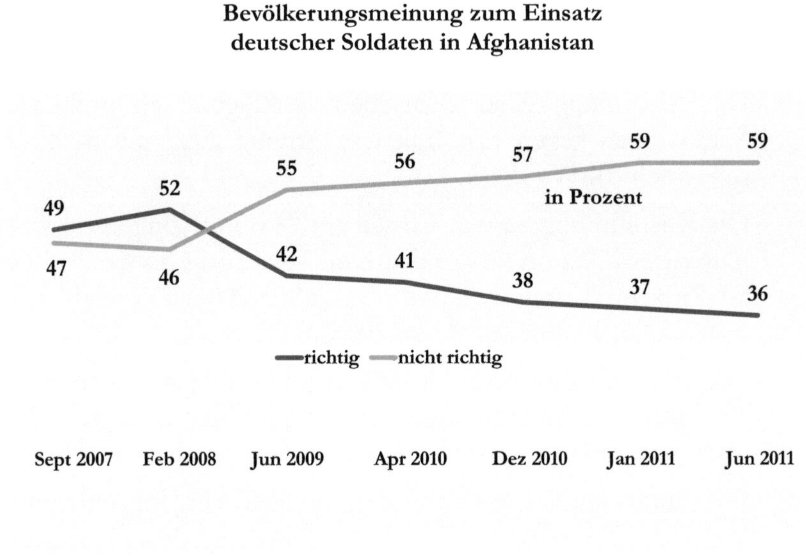

Abbildung 16

Außerdem nimmt die Zustimmung zeitweise ab, wenn konzentriert über Anschläge auf Soldaten berichtet wird. Besonders während eines laufenden Einsatzes wirken sich Bilder über Tod und Elend (kurzfristig) auf das Meinungsbild aus (Reeb 2008a: 592), ohne jedoch nachhaltigen Einfluss zu hinterlassen (Bulmahn 2008: 160). Da solche Ereignisse häufig Anlass für Umfragen geben, nimmt die Zustimmung für den Auslandseinsatz zwar kurzfristig ab; ohne diese medialen Einflüsse liegen die Akzeptanzwerte aber höher. Jugendliche bekunden mehrheitlich (53 Prozent) unter diesen Eindrücken, grundsätzlich gegen eine Beteiligung an internationalen Einsätzen zu sein (Shell 2010: 176f.)[68].

Die äußerst hohe Zustimmung zur Landesverteidigung, dem unwahrscheinlichsten Fall eines Bundeswehr-Einsatzes und die ausgeprägten Bedenken gegen konkrete militärische Aufgaben spiegeln also eine

[68] In 2002 waren nur 29 Prozent dagegen.

grundlegende Skepsis der Deutschen gegenüber militärischer Machtentfaltung wider. Die *„Kultur der Zurückhaltung"*, entstanden aus den Erfahrungen der Weltkriege, wurde trotz der veränderten außenpolitischen Rahmenbedingungen nicht aufgegeben (Maull 2001: 660). Diese Zweifel finden ebenfalls Bestätigung in der geringen Akzeptanz von Atomwaffen, einem stark emotional geprägten Bereich (Rümmer/Hoffmann 2002: 17)[69].

> *„Insgesamt spiegeln sich in der Kontinuität der außenpolitischen Kultur Deutschlands die Ergebnisse gesellschaftlicher Sozialisations- und Lernprozesse: Die Bundesrepublik wurde durch die Alliierten und die neue Elite im Sinne der neuen außenpolitischen Orientierungen und Einstellungen sozialisiert und internalisierte diese Vorgaben durch selbstbestimmtes Lernen"* (Maull 2001: 665).

In Ostdeutschland verlief die politische Sozialisation anders. Dort war zunächst eine noch deutlichere Ablehnung von militärischer Gewalt als Mittel der Politik festzustellen[70], die heute nicht mehr vorhanden ist (Böckenförde/Jacobs 2011: 29). Neben dem Bekenntnis zum Multilateralismus prägte bislang diese „Kultur der (militärischen) Zurückhaltung" Entscheidungen der deutschen Politik über Auslandseinsätze. Festzustellen ist, dass, je konkreter und gefährlicher ein Einsatz wahrgenommen wird, desto mehr Vorbehalte in der Bevölkerung dazu geäußert werden (Biehl/Jacobs 2009: 244). Der Verzicht auf militärische Gewalt hat sich seit 1945 in das kollektive Gedächtnis gegraben. Nur in der „Verpackung" als Friedenseinsatz lässt sie sich in der Gesellschaft begründen.

Die Beteiligung an neuen Einsätzen auch außerhalb des NATO-Bündnisgebietes geht einher mit einer Neudefinition der weltpolitischen Rolle Deutschlands. Die Mehrheit der Gesellschaft hält den geleisteten Beitrag für ausreichend und meint, sich stärker zurückhalten zu können

---

69 2001 waren nur noch 13 Prozent für ihre Beibehaltung.

70 Beispielsweise sprachen sich nur rund 40 Prozent der Ostdeutschen für den NATO-Einsatz im Kosovo 1999 aus, während die Westdeutschen dem Krieg zu rund 60 Prozent zustimmten.

(Köcher 2007). Militärmacht hat nach Meinung der Deutschen anders als Wirtschaftsmacht keine große Bedeutung für die Einnahme einer globalen Rolle. Sie bevorzugen eher diplomatische als militärische Instrumente, um Frieden und Sicherheit zu gewährleisten (Bertelsmann-Stiftung 2007: 14).

Eine Kontinuität im Meinungsbild zu den Eckpfeilern der deutschen Sicherheitspolitik wird erkennbar an der in Ost- und Westdeutschland seit 1991 deutlich gestiegenen Befürwortung zur NATO-Mitgliedschaft, die damals mit 56 Prozent (West) bzw. 30 Prozent (Ost) ein Meinungstief erreicht hatte und 2001 auf 90 Prozent stieg (Hoffmann 1992: 157; BMVg 2001 SLP). Sie liegt heute bei knapp 70 Prozent (Pietsch/Zimmer 2009: 177; Bulmahn/Fiebig 2011: 69). Eine Zustimmung zu einer europäischen Sicherheits- und Verteidigungspolitik und damit zugunsten weiterer Bündnisstrukturen hat sich mittlerweile herausgebildet (Pietsch/Zimmer 2009: 189).

Fazit:

Das Publikum unterstützt grundsätzlich den neuen sicherheitspolitischen Kurs der politischen Akteure. Dabei bleibt die *„Kultur der Zurückhaltung"* vorherrschend. Militärische Kampfeinsätze finden keine uneingeschränkte Billigung. Deutschland findet sich am besten in bewährten Bündnisbezügen wieder.

Individuelle Bereitschaften für die Sicherheitspolitik

Die skizzierten Veränderungen in den sicherheitspolitischen Mentalitäten der deutschen Bevölkerung drücken sich schließlich auch in einem differenzierten Verhältnis zu den Streitkräften aus. Die generelle Einstellung zur Bundeswehr und das in ihr gesetzte Vertrauen sind hoch. Beobachter erblickten darin aber eher nur ein „freundliches Desinteresse" (Bundespräsident a.D. Horst Köhler). Daher soll abschließend die Beteiligungsbereitschaft der Bürger für oder gegen sicherheitspolitische Angelegenheiten betrachtet werden.

Das Verhältnis der Gesellschaft zu den Streitkräften ließ sich bisher genauer an der Bewertung der Wehrform ablesen. Die Zustimmung zur Wehrpflicht spiegelte nämlich den Grad an Integration der Bundeswehr in die Gesellschaft wider. Ein Plädoyer für eine Berufs-

bzw. Freiwilligenarmee dokumentierte ein eher distanziertes Verhältnis der Öffentlichkeit zu militärischen Aufgaben. Nach Ende des *„Kalten Krieges"* konnte ein entsprechender Trend festgestellt werden. Die Befürworter der Wehrpflicht nahmen von 70 Prozent (1996) auf ca. 50 Prozent (2010) ab. Die Berufsarmee gewann demgegenüber an Zustimmung. Einer Umwandlung in eine reine Berufsarmee konnten 1988 lediglich 16 Prozent der Befragten zustimmen. Diese Zahl stieg dann Anfang der 1990er Jahre auf das Doppelte und mit einem Sprung seit 2002 auf die Hälfte der Befragten an (Rattinger/Holst 1998: 234).

Offensichtlich gestalten sich die Beziehungen zum Militär funktionaler und distanzierter. Die Streitkräfte werden nicht mehr als ein nationales Symbol wahrgenommen. Hohe Sympathiewerte gelten eher dem professionellen Auftreten (Collmer 2002: 178). Daneben ist das Interesse von Bundeswehr nahen Institutionen an den Schicksalen und Hifsbedürfnissen der Soldaten/Innen und deren Angehörigen gestiegen und hat sich zu einer Solidaritätsbekundung ausgeweitet ("Netzwerke der Hilfe"; "Gelbes Band").

Nach Aussetzung der Wehrpflicht wird sich die individuelle Bereitschaft, einen Beitrag für die Sicherheitspolitik zu leisten, noch deutlicher in Zahlen messen lassen. Daneben zeigt die Einstellung zum Wehretat auf, was den Bürgern eine Sicherheitsvorsorge wert ist.

Die Ablehnung des Wehrdienstes ließ sich bisher an der Kriegsdienstverweigerungsquote ablesen. Seit 1991 bewegte sich die Anzahl pro Jahr immer über 100.000, im Jahr 2010 waren es mehr als 150.000 Anträge, d.h. über 40 Prozent eines Geburtsjahrganges. Insgesamt ist die Akzeptanz der Jugendlichen für die neuen Aufgaben der Bundeswehr und ihre Teilnahme daran nicht hoch (BMVg 2001: SINUS Trend, Nr.73). Die aktuelle Bewerberlage nach den wehrrechtlichen Veränderungen lässt sich derzeit noch nicht einschätzen. Die bisherige Bereitschaft war eher gering, für die Nachwuchsgewinnung aber noch ausreichend. Das Verhalten der jungen Leute wird im Zusammenhang von aktueller Arbeitsmarktsituation, attraktiven Qualifikationsangeboten und verbesserten Aufstiegschancen gesehen. Daneben spielen die Erwartungen an die konkreten Dienstbedingungen eine Rolle. Monitäre Argumente sind ausschlaggebender als moralische Appelle (Bundeswehr als Ehrendienst). Der Arbeitgeber Bundeswehr weist aus Sicht junger Menschen deutliche Schwächen auf (Bulmahn 2011b: 62).

Anders als kurz nach Ende des Ost-West-Konfliktes erklärten sich seit 2001 wieder mehr Bürger bereit, für die Beibehaltung oder Erhöhung des Wehretats einzutreten (BMVg 2001: Folie 4.4). Es handelt sich möglicherweise um Wirkungen, die sich aus der permanenten Medienberichterstattung über den anhaltenden Reformbedarf der Bundeswehr ergeben. Eine konkrete Bereitschaft, angesichts leerer Kassen auf andere staatliche Leistungen zugunsten der Verteidigung zu verzichten, lässt sich daraus noch nicht ablesen.

Andererseits ist eine deutliche Abnahme von gesellschaftlichem Protest gegenüber sicherheitspolitischen Entscheidungen zu beobachten, wie er noch im Zusammenhang mit der Stationierung von nuklearen Mittelstreckenraketen im *„heißen Herbst“* 1983 und gegen den Golfkrieg 1991 festzustellen war. Seitdem der Afghanistan-Einsatz der Bundeswehr in einem Kriegsdiskurs gestellt wird, fokussieren sich die Protestparolen auf einen sofortigen Abzug. Eine Friedensbewegung ist selten medial und faktisch (Teilnehmer der *„Ostermärsche“*) kaum wahrnehmbar. Sie hat in der jungen Generation wenige Unterstützer erhalten. Weniger als drei Prozent engagierten sich 2008 in Friedensinitiativen (Gaiser/Gille/Riljke 2010: 69). Die friedenspolitischen Aktivitäten entfalten angesichts des sicherheitspolitischen Konsenses in der Bevölkerung und bei Meinungsführern keine Breitenwirkung, bleiben dennoch regelmäßiger Gegenstand der Berichterstattung (über die *Ostermärsche“*).

<u>Fazit:</u>

Die allgemein hohe Zustimmung zur Bundeswehr wird nicht automatisch in eine persönliche Bereitschaft zur Teilnahme an sicherheitspolitischen Maßnahmen umgesetzt. Vielmehr deuten die Einstellungsmuster daraufhin, dass die Gesellschaft das deutsche Militär heute als Dienstleistungsunternehmen ansieht. Allerdings überwiegt die Gruppe, die sich unterstützend (durch Kommunikation und Teilnahme in der Öffentlichkeit) für die Bundeswehr einsetzt (Biehl/Fiebig 2011). Die Veränderungen in der Sicherheitspolitik haben bisher keine breite Protestbewegung ausgelöst.

5.4 Schlussfolgerungen für die Sicherheitskultur

Die politischen Akteure müssen durch direkte Ansprache oder mit Hilfe der Medien sachgerechte Informationen an die Gesellschaft übermitteln, damit sie in sicherheitspolitischen Angelegenheiten ihre Interessen formulieren und artikulieren kann, die dann wiederum im politischen Entscheidungsprozess berücksichtigt werden. Allerdings konnten sowohl im Informations- als auch im Beteiligungsprozess grundsätzliche Defizite in der politischen Kommunikation festgestellt werden.

Die Gesellschaft wird aufgrund von medial induzierten Selektionsprozessen nicht umfassend über sicherheitspolitische Themen informiert. Es entsteht eine konstruierte Wirklichkeit durch Medien, die Einzelheiten und Hintergründe für ein breites Publikum ausblenden. Die politischen Akteure zielen auf persuasive Effekte, die Medien richten ihre Berichterstattung am vermeintlich dominanten Publikumsinteresse aus. Somit kann sich auch kein öffentliches Artikulationsforum von größerer Relevanz bilden. Ein solches Forum existiert erst recht nicht im globalen Raum. Es bilden sich vielmehr parallele Teilöffentlichkeiten heraus, in denen Vorstellungen von Frieden und Sicherheit in spezifischen sozio-kulturellen Kontexten gedeutet werden.

Zu berücksichtigen ist, dass sich in den einzelnen Öffentlichkeiten zu sicherheitspolitischen Angelegenheiten einige Grundorientierungen und Einstellungsmuster finden, die eine gewisse Stabilität aufweisen. Sie gehören zum Kern der kulturellen Identität einer Gesellschaft (Bellers 1999). Während durch kongruente politische Entscheidungen und bestätigende Berichterstattung diese Dispositionen noch weiter verstärkt werden können, bedürfen Veränderungen einer längerfristigen Perspektive und setzen paradigmatische Ereignisse voraus. Zur kulturellen Identität gehört es auch, in Fragen von Relevanz für Sicherheit und Frieden einen breiten gesellschaftlichen Konsens anzustreben und sich hinter die Entscheidungen der politischen Akteure zu stellen (*„rally-round-the-flag“*). Tendenziell folgt die Gesellschaft in der Sicherheitspolitik mit zeitlicher Verzögerung den richtungsweisenden Vorstellungen der Meinungsführer ihres politischen Systems. Globale Einstellungstrends zur Sicherheitspolitik sind kaum erkennbar.

Letztendlich hängt es von der Stärke des politischen Systems ab, inwieweit die politischen Akteure bereit sind, grundlegende sicherheitspolitische Angelegenheiten auf einen breiten gesellschaftlichen Diskurs zu stützen und inwieweit die Medien eine solche Debatte durch informative und hintergründige Berichterstattung unterstützen. Die Internationalisierung der politischen Kommunikation bewirkt immerhin, dass Denkstrukturen in totalitären Regimen leichter aufgebrochen werden können. Die Pluralität an Meinungen ermöglicht prinzipiell eine größere Basis für individuelle Deutungen. Allerdings dürften die aufgezeigten Rahmenbedingungen in der internationalen Kommunikation und die Fehlentwicklungen innerhalb der politischen Systeme realistische Grenzen setzen.

6 Grundzüge einer Pädagogik zur Sicherheit

Die Analyse einer Sicherheitskultur in Deutschland hat normative Erwartungen formuliert und empirische Erkenntnisse erbracht. Das aus einer kritischen Demokratietheorie entworfene Postulat eines Höchstmaßes an Teilhabe am politischen Meinungsbildungs- und Entscheidungsprozess spiegelt sich bei den normativen Ansprüchen in den internationalen und verfassungsrechtlichen Grundlagen wider, findet sich aber nicht in der Praxis belegt. Defizite können auf allen Ebenen des politischen Prozesses festgestellt werden. Sie werden durch ein mediales System verstärkt, das in den Wechselbeziehungen zur Politik nur partiell die Bedingungen für die Herstellung von Öffentlichkeit erfüllt.

Eine *„Strategic Community"* bildet sich in Deutschland in einzelnen gesellschaftlichen Bereichen heraus, kann aber keine kommunikative Anschlussfähigkeit zur Gesellschaft im erkennbaren Umfang aufbauen. Die Akteure aus Parteien, Universitäten, Forschung und Interessengruppen bleiben milieuhaft unter sich, Querverbindungen in andere gesellschaftliche Bereiche finden selten statt. Im politisch-administrativen System erfolgt Sicherheitspolitik ebenfalls nach eigenen Spielregeln zwischen internationalen Institutionen, Experten, Exekutive und wenigen Parlamentariern. Die Informations- und Kommunikations-politik ist geprägt von der leitenden Idee, Entscheidungen erst nachträglich zu legitimieren. In der Auseinandersetzung mit den Kommunikationsbemühungen systemexterner, meist feindlicher Akteure, reduziert sich diese Darstellungspolitik zusätzlich auf Informationen geringer Kenntnistiefe.

Das mediale System hat sich dieser Logik angepasst und kommt in Verbindung mit der eigenen Medienlogik selten über die durch die politischen Akteure benannten Informationen hinaus. Allerdings gibt es durchaus einen investigativen Journalismus, der aber meist wegen des „Unterhaltungsaspekts" des aufgedeckten Missstandes letztendlich auch an der Oberfläche bleibt und auf die Herstellung von Kontexte verzichtet.

Diese Entwicklungen, verstärkt um veränderte Einstellungsmuster im Umgang mit Politik, hinterlassen eine zur Sicherheitspolitik uninformierte, im Übrigen mehrheitlich uninteressierte Gesellschaft. Sie bildet sich ihre Meinung zu aktuellen Entscheidungsfragen aufgrund kurzfristiger Medieneinflüsse. Pädagogische Interventionen sind demgegenüber nicht ausgeprägt.

Eine Diskussion über den Umfang und die Programmatik einer sicherheitspolitischen Unterrichtung spielte bisher auch nur während der „*Nachrüstungsdebatte*" um den NATO-Doppelbeschluss (1989/83) in der Bundesrepublik Deutschland eine Rolle. Im Zuge von gesellschaftlichen Richtungskämpfen zu Frieden und Krieg kam es zu erbitterten Auseinandersetzungen. Dieser Disput endete dann mit dem Wechsel zu einem neuen sicherheitspolitischen Paradigma. Überlegungen, aufgrund des veränderten Sicherheitsbegriffs neue curriculare Ansätze zu skizzieren, sind bisher nicht unternommen worden.

Fazit:

Aus diesem zusammenfassenden Befund leiten sich Bildungserfordernisse ab, soweit an dem demokratietheoretischen Postulat festgehalten wird. Die Meinungsbildung kann nur durch Grundlagenkenntnisse, methodische Kompetenzen und Teilhabebereitschaften auf eine rationale Basis gestellt werden. Zur Verbesserung der Beteiligungskompetenz zu Angelegenheiten von Sicherheit müssen deshalb die Individuen in Gesellschaft, Politik und Medien vorbereitet werden. Dazu sind pädagogische Maßnahmen vorzusehen, die bei allen Akteuren zu einer fundierteren Einstellung beitragen könnten. Nur wenn in Gesellschaft, Politik und Medien der kompetente Umgang mit sicherheitsrelevanten Angelegenheiten von grundlegender Bedeutung idealtypisch erlernt worden ist, sind die Voraussetzungen gegeben, über das Aushandeln einer „gerechten Sicherheit" im gesellschaftlichen Raum auf eine „Sicherheit für alle" im internationalen System hinzuwirken. Der Kompetenzerwerb auf der Mikroebene ist die Bedingung für eine gerechtere Sicherheitsordnung auf der Makroebene.

6.1 Zur Begründung von Sicherheit als pädagogischer Gegenstand

Die in den bildungspolitischen Grundlagendokumenten formulierten normativen Aufforderungen an eine Erziehung und Bildung von Frieden und Sicherheit müssen in pädagogische Konzepte rekonstruiert werden.

Ausgangspunkt ist das veränderte und breitere Verständnis von Sicherheit, in dem die bisherigen Ideen von Frieden integriert worden sind. Damit bekommt Sicherheit den zentralen Zugriff auf die didaktische Gestaltung eines Themengebietes, das über Konfliktbewältigung und Gewaltfreiheit im menschlichen Handeln als den Kernthemen der Friedenspädagogik weit hinausreicht (Grasse/Gruber/Gugel 2008).

Die pädagogische Relevanz von Sicherheit ergibt sich aus anthropologischen, sozialen und philosophisch-politischen Begründungen. Sicherheit lässt sich demnach einer Individualdimension, einer sozialen Dimension und einer politischen Dimension zuordnen.

Der Mensch besitzt ein anthropologisches Grundbedürfnis nach Sicherheit **(Individualdimension)**. Sicherheit hat einen sehr hohen Lebenswert. Kaufmann versteht darunter Gefahrlosigkeit, Verlässlichkeit, Gewissheit und Sorglosigkeit (Kaufmann 1973). Auf diese Werte baut sich Vertrauen auf, das zu weiteren Werten wie Empathie und Toleranz führen (kann). Dazu zählt auch Friedfertigkeit, bei der allerdings in den Bezugswissenschaften (wie Psychoanalyse) umstritten ist, ob sie ebenso wie Sicherheit als naturgegeben angesehen werden kann. Auf der subjektiven Ebene korrespondiert Sicherheit mit individueller Risikobereitschaft, d.h. der Abwägung von Risiken und Chancen zur Erreichung eigener Ziele.

Mit Sicherheit wird ein gesellschaftlicher Wert beschrieben, der dialogfähig ist und daher Konsens erzielen kann **(soziale Dimension)**. Das Bedürfnis nach Sicherheit hat durch die „Lebensrisiken in der Moderne" (Bonß) eher noch zugenommen, unterscheidet sich dabei aber in den sozio-kulturellen Kontexten. Entsprechend kontextgebunden ist auch das Sicherheitsgefühl von Individuen, das sich nach außen sowohl in der unterschiedlichen Wahrnehmung von (Un-)Sicherheit als auch in differenzierenden Erwartungen an eine Sicherheit äußert. Damit unterscheidet sich Sicherheit von Frieden durch seine Relativität. Die „klassische" Friedenspädagogik geht in ihrer Zielsetzung dagegen von einem individualistischen, christlich-westlich geprägten Weltbild aus, das dogmatisch gesetzt ist (Frieters-Reermann 2010: 31).

Die Diskursfähigkeit von Sicherheit bedeutet, dass sie ein mit anderen zentralen Werten (z.B. Freiheit, Gerechtigkeit, Wohlstand) in Konkurrenz stehender Begriff ist und zu jeder einzelnen Risikovorsorge (z.B. Überwachung, Steuern, Schutzmaßnahmen) ausgehandelt werden muss. Findet diese diskursive Ausbalancierung nicht statt, können durch Aus- und Abgrenzungen „Sicherheitsgemeinschaften“ mit exklusiven Ansprüchen entstehen, denn Sicherheit verteilt sich ungeregelt asymmetrisch. Frieden wird dagegen als Wert absolut gesetzt, ist also Apriori nicht relativierbar und diskutierbar. Er muss daher stets um weitere Werte ergänzt werden (*„Frieden in Freiheit“*), soll er nicht inhaltlich entleert oder missbraucht werden.

Sicherheit ist ein Ergebnis der Zivilisationsentwicklung von Gesellschaften. Das individuelle und soziale Bedürfnis nach Sicherheit förderte die Bildung von Gemeinwesen (Staat), die das Gewaltmonopol an sich gezogen haben **(politische Dimension)**. Dieser Gedanke gilt prinzipiell auch für das heutige Verständnis von globaler Sicherheit, auch wenn der Weltgemeinschaft nicht die staatlichen Durchsetzungsmöglichkeiten gegeben sind. Sicherheit bleibt somit die Kernaufgabe des Staates (Gerhardt 2010: 26). Das politische System muss die Voraussetzungen schaffen, damit jeder Einzelne in der Gewährleistung und Weiterentwicklung von Sicherheit mitwirken kann.

> *„Sicherheit, in deren Garantie weiterhin die oberste Aufgabe der Politik besteht, hat das Ziel, die Fähigkeiten eines jeden Einzelnen zu fördern, um ihn so auf den im Wechsel zugleich steigenden Anforderungen vorzubereiten* (Gerhardt 2010: 25).

Die Maßnahmen der Risikoabwägung, -verteilung und –vorsorge sind kollektiv auszuhandeln. Dabei muss sich ein politisches System bewusst sein, dass die *„systemischen Risiken“* nicht mehr territorial beschränkt bleiben, sondern globale Wirkungen entfalten. Somit ist im Kommunikationsprozess über Sicherheit nicht allein das eigene politische System, sondern die Umwelt als Referenzgröße zu berücksichtigen (*“Eine Welt“*).

<u>Fazit:</u>

Sicherheit spiegelt sich aufgrund ihrer Komplexität und Interdependenz in unterschiedlichen individuellen, gesellschaftlichen und globalen Bezügen wider. Sie muss daher unter verschiedenen Aspekten thematisiert werden. In der Auseinandersetzung mit anderen Werten fördert sie eine entsprechende Werteerziehung. Gleichzeitig zwingt die rationale Auseinandersetzung mit Sicherheit zu einer kritischen Prüfung von irrationalen Dispositionen, wie Angst, Zweifel und Misstrauen.

6.2 Bildungsauftrag für Sicherheit

Anknüpfungspunkt für einen Bildungsauftrag sollten daher die in den internationalen und staatlichen Normen fixierten Grundentscheidungen für Sicherheit und Frieden sein, die in Kapitel 2 beschrieben worden sind. Das Grundgesetz kann bei der Konkretisierung dieser abstrakten Zielformulierungen verfassungsrechtliche Maßstäbe setzen. Soweit ein umfassendes Verfassungsverständnis zugrunde gelegt wird, lässt sich bei der curricularen Konkretisierung ein Grundkonsens herstellen. Einerseits ergeben sich aus der Verfassung positive, anleitende Erziehungsziele im Sinne eines Finalprogramms (Bothe 1995: 26). Diese können als das angestrebte Ergebnis eines Bildungs- und Erziehungsprozesses aufgefasst werden. Andererseits setzt die Verfassung Grenzen für den staatlich legitimierten Erziehungs- und Bildungsprozess.

Berücksichtigt man die in der schulrechtlichen Diskussion herausgearbeiteten Normen der Neutralität und Toleranz des Staates, so ist es ihm nicht nur untersagt, an einseitigen Interessen orientierte Lernziele zu setzen, er ist überdies auch verpflichtet, solche Lernziele zu formulieren, die den Schülern die Chance zur umfassenden Persönlichkeitsentwicklung ermöglichen (Reeb 1981). Kriterien zur Bestimmung von Lernzielen sind neben der Berücksichtigung grundgesetzlich definierter Qualifikationen des Individuums die ideologisch tolerante Schule (Verbot der Indoktrination und Konditionierung, Beachtung der Privatsphäre) und eine umfassende Entfaltung der Schülerpersönlichkeit (fortschrittliche Gestaltung der Gesellschaft, objektive Wissensvermittlung, Aktualität, Berücksichtigung von Minderheiten, Chancengleichheit, Einheitlichkeit der Grundaussagen). Dem entspricht auch der in drei Prinzipien zusammenfassbare Minimalkonsens in der politischen Bildung: Überwältigungsverbot, Thematisierung politischer Kontroversen und Interessenorientierung der Schüler (Wehling 1977; Lösch 2010), die auch für die politische Erwachsenenbildung gelten.

Die Beschäftigung mit der Sicherheit in der (politischen) Bildung ist daher offen, transparent und pluralistisch zu gestalten. Sie zielt auf die Herausbildung kognitiver, affektiver und sozialer Kompetenzen. Der Schüler, der Bürger und der „Sicherheitsexperte" sollen befähigt werden

- durch eine – auf Sachkenntnissen beruhende - rationale Wahrnehmung von Krisen und Konflikten, sozialer Ungerechtigkeit (menschliche Sicherheit), Risiken der Natur, der Technik und der Gemeinschaft, von Stereotypen und Feindbildern ein **rationales Sicherheitsempfinden** zu entwickeln,
- durch eine Förderung der Urteilsbildung eine Risikoeinschätzung vornehmen zu können (Orientierung) und damit ein **Sicherheitsverständnis** für sich und andere zu entwickeln,
- die **Bereitschaft zu Sicherheitsdiskursen** zu zeigen, um kommunikativ die Sicherheit durch das Abwägen von Risiken mit Werten und Interessen für sich und andere aushandeln zu können und dabei die (politischen) Entscheidungen des Diskurses anzuerkennen,
- ein **sicherheitsbewusstes Handeln** zu entwickeln, in dem Risiken minimiert werden, Rücksicht auf die Sicherheit anderer genommen und ein Handeln zugunsten eines Sicherheitsgewinns für alle (global) vorgezogen wird. Außerdem muss der Einzelne lernen, seine eigenen Lebensweltrisiken bewältigen zu können („Sicherheitstraining").

Diese Befähigungen zur Sicherheit können nur im Zusammenwirken mit weiteren Kompetenzen erworben werden:

- **Medienkompetenz** (einschließlich Deutungskompetenz) soll befähigen, den Umgang mit Medien zu erlernen, die Mechanismen der Informationsproduktion zu erkennen und die Medieninhalte nach ihrem Entstehungszusammenhang und Verwertungsinteresse zu hinterfragen (Grande 2011).

- **Partizipationskompetenz** ist notwendig, um die eigenen Interessen im politischen Prozess zu artikulieren und durchzusetzen.
- **kommunikative Kompetenz** wird zum Erwerb von Dialogbereitschaft, Interkulturalität und Empathie benötigt.

Befähigungen zur Sicherheit

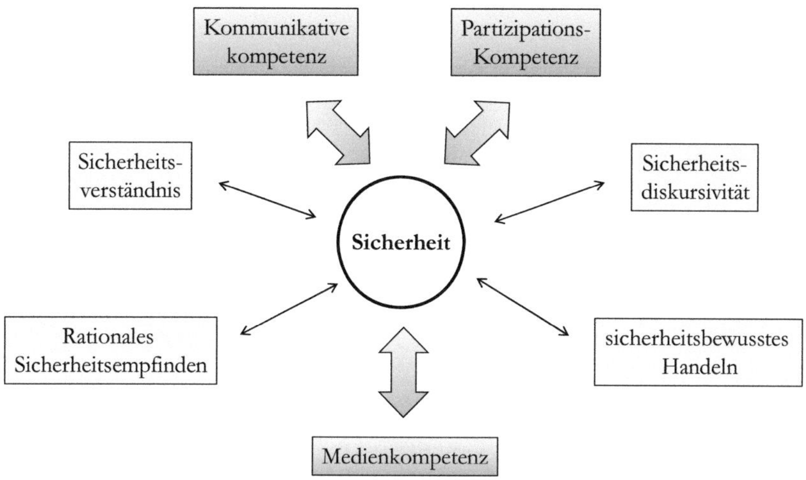

Abbildung 17

Diese Kompetenzen sind inhaltlich mit den individuellen, gesellschaftlichen und globalen Dimensionen von Sicherheit zu verbinden. Gelernt werden kann der Umgang

- auf individueller Ebene mit: Informationstechnologien, gefährlichen und gefahrgeneigten Geräten (z.B. Fahrzeugen),
- auf gesellschaftlicher Ebene mit: Gewalt in Lebensweltsituationen, anderen Formen von Kriminalität, Gesundheits-

vorsorge, Produktsicherheit, sozialer Existenzsicherung, Fundamentalismus und Extremismus.

- auf globaler Ebene mit: kollektiver Gewalt, Ernährungs-/ und Energieversorgung, Klimawandel und Finanzströme.

Die Übergänge zwischen diesen Ebenen sind dabei fließend, die Beispiele lassen sich ergänzen. Auch gerät man im Umgang mit Risiken sowohl in eine aktive als auch eine passive Rolle.

6.3 Institutionalisierung von Sicherheit in Bildungskontexten

Die derzeit vorhandenen Bildungsangebote sind nicht ausreichend, die genannten Ziele und Kompetenzen zu erreichen. Sie dienen aber als Ausgangspunkt für Veränderungen. Bisher fehlt es an einem grundlegenden didaktischen Verständnis für die Problematisierung von Sicherheit in allen Bereichen des Bildungssystems.

Der Bildungsauftrag, ableitbar aus den verfassungsrechtlichen und gesetzlichen Normen, verdeutlicht die Evidenz der Thematik für die Behandlung in Schule, Hochschule, Berufsausbildung und politischer Erwachsenenbildung.

Bisheriger Sachstand

Das Thema Sicherheit und Frieden wird derzeit mit den dazugehörigen Aspekten auf allen Bildungsstufen angeboten. Gegenüber anderen Themen tritt es aber nicht hervor. Auch von den Stundenansätzen fällt die Thematik nicht ins Gewicht. Einer eher kleinen Gruppe interessierter Schüler, Studenten und Bürger wird auf der jeweiligen Bildungsstufe Vertiefungen angeboten. Die einschlägigen Berufsgruppen erhalten eine breite Palette an Angeboten. Zieht man allerdings für Schule, Universitäten und Erwachsenenbildung die zahlreichen Aktivitäten der Bundeswehr und ihr nahe stehender Organisationen ab, schrumpfen die aus der Gesellschaft entwickelten Bildungsangebote zur Sicherheitspolitik auf ein Minimum. Die thematische Alternative sind dabei Sachverhalte aus der Friedens- und Konfliktforschung. Die Vermittlung der „klassischen" Sicherheitspolitik kann daher weitgehend mit dem Auftrag der Bundeswehr zur politischen Bildung, zur Informationsarbeit und zur beruflichen Fortbildung gleichgesetzt werden. Lediglich die *„Bundesakademie für Sicherheitspolitik"* bietet in größerem Umfang entsprechende Programme für gezielt ausgewählte Personen außerhalb der Streitkräfte an.

Da empirische Studien zur politischen Bildung eine zusätzliche defizitäre Differenz zwischen den Angebotsstrukturen und den tatsächlichen Maßnahmen ermittelt haben, sind die Beobachtungen über eher sicherheitspolitisch uninformierte Bürger durchaus berechtigt. Letztendlich bilden sie ihr Meinungsbild über die Sicherheitspolitik am stärksten über die Medienberichterstattung.

Fazit:

Der fachspezifische sicherheitspolitische Diskurs wird personell durch die Nähe zur Regierung und zur Bundeswehr geprägt. Aufgrund dieses Bildungsangebots und seiner Nachfrage kann in Deutschland kein nachhaltiger Motivationsschub für eine *„Strategic Community"* auf breiter gesellschaftlicher Ebene erwartet werden. Hierzu sollten aber die Bildungsangebote ihren Beitrag leisten können. Folglich bedarf es einer Rekonstruktion des pädagogischen Umgangs mit Sicherheit aufgrund der folgenden didaktischen Rahmenbedingungen.

Didaktische Rahmenbedingungen

Eine Einordnung von Bildungsangeboten zur Sicherheit sollte folgende Kriterien beachten:

- Bildung als integraler und interdisziplinärer Lernprozess allgemeiner, politischer und beruflicher Elemente;
- lebenslanges und selbstverantwortliches Lernen sowie
- Offenheit in der Inhaltsbestimmung des Lerngegenstandes innerhalb der Institutionen des Bildungssystems.

Diese Unterscheidung in **eine allgemeine, politische und eine berufsbezogene Bildung** differenziert nach dem Grad an Umfang und Tiefe von Sicherheitsthemen. Angebote der politischen Bildung sollten für alle Schüler, Bürger und „Sicherheitsexperten" gleichermaßen zielgruppengerecht unterbreitet werden. Zur Professionalisierung in ihren Berufen ist eine wissenschaftlich-analytisch geprägte Bildung für die Gruppen vorzusehen, die sich näher mit Sicherheit auseinander zu setzen haben. Dazu sollen hier die „Sicherheitsagenten" (Soldaten, Diplomaten, Entwicklungshelfer einerseits und die „Medienagenten" (Journalisten, Autoren, Bildungsredakteure) andererseits gezählt werden.

Sicherheitspädagogik kann sich nicht an den herkömmlichen Strukturen im Bildungssystem orientieren. Die Interdisziplinarität der Wissensbereiche gewinnt mehr an Gewicht, berufliche und allgemeinbildende Bildungsinhalte und -abschlüsse vermischen sich, sind zumindest gleichwertig. Bei der didaktischen Planung sollten deshalb allgemeine, politische und berufliche Bildungsinhalte weitgehend integriert werden. Sicherheit lässt sich außerdem nur interdisziplinär durch die Berücksichtigung wissenschaftlicher Erkenntnisse aller relevanten Fachgebiete erschließen.

Bildung jeder Art ist ein **Prozess der personellen Selbstbildung** in der Auseinandersetzung mit sich selbst, der Gesellschaft und der Welt. Sie hat die Aufgabe, diesen Selbstbildungsprozess zu begleiten, anzuregen und zu vertiefen. Sowohl gesellschaftliche als auch berufliche Kompetenz ist Teil der personellen Selbstbestimmungskompetenz, die sämtliche Lebensbereiche umfasst. Qualifikations- und Identitätslernen ergänzen einander und tragen zur Selbstbildung des Menschen bei. Bildung ist deshalb nicht instrumentalisierbar, sondern immer nur ein Prozess der Anregung und Förderung. Lernen soll den Aufbau von Einsichten und das Verständnis von Sinn fördern helfen. Gerade der Erwachsene erwartet ein Dazulernen, da er spezifische Motive, Voraussetzungen und Bedingungen für das Lernen einbringt. Aufgrund des relevanten Strukturwandels lautet die zentrale bildungspolitische Forderung, den Einzelnen zum lebensbegleitenden Lernen zu befähigen, um in allen Lebensbereichen Handlungskompetenz erwerben zu können.

Dieses Bildungsverständnis fordert zu bestimmten pädagogischen Fähigkeiten und Organisationen heraus. Die „Fähigkeit zur Selbstlernkompetenz" im Sinne des *„forschenden Lernens"* wird eine zentrale Schlüsselqualifikation einer künftigen Informations- und Kommunikationsgesellschaft. Offenes Lernen und interaktive Lernprogramme führen zu einer Individualisierung des Lernens, institutionelle Lehre sollte zugunsten mehrerer kürzerer Lernabschnitte sowie *„training on the job"* reduziert und lebenszeitlich verteilt werden.

Die Einordnung und Analyse der Sicherheitsthematik als **Lerngegenstand in den Institutionen des deutschen Bildungssystems** muss zunächst in den Kontext der bildungspolitischen sowie schul- und hochschuldidaktischen Rahmenbedingungen gestellt werden.

In den letzten Jahren sind aufgrund von bildungspolitischen Debatten um die Wettbewerbsfähigkeit des deutschen Bildungssystems für den Schulbereich nationale Bildungsstandards als neue Form curricularer Vorgaben erarbeitet worden, die länderspezifisch als Bildungspläne, Rahmenlehrpläne, Richtlinien oder Lehrpläne erlassen werden. Das betrifft den Grad an Verbindlichkeit von Vorgaben und die didaktischen Spielräume in der Durchführung des Unterrichts. Bei einer lernzielorientierten Struktur müssen nicht zwangsläufig bestimmte Lerninhalte vermittelt werden. Bildungsstandards greifen allgemeine Bildungsziele auf, in dem sie festlegen, welche Kompetenzen die Schüler bis zu einer bestimmten Jahrgangsstufe mindestens erworben haben sollen. Diese Kompetenzmodelle treten anstelle der traditionellen Bildungs- und Lehrplandebatten (BMBF 2007). Für die Didaktik der politischen Bildung sind dementsprechend Vorschläge für Kompetenzfelder und neue Konzepte entwickelt worden, die aber aufgrund der Setzungen begründungsbedürftig sind. Inwieweit sich nämlich ein kompetenzorientiertes Modell für die Inhaltsbestimmung in der politischen Bildung überhaupt deduzieren lässt, ist umstritten (Weißeno u.a. 2010; Autorengruppe Fachdidaktik 2011).

Für die Hochschulausbildung stellt der Bologna-Prozess den tiefsten Eingriff in die Hochschuldidaktik der letzten Jahrzehnte dar. Nunmehr gilt ein zweistufiges Studiensystem von Bachelor- und Master-Studiengängen (HRK 2007; KMK 2007). Wesentliche Neuerung stellt aus curricularer Sicht der Verbund inhaltlich und zeitlich definierter Lehr- und Lerneinheiten (Module) dar. Dieser lässt mit Blick auf die Berufspraxis inhaltliche Spielräume. Insbesondere die Master-Studiengänge bekommen ein individuelleres Gesicht. Zu unterscheiden sind konsekutive Master-Studiengänge, die die Kenntnisse aus einem fachgleichen Bachelor-Studiengang vertiefen sollen, nicht-konsekutive Master-Studiengänge mit einer fachlichen Neuorientierung des zweiten berufsqualifizierenden Abschlusses oder weiterbildende MA-Studiengänge zur Erweiterung von praxisorientierten Kompetenzen. Demnach könnten auch spezifische Weiterbildungsangebote für die Sicherheitsthematik entworfen werden.

In Folge dieser bildungspolitischen Entscheidungen kann demnach der Frage nachgegangen werden, inwieweit in den Bildungsinstitutionen überhaupt bestimmte Inhalte zu vermitteln sind und wo es mehr auf die Herausbildung von methodischen Kompetenzen ankommt. Diese Fragen sind für die politische Bildung in den Theoriedebatten der letzten Jahrzehnte bereits aufgeworfen worden. Sie spielen auch in den Debatten um die universitäre Lehre der *„Internationalen Beziehungen"* eine große Rolle. Es geht in beiden Bereichen um die Begründung eines Fächerkanons, d.h. einer thematischen und inhaltlichen Strukturierung der Lehre (Juchler 2005).

Für die politische Bildung wurde von Fischer und später von Sander eingewandt, wegen der Stofffülle und der Aktualität der Probleme müsse es vorrangig um die Herausbildung methodischer Kompetenzen gehen. Mit einem Set von Analysekategorien könnte politische Urteilsfähigkeit entwickelt werden. Dagegen wird argumentiert, der Bedarf nach Orientierung setze gerade politische Grundkenntnisse voraus. Kognitionswissenschaftlich sei erwiesen, dass ein Vorwissen zum Lernen notwendig ist (Juchtler 2005: 173ff.).

In der Erwachsenenbildung gilt das *„Gesetz der didaktischen Selbstwahl"*. Der Erwachsene bestimmt selbst, ob und was er lernen will (*„Prinzip der Freiwilligkeit"*). Dementsprechend muss auch die Veranstaltung (z.B. Seminar) einerseits planvoll und zielgerichtet vorbereitet sein, in der Durchführung andererseits ein offenes Lerngeschehen ermöglichen. Zumindest in der politischen Erwachsenenbildung verbietet sich ein festgeschriebenes Curriculum.

Für die Lehre in den Politikwissenschaften und speziell für das Gebiet *„Internationale Beziehungen"* (IB) kam es zu ähnlichen Diskussionen. Unbestritten gilt für die universitäre Ausbildung, dass dort Theoriebildung und Methodenkenntnisse zu vermitteln sind. Allerdings werden auch bei Studierenden nicht nur im Grund- sondern auch im Hauptstudium Defizite bei bestimmten Kenntnissen über IB und Kompetenzen beklagt, so dass ein Vorwissen für eine bessere Informationsverarbeitung und zur Konstruktion von neuem Wissen notwendig erscheint (Troy 2006: 352).

Wenn es einen Kanon an grundlegendem IB-Wissen geben soll, muss er aber für alle Berufsziele gelten. „Gibt es ihn nicht, muss sich Lehre in den IB sehr viel stärker ausdifferenzieren, als das bisher der Fall ist (Ulbert/Jetschke 2002: 369)". Bisher sind solche Bildungsstandards noch nicht entwickelt worden, so dass die neuen zweistufigen Studiengänge unterschiedlich gestaltet sein werden. Auf Grundkenntnisse über sicherheitspolitische Zusammenhänge kann und sollte aufgrund der normativen Ansprüche weder im Schulunterricht noch im politikwissenschaftlichen Studium verzichtet werden.

Konzept einer Bildung zur Sicherheitskultur

Aufgrund dieser Rahmenbedingungen ist auch die didaktische Gestaltung einer Bildung zur Sicherheitskultur vorbestimmt. Die allgemeinen und speziellen Kompetenzen lassen sich nur integrativ erwerben. Eine Differenzierung muss zielgruppen-orientiert ausgehandelt werden. Dazu können hier Problemfelder von Sicherheit als inhaltliche Orientierung genannt werden. Diese müssen methodisch durch aktuelle Fälle und Themen sowie in Projekten und in Aufgaben aufgrund von konkreten Anforderungen (im Alltag oder Beruf) interdisziplinär aufgegriffen werden. Die Notwendigkeit von Orientierungswissen wird durch die Bewältigung der Fälle, Projekte und Aufgaben bestimmt. Ein Kompetenzerwerb beschränkt sich auch nicht auf das institutionelle Lernen, sondern wird entsprechend des partizipatorischen Modells von Öffentlichkeit durch kommunikatives Handeln angestrebt.

Ausgangspunkt des folgenden Strukturangebotes ist der erweiterte Sicherheitsbegriff. Aus ihm sind Problemfelder von Sicherheit für die allgemeine, politische und berufliche Bildung zu entwickeln. Eine inhaltliche Struktur könnte nach theoretischen, gesellschaftlichen und inhaltlichen Kontexten gestaltet werden.

Curriculare Struktur zur Integration von Sicherheit in der allgemeinen, politischen und beruflichen Bildung

<table>
<tr><td rowspan="1">Begründungsebene</td><td>Bedürfnis für pädagogische Auseinandersetzung
▼
• anthropologisch
• gesellschaftlich
• philosophisch-politisch</td><td>Situation
▼
• Risiken
• Gefahren
• Bedrohungen</td></tr>
<tr><td colspan="3"></td></tr>
<tr><td>Zielebene</td><td>Allgemeine Kompetenzen
• Medienkompetenz
• Partizipationskompetenz
• Kommunikative Kompetenz</td><td>Spezielle Befähigungen
• Rationales Sicherheitsempfinden
• Sicherheitsverständnis
• Sicherheitsdiskursivität
• Sicheres Handeln</td></tr>
<tr><td colspan="3"></td></tr>
<tr><td>Inhaltsebene</td><td colspan="2">Problemfelder
▼
Zusammenhänge:
• theoretisch
• gesellschaftlich
• global
Spannungsfelder:
• Gewalt
• Globale Risiken
• Gesellschaftsrisiken
• zu anderen Werten</td></tr>
<tr><td colspan="3"></td></tr>
<tr><td rowspan="3">Adressatenebene</td><td colspan="2">Schüler: Mündigkeit</td></tr>
<tr><td colspan="2">Erwachsene: politische Handlungsfähigkeit in Situationen aktualisieren, stärken, bei Bedarf fördern</td></tr>
<tr><td colspan="2">„Sicherheitsexperten“: berufliche Handlungskompetenz im gesellschafts-politischen Kontext</td></tr>
</table>

Tabelle 13

Sicherheit als gesellschaftlicher Wertbegriff (theoretische Zusammenhänge)

- Begriffsstrukturen
- Psycho-soziale Wahrnehmung: Sicherheitsgefühl, Sicherheitsbedürfnis, Sicherheitserwartung
- Sozio-kulturelle Kontexte: Stereotypen-Bildung, Feindbild-Entstehung, Interkulturalität
- Risiken, Gefahren, Bedrohungen
- Wertrelativismus und –konkurrenzen zu Freiheit, Frieden, Gerechtigkeit, Nachhaltigkeit, Wohlstand
- Sicherheit als Bedingung von Gesellschaften und Staatsbildung

Gesellschaftlicher Umgang mit Sicherheit

- Auswahl und Präsentationskriterien der Nachrichtenproduktion für die Medienberichterstattung
- Öffentliche Meinung und Einstellungen; politische Kultur; Umgang mit Demoskopie
- Politische Debatte und Sicherheitsdiskurse; Krisenkommunikation
- Experten und deren Befunde (Kriminalstatistiken, Risikoanalysen, Gewaltstudien); Risikokommunikation

Sicherheit im internationalen System

- Konfliktanalysen: Ursachen von (Un-)Sicherheit und Gewalt
- Globale Risiken sowie gesellschaftliche und internationale Auswirkungen auf Sicherheit
- Interessen und Programme von internationalen Akteuren und Institutionen

Diese Problemfelder können exemplarisch anhand konkreter Risiken, Bedrohungen und Gefahren behandelt werden. Dabei sind die Ziele der Sicherheitspolitik, die dabei eintretenden möglichen Nebenwirkungen sowie die Wechselbeziehungen zwischen den Risikobereichen und die Spannungsfelder zu anderen Werten zu reflektieren (Abbildung 18).

Als Auswahlschema ließe sich unterscheiden in globale Risiken, Gewaltrisiken und Gesellschaftsrisiken:

Globale Risiken

- Klimawandel
- Ernährungsmangel
- Armut
- Energiemangel
- Atomkraft
- Gentechnologien
- Banken-/Versicherungscrash
- Cyberworld/ IT/Daten

Gewaltrisiken

- Terrorismus
- Staatszerfall
- Massenvernichtungswaffen
- Asymmetrische Kriege
- Staatsbankrott
- Zwischenstaatliche Kriege
- Piraterie (auf Seetransporte)

Gesellschaftsrisiken

- Gefahrprodukte
- Verkehr
- Kriminalität und Gewalt

- Gefährliche Anlagen und Maschinen
- Fundamentalismus
- Seuchen/ Epidemien

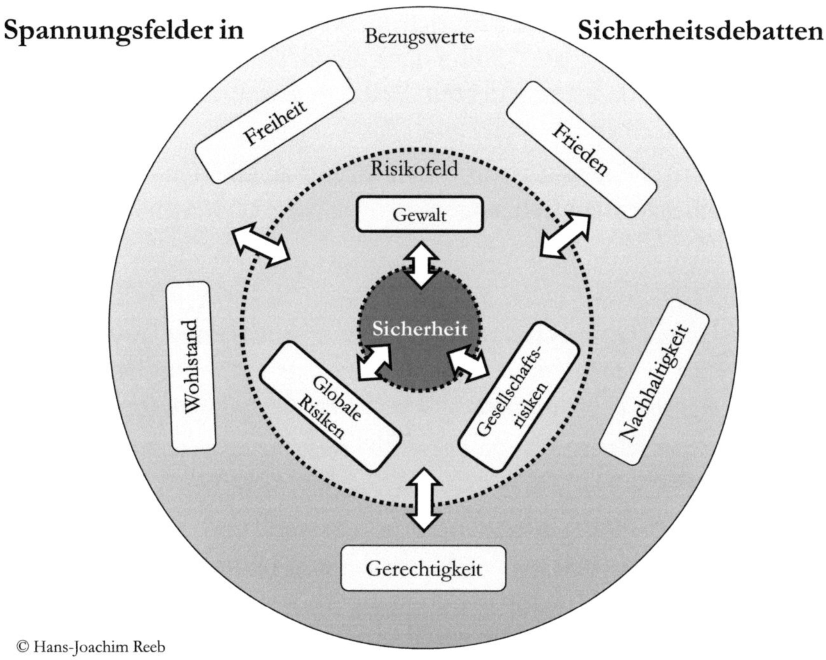

© Hans-Joachim Reeb

Abbildung 18

6.4 Erziehungswissenschaftliche Verankerung einer Pädagogik zur Sicherheit

Eine institutionelle Verankerung der Thematik ist einerseits für die Friedenspädagogik und andererseits für eine Militär-/Wehr- bzw. Verteidigungspädagogik diskutiert worden.

Die Friedenspädagogik ist derzeit nur am „*Zentrum für Friedensforschung und Friedenspädagogik*" an der Alpen-Adria-Universität Klagenfurt etabliert. In Deutschland befasst sich das „*Institut für Friedenspädagogik e.V.*" Tübingen außeruniversitär mit friedenserziehungswissenschaftlichen Fragen und praktischen Modellen. Nimmt man noch die „*Arbeitsgemeinschaft Friedenspädagogik*" (München) hinzu, sind alle größeren Institutionen genannt, von denen derzeit Beiträge zur Friedenspädagogik erwartet werden können.

Friedenspädagogik ist in Anknüpfung an die Tradition der kritischen Theorie gesellschaftsbezogen.

> „*Strukturelle und kulturelle Einflüsse sowie Bedingungen in Bezug auf Unfrieden und Gewalt und die daraus resultierenden Notwendigkeiten gesellschaftlicher Veränderungen sind ebenso im Blickfeld wie persönliche Verantwortungsbereiche und Handlungsmöglichkeiten*" (Grasse/Gruber/Gugel 2008: 13).

Aufgrund der gewandelten politischen und gesellschaftlichen Rahmenbedingungen hat es Friedenserziehung heute mit neuen Herausforderungen zu tun, d.h. „muss sich in einem veränderten nationalen wie internationalen, politischen wie gesellschaftlichen Bezugsrahmen neu positionieren" (Grasse/Gruber/Gugel 2008: 13). Damit greift sie aber gerade die Themen auf, die hier unter dem erweiterten Sicherheitsbegriff diskutiert werden.

Eine bewusste Abgrenzung und sogar Ablehnung fand zu den pädagogischen Aktivitäten und Initiativen der Institutionen statt, die sich mit Sicherheitsaufgaben beschäftigen. Für die Bundeswehr sind daher eigene Vorschläge zum Aufbau einer Wehrpädagogik (Portner u.a. 1977), Verteidigungspädagogik (van Trotsenburg 1987) bzw. Militärpädagogik (Royl 1992) entwickelt worden (Hartmann 2007: 238f.). Sie konnten sich wohl auch deshalb nicht durchsetzen, weil sie dem Militär eine gesellschaftlich eigenständige Rolle zubilligen wollten und ohne theoretische Anbindung abgeleitet wurden. Im Übrigen sind die oben skizzierten Vorbehalte und Animositäten gegenüber jedweder Wissenschaft und Forschung im „Gewaltsektor" innerhalb der Erziehungswissenschaften so stark ausgeprägt, dass sämtliche Überlegungen in dieser Richtung stigmatisiert wurden.

Gleichwohl gibt es in der Bundeswehr eine ausgeprägte pädagogische Praxis, die wissenschaftlich reflektiert werden müsste. Dazu schlägt Hartmann angelehnt an den erziehungswissenschaftlichen Diskurs vor 1945 (Erich Weniger, Herman Nohl) eine Militärpädagogik vor, die die pädagogische Praxis in das Bewusstsein innerhalb und außerhalb der Streitkräfte rücken könnte und Ressentiments gegenüber dem Militär abbauen helfen würde.

> *„In vielerlei Hinsicht könnte eine wissenschaftlich fundierte Militärpädagogik dazu beitragen, die Soldaten der Bundeswehr bei der Bewältigung neuer Aufgaben zu unterstützen. Ihre Ergebnisse leisteten nicht nur einen Beitrag zur Persönlichkeitsentwicklung der Soldaten und hülfen bei der Vor- und Nachbereitung sowie der Durchführung militärischer Einsätze. Sie offerierten auch Angebote zur Effizienzsteigerung der Bundeswehr bis hin zu einer tieferen Integration von Gesellschaft und Streitkräften* (Hartmann 2007: 94).

Diese an anderer Stelle ausführlich begründeten Impulse zu einem eigenständigen erziehungswissenschaftlichen Teilgebiet sind angesichts bereits etablierter Spezialdisziplinen (z.B. Sport- oder Musikpädagogik) für eine zentrale und große staatliche Institution nachvollziehbar. Die Erziehungswissenschaften dürften an diesem Sachverhalt auf Dauer nicht vorbei schauen. Das hier vertretene Verständnis von Sicherheit könnte durchaus Anschlussfähigkeit ermöglichen. Dazu wäre einerseits der Fokus auf den weiten Sicherheitsbegriff zu richten und müsste anderseits die wissenschaftliche Reflexion der pädagogischen Praxis in Sicherheitsinstitutionen und von Personen in sicherheitsrelevanten Aufgabenfeldern (z.B. Kriegsreporter, Diplomaten, Entwicklungshelfer) mit kritischem Blick erfolgen[71].

Eine erziehungswissenschaftliche Beschäftigung mit der Sicherheit, die für alle Bereiche des Bildungssystems angewendet werden soll, sollte letztendlich auf einem eigenen theoretischen Fundament basieren, das oben angedeutet wurde. Innerhalb dieses Bezugsfeldes hätte die Betrachtung sowohl von allgemeinen und politischen als auch von berufsbezogenen Bildungsaufgaben durchaus ihren Platz.

Als Teilbereiche einer solchen speziellen erziehungswissenschaftlichen Disziplin werden vorgeschlagen:

- Sicherheit als Gegenstand der Pädagogik: Theorien, Modelle und Methoden
- Bildung und Ausbildung in Institutionen mit Sicherheitsaufgaben
- Didaktik und Methodik der sicherheitspolitischen Bildung.

Die wissenschaftliche Betrachtung der gesellschaftlichen Dimensionen von Sicherheit hat in Deutschland Fuß gefasst. Eine Erziehungswissenschaft sollte in diesen Debatten nicht abseits stehen.

---

[71] Vgl. dazu das ausgearbeitete Konzept einer Rechtsausbildung in den Streitkräften, dem ebenfalls das demokratietheoretische Modell zugrunde liegt (Reeb 1989).

Zusammenfassung

Im Mittelpunkt der Analyse stehen die Überzeugungen, Werte und Praktiken, die das Sicherheits- bzw. Unsicherheitsgefühl von Staaten, Gesellschaften und Individuen bestimmen und die Sicherheitspolitik prägen. Dieser Sachverhalt kann mit dem Begriff Sicherheitskultur beschrieben werden. Eine solche Sicherheitskultur ist gekoppelt an eine (internationale) Kommunikation, die es erst ermöglicht, die eigene und die Sicherheit anderer zu reflektieren und nach außen zu kommunizieren. Auf der Individualebene sind pädagogische Maßnahmen erforderlich, um Sicherheit herzustellen.

Der hier zugrunde liegende Sicherheitsbegriff ist mehrdimensional. Er integriert das bisherige Verständnis von kollektiver Sicherheit mit Vorstellungen einer individualorientierten menschlichen Sicherheit. Entsprechend vielfältig sind auch die Ursachen für Risiken, Gefahren und Bedrohungen, die ein entsprechend breites Repertoire an Maßnahmen erforderlich machen. Sicherheit ist kein objektiver Tatbestand, sondern wird subjektiv durch Zuschreibung aufgrund der Wahrnehmung und Interpretation meist medialer Informationen gebildet.

Die Sicherheitskultur in Deutschland lässt sich mit Hilfe eines Analysemodells empirisch erfassen, in dem die Erwartungen der Gesellschaft in das politische System fließen, dort diskutiert und entschieden werden, um als Maßnahmen zurück in die Gesellschaft gebracht zu werden. Die Medien dienen als kommunikative Schnittstellen, die Gesellschaft und Politik verbinden. Die Legitimation der politischen Entscheidungen wird durch Öffentlichkeit hergestellt, die zwischen Input und Output einen permanenten Kommunikationsprozess erzeugt. Jedes Individuum kann sich daran beteiligen, bedarf dazu aber die nötigen Voraussetzungen, die durch Bildung garantiert werden sollen. Indem der Steuerungsprozess durch Herstellung von Öffentlichkeit legitimiert wird, gewinnt das politische System selbst an Stabilität. Dementsprechend muss eine Sicherheitspolitik gut begründet und im Wege der Teilhabe anerkannt sein, um auch akzeptiert zu werden.

Die Medien stellen den demokratietheoretischen Diskurs innerhalb des politischen Prozesses her. Sie agieren zu Fragen der Sicherheit im internationalen Umfeld, bleiben aber gesellschaftlich (national, kulturell) orientiert. Eine umfassende transnationale und -kulturelle Kommunikation kann nicht als gegeben angesehen werden.

Diese Überlegungen werden interdisziplinär, d.h. politik-, sozial-, kommunikations- und erziehungswissenschaftlich zu einem Konzept zusammengefasst. Sie folgen einem kritischen Demokratieverständnis, wonach eine Sicherheitskultur nicht nur beschrieben, sondern auch kritisch analysiert werden muss. Aus der Defizitanalyse sollen Maßnahmen in Richtung eines idealtypischen Zustandes entwickelt werden.

Die politischen Systeme werden im internationalen Umfeld durch Normen, Prozesse und Strukturen beeinflusst. Ordnungspolitische Normen stellen Werte und Zielvorstellungen für Sicherheit und Frieden in den internationalen Beziehungen dar. Vor allem durch die UN und ihre Sonderorganisation UNESCO vereinbarte Ziele für die Kommunikation, Bildung und Interkulturalität prägen ein breites Verständnis von Sicherheit, das Frieden, Gerechtigkeit, Menschenrechte, Grundfreiheiten und Diversität fördern helfen soll. Auf normativer Ebene spiegelt sich in Deutschland ein solches Verständnis von kollektiver und individueller Völkerverständigung in den verfassungsrechtlichen Grundlagen wider, kann also als Ausgangspunkt und Maßstab für Kommunikations- und Bildungsprozesse für die Förderung von Sicherheit verwendet werden.

Die ökonomisch-technologischen Prozesse der Kommunikation zeigen sich in den Entwicklungen der Globalisierung, Internationalisierung und Transnationalisierung. Kommunikation nimmt weltweit zu und verdichtet sich im Raum-Zeit-Verhältnis. Ökonomisches Denken bestimmt die Nachrichtenproduktion der Medien.

Diese Kommunikation trifft auf sozio-kulturelle Strukturen, die maßgeblich die Medieninhalte festlegen. Eine Fixierung auf den eigenen Kulturraum und eine Abgrenzung von *„Sinnstiftungszonen"* ist unverkennbar. Bei der Gestaltung einer gesellschaftlich geprägten Sicherheitskultur stellt sich die Herausforderung, die universellen Normen gegenüber den widerstrebenden Prozessen und Strukturen zu behaupten bzw. in ihrem Sinne zu beeinflussen.

Diese Feststellungen münden in die **These**, dass bei Vorliegen der normativen Bedingungen von Öffentlichkeit (Pressefreiheit, Partizipation) innerhalb eines Gesellschaftssystems ein für alle gerechtes Verständnis von Sicherheit ausgehandelt werden kann, das innerhalb des internationalen Systems durch mediale Kommunikation zwischen den Gesellschaften in Diskurs tritt. Während dazu auf der individuellen Ebene Kompetenzen zur Dialogbereitschaft (einschließlich interkultureller Kompetenz) vorhanden sein müssen, geht es auf der Makroebene um die Bildung von *„interkultureller Koexistenz"* (Bredow).

Das politische System erbringt Leistungen im politischen Prozess. Für die Sicherheitspolitik sind daran die *„Strategic Community"* und die politisch-administrativen Akteure beteiligt. Der politische Prozess untergliedert sich in Phasen der Meinungs- und der Entscheidungsbildung. Für die Meinungsbildung (Problemartikulation und –definition) sollte die *„Strategic Community"* als Scharnier zwischen Gesellschaft und dem politischen Entscheidungsprozess funktionieren. Akteure sind die politischen Parteien und die als *„Scientific Community"* zusammengefassten Forschungs-, Wissenschafts- und Beratungsakteure. Daneben wirken Interessengruppen und alternative Bewegungen auf die sicherheitspolitische Debatte ein.

Es gibt eine *„Strategic Community"* in Deutschland, die in kleinen, interessierten und informierten Foren stattfindet und folglich eine geringe Anschlussfähigkeit zur Gesellschaft und deren Erwartungen herstellt. Anstatt eine Debatte anzuregen, formuliert diese Informationselite die Trends in der Sicherheitspolitik, denen meist die Mitglieder der Gesellschaft mit zeitlichem Abstand folgen.

Im sicherheitspolitischen Entscheidungsprozess bestimmen Exekutive, Legislative und Verfassungsrechtsprechung die Leitlinien. Die Regierung besitzt mit ihrem administrativen Apparat und ihren Kontakten zu externen Entscheidungsträgern die Dominanz in der Ziel- und Maßnahmenformulierung. Neben internationalen Erwartungen spielen auch innenpolitischen Rücksichtnahmen eine Rolle. Die Legislative erfüllt ihre Öffentlichkeitsfunktion, wird aber durch parteipolitische Ansprüche und Geheimhaltungsregeln deutlich eingeschränkt. Dagegen füllt die Verfassungsrechtsprechung die prinzipiellen Lücken aus, für die die Politik keine Verantwortung übernehmen wollte.

Die meist im engeren Kreis von Öffentlichkeit getroffenen sicherheitspolitischen Entscheidungen und die Umsetzung der Ziele bedürfen der medialen Kommunikation. Die entsprechenden Grundannahmen, Strategien und Instrumente werden als sicherheitspolitisches Informations- und Kommunikationsmanagement bezeichnet. Grundsätzlich hilft Die Medien dienen erstens der Politik als Informationsquelle, sind zweitens ein eigenständiger sicherheitspolitischer Faktor und ermöglichen drittens als diplomatisches Instrument von der Politik eingesetzt zu werden. Aus diesen heterogenen Funktionen entwickelt die Politik ihr Verständnis für Information und Kommunikation als Legitimations- und Steuerungsinstrument, aber auch als Manipulationsinstrument. Das sicherheitspolitische Informations- und Kommunikationsmanagement lässt sich nach Ebenen darstellen und entsprechende Organisationen, Regeln und Maßnahmen zuordnen.

Innenpolitisch stehen sowohl die Information als auch die Bildung der eigenen Gesellschaft im Vordergrund. Die Informationsmaßnahmen entwickelten sich zur Sicherheitspolitik entlang eines *„News Managements"*, das auf die Medienlogik ausgerichtet ist und typische Elemente einer symbolischen Politik beinhaltet. Damit wird aber nur ein oberflächliches und verzerrtes Bild von Sicherheitspolitik vermittelt.

Ein Diskurs ließe sich durch Bildungsmaßnahmen herstellen. Aber nur 1980/83 wurde intensiv um den richtigen pädagogischen Weg in Deutschland gerungen. Heute stehen sicherheitspolitische Themen zwar in den curricularen Vorgaben und in Unterrichtsmaterialien, ein zwingendes schulisches Angebot wird damit aber nicht verbunden. Lediglich eine kleinere Gruppe von Schülern und Bürgern befasst sich mit dieser Thematik.

Innerhalb der Streitkräfte soll durch Bildung dem Leitbild vom Staatsbürger in Uniform näher gekommen werden. Seit Gründung der Bundeswehr sind dafür zahlreiche Informationsmedien und Bildungsprogramme entwickelt worden. Erfolge sind aber eher nur bei den länger dienenden Soldaten zu erkennen. Für das Spitzenpersonal in Militär, Diplomatie und Verwaltung stehen exklusive hochwertige Bildungsinstitutionen und –maßnahmen zur Verfügung. Insgesamt wäre Sicherheitspolitik ohne die Aktivitäten der Bundeswehr im deutschen Bildungssystem kaum abgebildet.

Als strategisches Informations- und Kommunikationsmanagement werden die Aktivitäten aus der Exekutive bezeichnet, die Einfluss auf auswärtige Akteure mittels Informations- und Bildungsmaßnahmen nehmen. Dazu gibt es in Deutschland eine Auswärtige Kultur- und Bildungspolitik, die mit Hilfe verschiedener Instrumente zur Imagebildung des Landes und zu einem interkulturellen Dialog zwischen den Völkern anregen will. Durch das BMZ werden auch Bildungs- und Medienförderungsprogramme im Ausland unterstützt.

In Krisen, Konflikten und Kriegen wird das Informations- und Kommunikationsmanagement besonders herausgefordert. Es muss einen Spagat zwischen den Interessen der eigenen Gesellschaft und den kommunikativen „Abwehrmaßnahmen" von Gewaltgegnern vollziehen. Damit bewegen sich die politischen Akteure auf einem schmalen Grad, einerseits glaubwürdige und wahrheitsgemäße Argumente für einen militärischen Einsatz zu artikulieren und andererseits solche Informationen zu verschweigen oder zu verzerren, die einen solchen Einsatz gefährden könnten.

Die Kommunikation hat sich hierzu professionalisiert und entlang von PR spezifische Ziele, Strukturen, Regeln und Strategien herausgebildet. Dazu sind in den einzelnen Kriegen nach 1945 verschiedene Steuerungsinstrumente im Umgang mit den Medien entwickelt und meist auch kurzfristig erfolgreich eingesetzt worden. Eigenständige Organisationselemente unterstützen diese Maßnahmen.

Die Wirksamkeit des sicherheitspolitischen Informations- und Kommunikationsmanagement hängt wesentlich davon ab, inwieweit die an Glaubwürdigkeit, Offenheit und Wahrhaftigkeit orientierten Prinzipien an Information und Kommunikation aufgrund des Konfliktverlaufs und der gegnerischen Einwirkungen annähernd berücksichtigt werden konnten.

Das Mediensystem wird durch die Trends zur Globalisierung und Digitalisierung beeinflusst. Es bilden sich in der sicherheitspolitischen Berichterstattung idealtypisch drei Rollenverständnisse von Journalismus heraus. Eines lehnt sich an das jeweilige politisch-kulturelle System an, ein weiteres verfolgt weitgehend die eigenen ökonomischen Interessen und ein drittes ist an den publizistischen Prinzipien orientiert. Wie tatsächlich diese Rollen ausgeübt werden, hängt von weiteren externen und internen Einflussfaktoren ab.

Es gibt kein einheitlich organisiertes globales Nachrichtensystem, wohl hatten sich aber bisher Weltnachrichtenagenturen und westliche TV-Networks etablieren können. Heute gibt es eine Vielzahl an Informationsanbietern, gerade auch aus der arabischen Welt. Damit wird um die Deutungshoheit der weltweit auftretenden Ereignisse gerungen.

Im deutschen Journalismus ist man größtenteils auf diese Fremdinformationen angewiesen, das eigene Korrespondentennetz ist im letzten Jahrzehnt geschrumpft. Wenige Journalisten beschäftigen sich in Deutschland mit der Sicherheitspolitik. Neben dem traditionellen Journalismus bekommen die Online-Angebote ein größeres Gewicht.

Thematisch richtet sich die sicherheitspolitische Berichterstattung an allgemein akzeptierten Faktoren zur Auswahl von Weltnachrichten aus. Dazu gehören Negativismus und ein Bezug zum jeweiligen Land. Für die Kriegsberichterstattung gelten noch weitere Regeln, da der Journalist auch immer im eigenen politischen und kulturellen System eingebunden ist und in Krisengebieten der Zugang zu Informationen verknappt wird.

Sicherheitspolitik ist in der deutschen Berichterstattung außerhalb der Beschreibung von Konflikten unspektakulär. Ein besonderes Interesse ist in den letzten Jahrzehnten durch die Auslandseinsätze der Bundeswehr entstanden. Die journalistische Debatte ist stark innenpolitisch geprägt, die Berichte nehmen zu spektakulären Ereignissen zu. Das lässt sich an der Afghanistan-Berichterstattung feststellen.

Als neue Bedrohung ist seit 2001 der Islamismus von den Medien etikettiert worden. Die Darstellung des Islam in Deutschland ist von Stereotypen geprägt und hebt den Konflikt als Beschreibungsmerkmal hervor. Nachrichten über Sicherheitspolitik werden nach den Kriterien Dramaturgisierung, Ästhetisierung und Visualisierung ausgerichtet. Insgesamt entsteht ein medial konstruiertes Bild von der Welt. Die tatsächlichen Entscheidungsabläufe geraten dabei außer Blick.

Das Bild von Sicherheitspolitik wird auch durch fiktionale Inhalte, wie Fernsehfilme oder Computerspielrollen, mitgeprägt. Für den Bereich der Bildung sind Unterrichtsmaterialien zu dem Thema entwickelt worden.

Die Beeinflussung von Politik und Medien mit Blick auf die Gesellschaft erfolgt wechselseitig, so dass ein symbiotisches Verhältnis zwischen den Akteuren festgestellt werden kann.

Die Rolle der Gesellschaft lässt sich theoretisch mit der Öffentlichen Meinung beschreiben. Es konkurrieren verschiedene Erklärungsmodelle, die das Verhältnis zwischen Eliten und Bevölkerung unterschiedlich gewichten. In der Sicherheitspolitik werden Erwartungen der Gesellschaft unter bestimmten Bedingungen sehr wohl von den politischen Akteuren ins Kalkül gezogen.

Die Meinungsbildung erfolgt auf der Grundlage von geringen Kenntnissen und einem distanzierten Interesse an der Sicherheitspolitik. Lediglich eine kleine Gruppe an aufgrund gezielter Mediennutzung und Teilnahme an Bildungsveranstaltungen gut Informierten kann fundiert mitreden. Ein Grundvertrauen zur Sicherheitspolitik und der sie tragenden Institutionen ist dennoch vorhanden.

Die Einstellungen zur Sicherheitspolitik sind in Deutschland langfristig geprägt und können als *„Kultur der Zurückhaltung"* gekennzeichnet werden. Deutschland wird eher als Wirtschaft- denn als Militärmacht gesehen. Sicherheit gilt als gesellschaftlich hoher Wert, wobei vorrangig die Elemente einer sozialen bzw. existentiellen Sicherheit gemeint sind. Friedenssicherung wird als weniger wichtiges politisches Thema angesehen. Solche Prioritätensetzungen sind stark medial beeinflussbar. Der Einsatz militärischer Gewalt wird von den Deutschen prinzipiell und nur unter moralischen Gründen akzeptiert. Die Bereitschaft, sich aktiv an der Sicherheitspolitik zu beteiligen, ist sehr begrenzt.

Die Analyse hat Defizite in der Sicherheitskultur, bewertet nach dem Idealbild von Öffentlichkeit, erbracht. Daher werden zum Ausgleich bzw. zur Minimierung dieser Defizite Bildungsmaßnahmen vorgeschlagen. Die Beschäftigung mit der Sicherheit in der Pädagogik lässt sich anthropologisch, gesellschaftlich und philosophisch-politisch herleiten. Der Mensch strebt von Natur aus nach Sicherheit. Diese sollte aber im gegenseitigen Einverständnis aller Individuen gesellschaftlich ausgehandelt werden. Letztendlich geht jede Staatsbildung aus diesem Bedürfnis nach Sicherheit hervor. Jeder Einzelne ist aufgerufen, sich an diesem Zustand zu beteiligen. Sicherheit muss heute global entwickelt werden.

Der Bildungsauftrag für Sicherheit leitet sich aus einem offenen verfassungsrechtlichen Verständnis ab, das die Förderung der Persönlichkeit zum obersten Ziel hat. Damit ergeben sich kognitive, affektive und soziale Kompetenzen, die zur Beschäftigung mit der Sicherheit beim Individuum herauszubilden sind. Zu entwickeln sind ein rationales Sicherheitsempfinden, ein Sicherheitsverständnis, die Bereitschaft zu Sicherheitsdiskursen sowie ein sicherheitsbewusstes Handeln. Diese Befähigungen können nur im Zusammenwirken mit Medienkompetenz, Partizipationskompetenz sowie kommunikativer Kompetenz erworben werden. Sie sind auf die konkreten individuellen, gesellschaftlichen und globalen Dimensionen von Sicherheit zu beziehen.

Die bisherigen Bemühungen für pädagogische Maßnahmen zur Sicherheit reichen nicht aus, diese Kompetenzen zur fördern. Eine Institutionalisierung von Sicherheit im Bildungssystem sollte Bildung als integralen und interdisziplinären Lernprozess von allgemeinen, politischen und beruflichen Elementen verstehen, zum lebenslangen und selbstverantwortlichen Lernen anregen sowie die Inhaltsbestimmung offen halten.

Diese didaktischen Rahmenbedingungen sind für die Erstellung eines pädagogischen Konzeptes zur Verbesserung der Sicherheitskultur leitend. Die Ziele zur Sicherheit lassen sich durch die Aufbereitung von Inhalten in Problemfeldern verfolgen. Diese können strukturiert werden in theoretische, gesellschaftliche und internationale Bezüge. Die Thematisierung erfolgt inhaltlich anhand konkreter Risiken, Bedrohungen und Gefahren. Sicherheit wird dabei in einem Spannungsverhältnis zu Risikofeldern und zu anderen Werten gesetzt.

Eine Institutionalisierung der Sicherheit als eine Spezialdisziplin in den Erziehungswissenschaften könnte durch Öffnung der Friedenspädagogik für Fragestellungen zur Sicherheit sowie unter Berücksichtigung der pädagogischen Praxis in Sicherheitsinstitutionen angeregt werden.

Literaturverzeichnis

Akademie der Bundeswehr für Information und Kommunikation (Hrsg.) (1997): Demoskopisches Meinungsbild in Deutschland zur Sicherheits- und Verteidigungspolitik 1997, Strausberg.

Albrecht, Hans-Jörg (2011): Neue Bedrohungen? Wandel von Sicherheit und Sicherheitserwartungen, in: Zoche, Peter/ Kaufmann, Stefan/ Haverkamp, Rita (Hrsg.): Zivile Sicherheit. Gesellschaftliche Dimensionen gegenwärtiger Sicherheitspolitiken, Bielefeld: transcript, S. 111-127.

Albrecht, Ulrich/ *Becker,* Jörg (2002) (Hrsg.): Medien zwischen Krieg und Frieden, Baden-Baden: Nomos.

Alemann, Ulrich von/ *Strünck,* Christoph (1999): Die Weite des politischen Vor-Raumes, in: Kamps, Klaus (Hrsg.): Elektronische Demokratie?, Opladen/ Wiesbaden: Westdeutscher Verlag, S. 21-38.

Almond, Gabriel A./ *Powell,* G. Bingham (1966): Comparative Politics. A Developmental Approach, Boston: Little, Brown 1966.

Anker, Ingrid/ *Zelinka,* Fritz (1980): Erziehung zur Wehrpflicht? Eine Inhaltsanalyse sicherheitspolitischen Lehrstoffs in Sozialkundebüchern der Bundesrepublik Deutschland. Frankfurt/M.: Lang.

Arnold, Klaus (2003): Propaganda als ideologische Kommunikation, in: Publizistik, 1/2003, S. 63-82.

Asmus, Ronald D. (1996): Das Meinungsbild der deutschen Elite zur Außen- und Sicherheitspolitik, in: Reader Sicherheitspolitik, Teil 1, Nr. VI.3. (Ergänzungslieferung 8-9/96).

Auswärtiges Amt (2005): Wo die Musik spielt. Kultur und Kommunikation in der deutschen Außenpolitik, Berlin.

Autorengruppe Fachdidaktik (2011): Konzepte der politischen Bildung. Eine Streitschrift, Schwalbach/Ts.: Wochenschau-Verlag.

Bartsch, Sebastian (1998): Außenpolitischer Einfluss und Außenbeziehungen der Parteien, in: Eberwein, Wolf-Dieter/ Kaiser. Karl (Hrsg.): Deutschlands neue Außenpolitik. Band 4: Institutionen und Ressourcen, München: Oldenbourg, S. 167-184.

Becker, Konrad. u.a. (2002): Die Politik der Infosphäre. World-Information.org, Bonn: Bundeszentrale für politische Bildung.

Beer, Thomas (2006): Politikberatung in der Sicherheitspolitik, in: Falk, Svenja u.a. (Hrsg.): Handbuch Politikberatung, Wiesbaden: VS Verlag für Sicherheitspolitik, S. 536-545.

Bellers, Jürgen (1999): Politische Kultur und Außenpolitik im Vergleich, München/ Wien: Oldenbourg

Bellers, Jürgen/ *Wehmeier,* Klaus (1980): Medienberichterstattung als Faktor im außenpolitischen Entscheidungsprozess, in: Politische Vierteljahresschrift, S. 321-345.

Bentele, Günter (1993): Krieg, Journalismus und Wahrheit. Zum Verhältnis von Kriegsrealität, Medienrealität und symbolischer Politik im Golfkrieg, in: Bonfadelli, Heinz/ Meier, Werner A. (Hrsg.): Krieg, Aids, Katastrophen, Konstanz: UVK, S. 121-147.

Berliner Debatte Initial (2002): Themenheft „Europäische Öffentlichkeit“, 5-6/2002.

Bertelsmann-Stiftung (2007): Wer regiert die Welt? Ergebnisse der zweiten Repräsentativbefragung in den Ländern Brasilien, China, Deutschland, Frankreich, Großbritannien, Indien, Japan, Russland und USA, Gütersloh: Bertelsmann

Bevc, Tobias/ *Zapf*, Holger (2009) (Hrsg.): Wie wir spielen, was wir werden. Computerspiele in unserer Gesellschaft, Konstanz: UVK.

Biehl, Heiko/ *Fiebig,* Rüdiger (2011): Zum Rückhalt der Bundeswehr in der Bevölkerung. Empirische Hinweise zu einer emotional geführten Debatte, in: SOWI. Thema, 2/2011, S. 4-15.

Biehl, Heiko/ *Jacobs,* Jörg (2007): Freundliches Desinteresse? Zur sicherheitspolitischen Sensitivität der deutschen Bevölkerung, in: if. Zeitschrift für Innere Führung, 4/2007, S. 52-55.

Biehl, Heiko/ *Jacobs,* Jörg (2009): Öffentliche Meinung und Sicherheitspolitik, in: Böckenförde, Stephan/ Gareis, Sven Bernhard (Hrsg.): Deutsche Sicherheitspolitik, Opladen & Farmington Hills: Verlag Barbara Budrich, S. 233-252.

Bilke, Nadine (2008): Qualität in der Krisen- und Kriegsberichterstattung. Ein Modell für einen konfliktsensitiven Journalismus, Wiesbaden: VS Verlag für Sozialwissenschaften.

Böckenförde, Stephan (2009): Die Veränderung des Sicherheitsverständnisses, in: Böckenförde, Stefan/ Gareis, Sven Bernhard (Hrsg.): Deutsche Sicherheitspolitik, Opladen: Verlag Barbara Budrich, 11-44.

Böckenförde, Stephan/ *Jacobs,* Jörg (2009): Krieg und Öffentlichkeit. Wandel des Kriegsbildes in Europa und Deutschland, in: IF. Zeitschrift für Innere Führung, 2/2011, S. 25-30.

Bockstette, Carsten/ *Quandt*, Siegfried/ *Jertz*, Walter (2006) (Hrsg.): Strategisches Informations- und Kommunikationsmanagement. Handbuch der sicherheitspolitischen Kommunikation und Medienarbeit, Bonn: Mittler.

Bonß, Wolfgang (2011): (Un-)Sicherheit in der Moderne, in: Zoche, Peter/ Kaufmann, Stefan/ Haverkamp, Rita (Hrsg.): Zivile Sicherheit. Gesellschaftliche Dimensionen gegenwärtiger Sicherheitspolitiken, Bielefeld: transcript, S. 43-69.

Bothe, Michael (1995): Erziehungsauftrag und Erziehungsmaßstab der Schule im freiheitlichen Verfassungsstaat, in: Veröffentlichungen der Vereinigung der Deutschen Staatsrechtslehrer, Heft 54. Berlin/ New York.

Breckl, Sylvia (2006): Auslandsberichterstattung im Deutschen Fernsehen über die Dritte Welt. Berlin: Frank & Timme.

Bredow, Wilfried von (1999): Politikwissenschaft und Öffentlichkeit: Die ambivalente Service-Funktion professioneller Beobachter politischer Vorgänge im diffusen demokratischen Diskurs, in: Gareis, Sven B./ Zimmermann, Rolf (Hrsg.), Sicherheitspolitische Kommunikation, Baden-Baden: Nomos, S. 59-72.

Bredow, Wilfried von (2008): Militär und Demokratie in Deutschland. Eine Einführung, Wiesbaden: VS Verlag für Sozialwissenschaften.

Brettschneider, Frank (1998): Massenmedien, Öffentliche Meinung und Außenpolitik, in: Eberwein, W.-F./ Kaiser, K. (Hrsg.): Deutschlands neue Außenpolitik. Band 4: Institutionen und Ressourcen, München: Oldenbourg, S. 215-238.

Breunig, Christian (1996): Internationale Kommunikationspolitik im Wandel. Alte und neue Initiativen der UNESCO, in: Meckel, Miriam/ Kriener, Markus (Hrsg.): Internationale Kommunikation, Opladen, S. 67-83.

Brock, Lothar (2005): Neue Sicherheitsdiskurse – Vom „erweiterten Sicherheitsbegriff" zur globalen Konfliktintervention, in: Wissenschaft & Frieden, 5/2005.

Broschart, Monika (1978): Erziehung zum Frieden. Auseinandersetzung mit friedenspädagogischen Konzepten in der Bundesrepublik Deutschland. Frankfurt/M: Peter Lang.

Brown, Robin (2003): Spinning The War: Political Communications, Information Operations and Public Diplomacy in the War on Terrorism, in: Thussa, Daya Kishan / Freedman, Des (Hrsg.): War and the Media. Reporting Conflict 24/7, London & Thousand Oaks, CA: Sage, S. 87-100.

Brüggemann, Michael/ *Weßler,* Hartmut (2009): Medien im Krieg. Das Verhältnis von Medien und Politik im Zeitalter transnationaler Konfliktkommunikation, in: Marcinkowski, Frank/ Pfetsch, Barbara (Hrsg.): Politik in der Mediendemokratie. Politische Vierteljahresschrift Sonderheft 42, S. 635-657.

Bulmahn, Thomas (2007): Berufswahl Jugendlicher und Interesse an einer Berufstätigkeit bei der Bundeswehr. Ergebnisse der Jugendstudie des Sozialwissenschaftlichen Instituts der Bundeswehr. Forschungsbericht 80, Strausberg.

Bulmahn, Thomas (2008): Öffentliche Wahrnehmung der Bundeswehr. Medienberichte und Medienwirkungen, in: Hettling, Manfred/ Echternkamp, Jörg (Hrsg.): Bedingt erinnerungsbereit. Soldatengedenken in der Bundesrepublik, Göttingen: Vandenhoeck & Ruprecht, S. 151-161.

Bulmahn, Thomas (2008a): Medienberichte über die Bundeswehr und deren Wirkung auf die öffentliche Meinung in den Streitkräften und zu den Auslandseinsätzen, in: Ose, Dieter (Hrsg.): Sicherheitspolitische Kommunikation im Wandel, Baden-Baden: Nomos, S. 155-169.

Bulmahn, Thomas (2009): Wahrnehmung und Bewertung der Bundeswehr, in: Bulmahn, Thomas u.a.: Sicherheits- und verteidigungspolitisches Meinungsklima in der Bundesrepublik Deutschland. Ergebnisse der Bevölkerungsumfrage 2008, Strausberg: Sozialwissenschaftliches Instituts der Bundeswehr, S. 41-60.

Bulmahn, Thomas (2010): Sicherheits- und verteidigungspolitisches Meinungsklima in Deutschland. Ergebnisse der Bevölkerungsumfrage 2009. Kurzbericht, Strausberg: Sozialwissenschaftliches Instituts der Bundeswehr.

Bulmahn, Thomas (2011): Wahrnehmung der Bundeswehr in den Medien und im persönlichen Umfeld, in: Bulmahn, Thomas/ Fiebig, Rüdiger/ Hilpert, Carolin (Hrsg.): Sicherheits- und verteidigungspolitisches Meinungsklima in der Bundesrepublik Deutschland. Ergebnisse der Bevölkerungsumfrage 2010, Strausberg: Sozialwissenschaftliches Instituts der Bundeswehr, S. 81-85.

Bulmahn, Thomas (2011a): Bedrohungswahrnehmung und Sicherheitsgefühl, in: Bulmahn, Thomas/ Fiebig, Rüdiger/ Hilpert, Carolin (Hrsg.): Sicherheits- und verteidigungspolitisches Meinungsklima in der Bundesrepublik Deutschland. Ergebnisse der Bevölkerungsumfrage 2010, Strausberg: Sozialwissenschaftliches Instituts der Bundeswehr, S. 91-97.

Bulmahn, Thomas (2011b): Die Bundeswehr – ein attraktiver Arbeitgeber? in: IF. Zeitschrift für Innere Führung, 2/2011, S. 60-63.

Bulmahn, Thomas/ *Fiebig,* Rüdiger (2011): Einstellungen zur Bundeswehr und Bewertung der gesellschaftlichen Anerkennung, in: Bulmahn, Thomas/ Fiebig, Rüdiger/ Hilpert, Carolin (Hrsg.): Sicherheits- und verteidigungspolitisches Meinungsklima in der Bundesrepublik Deutschland. Ergebnisse der Bevölkerungsumfrage 2010, Strausberg: Sozialwissenschaftliches Instituts der Bundeswehr, S. 67-73.

Bundesministerium der Verteidigung (BMVg) (2011): Konzeption der Bundeswehr vom 18.5.2011, Berlin.

Bundesministerium der Verteidigung. Generalinspekteur der Bundeswehr (2005): Teilkonzeption Informationsarbeit der Bundeswehr, Bonn.

Bundesministerium der Verteidigung. Presse- und Informationsstab (1989): Meinungsbild in der Bundesrepublik Deutschland zur Sicherheitspolitik. EMNID-Umfrage, Bonn.

Bundesministerium der Verteidigung. Presse- und Informationsstab (2000): Jugendumfrage SINUS-Trend, Bonn.

Bundesministerium der Verteidigung. Presse- und Informationsstab (2001) (Hrsg.): EMNID-Umfrage, SLP 2001 (online).

Bundesministerium der Verteidigung. Presse- und Informationsstab (2002) (Hrsg.): EMNID-Umfrage, März 2002 (online)

Bundesministerium der Verteidigung. Presse- und Informationsstab (2010): Jahresbericht der Jugendoffiziere der Bundeswehr 2009, Bonn.

Bundesministerium der Verteidigung. Presse- und Informationsstab (2011): Jahresbericht der Jugendoffiziere der Bundeswehr 2010, Bonn.

Bundesministerium für Bildung und Forschung (BMBF) (2007) (Hrsg.): Zur Entwicklung nationaler Bildungsstandards – Expertise. Unveränd. Aufl. Berlin.

Bundesministerium für wirtschaftliche Zusammenarbeit und Entwicklung (BMZ) (2010): Zehn Ziele für Bildung. BMZ Bildungsstrategie 2010-2013, Berlin (Entwurf).

Bundesregierung (2004): Aktionsplan „Zivile Krisenprävention, Konfliktlösung und Friedenskonsolidierung", Berlin, 12.05.2004.

Bundesregierung (2007): Auswärtige Kulturpolitik. Antwort auf Große Anfrage der Fraktion BÜNDNIS 90/DIE GRÜNEN – BT-Drucksache 16/2233 – vom 11.01.2007

Bundesregierung (2009): Bericht zur Auswärtigen Kulturpolitik 2008/2009, Berlin.

Bundesverband Sicherheitspolitik an Hochschulen (2011) (Hrsg.): Schwerpunkt Medien – Krieg – Sicherheit, in: Adlas. Magazin für Außen- und Sicherheitspolitik, 2/2011.

Bundesverfassungsgericht (BVerfG): Beschluss vom 22.02.2002 – 2 BvL 5/99.

Bundesverfassungsgericht (BVerfG): Urteil vom 12.07.1994 – 2 BvE 3/92, 2BvE 5/93, 2BvE 7/93, 2BvE 8/93 (=NJW 1994, S. 2207).

Bundesverfassungsgericht (BVerfG): Urteil vom 15.02.2006 – 1 BvR 357/05.

Bundeszentrale für politische Bildung in Kooperation mit FSF, HSFK und IBI (2009): Krieg in den Medien. Ein multimediales Lernangebot für Schule und Jugendarbeit, DVD 2. Aufl., Bonn.

Bürger, Peter (2005): Bildermaschine für den Krieg. Über Geschichte, Ziele und Kritik der Pentagon-Filmarbeit, in: Telepolis (http://www.heise.de/tp/artikel/20/20113/1.html).

Buro, Andreas (2011): Friedensbewegung, in: Gießmann, Hans J./ Rinke, Bernhard (2011) (Hrsg.): Handbuch Frieden, Wiesbaden: VS Verlag für Sozialwissenschaften, S. 113-124.

Busch, Sandra/ *Florian,* Daniel (2007): Die neuen Diplomaten. Public Diplomacy und die Rolle von Kommunikationsagenturen in der Außenpolitik, in: Tenscher, Jens/ Viehrig, Henrike (Hrsg.): Politische Kommunikation in internationalen Beziehungen. Berlin: LIT-Verlag, S. 215-233.

Callies, Jörg (1999): Sicherheitspolitische Kommunikation. Über Strukturen und Defizite im Prozess der gesellschaftlichen Auseinandersetzung mit den Fragen nach Sicherheit und Frieden, in: Gareis, Sven B./ Zimmermann, Rolf (Hrsg.), Sicherheitspolitische Kommunikation, Baden-Baden: Nomos, S. 29-40.

Clement, Rolf (1999): Sicherheitspolitik und Medien – Aus der Perspektive des Rundfunks, in: Gareis, Sven B./ Zimmermann, Rolf (Hrsg.), Sicherheitspolitische Kommunikation, Baden-Baden: Nomos, S. 84-88.

Collmer, Sabine (2002): Einstellungsmuster der deutschen Bevölkerung zu Fragen einer gemeinsamen Sicherheitspolitik, in: Ernst, Werner W./ Kernic, Franz (Hrsg.), Öffentliche Meinung und europäische Sicherheitspolitik, Baden-Baden: Nomos, S. 147-197.

Daase, Christopher (2010): Wandel der Sicherheitskultur, in: Aus Politik und Zeitgeschichte, 50/2010, S. 9-16.

Damm, Tile von (2002): Die Öffentlichkeitsarbeit der Bundeswehr - die Truppe als modernes Promotion- und Marketingunternehmen, in: Albrecht, Ulrich/ Becker, Jörg (Hrsg.): Medien zwischen Krieg und Frieden. Baden-Baden: Nomos, S. 55-63.

Dauber, Cori E. (2006): Life in Wartime: Realtime War, Realtime Critique; Fighting in the New Media Environment, in: Britt, Thomas/ Castro, Carl/ Adler, Amy (Hrsg.): Military Life: The Psychology of Serving in Peace and Combat, Vol. 4: Military Culture Westport, Ct: Praeger Security International, S. 180-210.

Der Beauftragte der Bundesregierung für Kultur und Medien (2008): Medien- und Kommunikationsbericht der Bundesregierung 2008, Berlin.

Deutsch, Karl W. (1969): Politische Kybernetik. Modelle und Perspektiven, Freiburg/Br.: Rombach Verlag.

Deutsche Gesellschaft für Auswärtige Politik (DGAP) (2009): Trends der deutschen Außenpolitik. Erste außenpolitische Elitestudie. Kurzversion, Berlin.

Deutsche UNESCO-Kommission (2011): Weltbericht 2011 „Bildung für alle“. Kurzfassung. Die unbeachtete Krise: Bewaffneter Konflikt und Bildung, Bonn.

Deutscher Bundeswehrverband (2007): Umfrage zur Berufszufriedenheit, Berlin.

Dietz, Bernhard/ *Menzel*, Ulrich (2001): „Brandstifter“ oder Anwälte des demokratischen Friedens? Die Rolle der Medien in bewaffneten Konflikten, TU Braunschweig, Institut für Sozialwissenschaft, Forschungsbericht Nr. 27.

Dietz, Bernhard (2000): Medienberichterstattung, „Öffentliche Meinung“ und Außenpolitik. Grundelemente eines interdisziplinären Forschungsansatzes, TU Braunschweig, Institut für Sozialwissenschaft, Forschungsbericht Nr. 35.

Donges, Patrick/ *Jarren*, Otfried (2010): Politische Kommunikation – Akteure und Prozesse, in: Bonfadelli, Heinz/ Jarren, Otfried/ Siegert, Gabriele (Hrsg.): Einführung in die Publizistikwissenschaft, Bern/ Stuttgart/ Wien: Haupt Verlag, S. 405-426.

Dorn, Juliana (2008): Außenpolitische Kommunikation und Konfliktmanagement. Eine vergleichende Analyse außenpolitischer Kommunikation in sicherheitspolitischen Spannungsfeldern westlicher Demokratien seit dem Ende des Kalten Krieges, Diss. Passau.

Dreßler, Angela (2008): Nachrichtenwelten. Hinter den Kulissen der Auslandsberichterstattung, Bielefeld: transcript.

Duchrow, Ulrich/ *Eckertz*, Rainer (Hrsg.) (1998): Die Bundeswehr im Schulunterricht. Ein Prozess gegen Indoktrinierung. Baden-Baden: Nomos.

Duchscherer, Matthias (2008): Der Internetauftritt der Bundeswehr, in: Ose, Dieter (Hrsg.): Sicherheitspolitische Kommunikation im Wandel, Baden-Baden: Nomos, S. 183-204.

Easton, David (1965): A Systems Analysis of Political Life, New York: Wiley.

Eberle, Eva-Maria (2003): Côte d`Ivoire. Medien als Mordinstrumente, in: Der Überblick, 4/2003, S. 32-33.

Eckert, Dirk (2001): Theorie und Praxis der Information Warfare in den USA. Kölner Arbeitspapiere zur internationalen Politik, 1/2001.

Egbering, Christian (2011): Zwischen Ziviler Konfliktbearbeitung und Militärintervention, in: vorgänge, 1/2011, S. 118-128.

Eilders, Christiane/ *Hagen,* Lutz M. (2005): „Kriegsberichterstattung als Thema kommunikationswissenschaftlicher Forschung“, Medien & Kommunikationswissenschaften, 1-2/ 2005, S. 205-221.

Elter, Andreas (2005): Die Kriegsverkäufer. Geschichte der US-Propaganda 1917-2005, Frankfurt/Main: Suhrkamp Verlag.

Endres, Jürgen (2010): Das Konzept des „interkulturellen Dialogs, Bern.

Esser, Frank (2003): Bilanz der komparativen politischen Kommunikationsforschung, in: Esser, Frank/ Pfetsch, Barbara (Hrsg.): Politische Kommunikation im internationalen Vergleich, Wiesbaden: Westdeutscher Verlag, S. 437-494.

EUGH, Urteil vom 11.01.2000 – C-285/98.

Fengler, Susanne/ *Vestring,* Bettina (2009): Politikjournalismus, Wiesbaden: VS. Verlag für Sozialwissenschaften.

Fiebig, Rüdiger (2009): Auslandseinsätze der Bundeswehr, in: *Bulmahn,* Thomas u.a. (2009): Sicherheits- und verteidigungspolitisches Meinungsklima in der Bundesrepublik Deutschland, Ergebnisse der Bevölkerungsumfrage 2008, Strausberg: Sozialwissenschaftliches Institut der Bundeswehr, S. 79-97.

Fiebig, Rüdiger (2011): Kenntnisse über die Auslandseinsätze der Bundeswehr, in: Bulmahn, Thomas/ Fiebig, Rüdiger/ Hilpert, Carolin (Hrsg.): Sicherheits- und verteidigungspolitisches Meinungsklima in der Bundesrepublik Deutschland. Ergebnisse der Bevölkerungsumfrage 2010, Strausberg: Sozialwissenschaftliches Instituts der Bundeswehr, S. 29-35.

Florak, Martin (2005): Kriegsbegründungen. Sicherheitspolitische Kultur in Deutschland nach dem Kalten Krieg. Marburg: tectum-Verlag.

Forster, Peter (2004): Zu gut, um wahr zu sein: Jessica Lynch: Dichtung und Wahrheit, in: Schweizer Soldat, 5/2004, S. 10-12.

Frieters-Reermann, Norbert (2010): Frieden lernen aus systemisch-konstruktivistischer Perspektive. Ein Beitrag zur überfälligen Theoriediskussion innerhalb der Friedenspädagogik, in: Die Friedens-Warte, 3/2010, S. 29-51.

Fröhlich, Romy/ *Scherer*, Helmut/ *Scheufele,* Bertram (2007): Kriegsberichterstattung in deutschen Qualitätszeitungen. Eine inhaltsanalytische Langzeitstudie zu Framingprozessen, in: Publizistik, 1/2007, S. 11-32.

Gabbert, Wolfgang (2010): Gefühltes Risiko. Wie soziale und kulturelle Faktoren das Sicherheitsempfinden des Menschen beeinflussen, in: Unimagazin. Zeitschrift der Leibnitz Universität Hannover, 03-04/2010, S. 6-8.

Gabriel, Oscar W. (2000): Aktivisten als Träger des demokratischen Credos? Zum Zusammenhang zwischen politischer Partizipation und der Unterstützung demokratischer Prinzipien im vereinten Deutschland, in: Niedermayer, Oscar/ Westle, Bettina (Hrsg.): Demokratie und Partizipation, Wiesbaden: Westdeutscher Verlag, S. 34-45.

Gaiser, Wolfgang/ *Gille,* Martina/ *Riljke* Johann de (2010): Bürgerschaftliches Engagement und Verantwortungsübernahme bei 18- bis 33-Jährigen, in: Betz, Tanja/ Gaiser, Wolfgang/ Pluto, Liane (Hrsg.): Partizipation von Kindern und Jugendlichen. Forschungsergebnisse, Bewertungen, Handlungsmöglichkeiten, Schwalbach/Ts.: Wochenschau-Verlag, S. 57-75.

Gallus, Alexander/ *Lühe,* Marion (1998): Öffentliche Meinung und Demoskopie, Berlin: Landeszentrale für politische Bildung.

Galtung, Johan (1998): Friedensjournalismus: Warum, was, wer, wo, wann? in: Kempf, Wilhelm/ Schmidt-Regener, Irena (Hrsg.): Krieg, Nationalismus, Rassismus und die Medien, Münster: Lit, S. 3-20.

Ganguin, Sonja/ *Hoffmann,* Bernward (2010): Digitale Spielkultur, München: Kopäd.

Gareis, Sven Bernhard (2007): Der Parlamentsvorbehalt. Praxis, Probleme und Perspektiven der politischen Kontrolle bewaffneter Auslandseinsätze der Bundeswehr, in: Reader Sicherheitspolitik, www.readersipo.de (IV.2.).

Gareis, Sven Bernhard/ *Zimmermann,* Rolf (1999) (Hrsg.): Sicherheitspolitische Kommunikation, Baden-Baden: Nomos.

Geis, Anna (Hrsg.) (2006): Den Krieg überdenken. Kriegsbegriffe und Kriegstheorien in der Kontroverse, Baden-Baden: Nomos.

Gellner, Winand (1998): Das Ende der Öffentlichkeit, in: Gellner, Winand/ Korff, Fritz von (Hrsg.): Demokratie und Internet, Baden-Baden: Nomos, S. 169-184.

Georg-Eckert-Institut für internationale Schulbuchforschung (2007): Wöchentliche Stundentafeln der Fächerbereiche Geographie, Geschichte und Sozialkunde in den Ländern der Bundesrepublik Deutschland. Stand: Oktober 2007.

Gerhardt, Volker (2010): Das grundlegende Ziel der Sicherheit, in: Neue Gesellschaft/ Frankfurter Hefte, 12/2010, S. 23-26.

Gesellschaft für Konsumforschung (GfK) (2011) vom 05.02.2011.

Gesis (2008): (http://www.gesis.org/dienstleistungen/daten/umfragedaten/politbarometer/?sword_list[0]=politbarometer) (Abruf 17.02.2009).

Gießmann, Hans J./ *Rinke,* Bernhard (2011) (Hrsg.): Handbuch Frieden, Wiesbaden: VS Verlag für Sozialwissenschaften.

Glaab, Manuela (1999): Deutschlandpolitik in der öffentlichen Meinung, Opladen: Westdeutscher Verlag.

Glaab, Manuela (2000): Mediatisierung als Machtquelle von Regierungschefs, in: Korte, Karl-Rudolf/ Hirscher, Gerhard (Hrsg.): Darstellungspolitik oder Entscheidungspolitik, München, S. 106-121.

Gleich, Uli (2003): Qualität im Journalismus am Beispiel der Kriegsberichterstattung: in: Media Perspektiven, 3/2003, S. 139-148.

Görke, Alexander/ *Kollbeck,* Johannes (1996): (Welt-)Gesellschaft und Mediensystem. Zur Funktion und Evolution internationaler Medienkommunikation, in: Meckel, Miriam/ Kriener, Markus (Hrsg.): Internationale Kommunikation, Opladen: Westdeutscher Verlag, S. 263-281.

Grade, Jochen (2002): Deeskalation durch Information, in: Europäische Sicherheit, 7/2002, S. 31-34.

Grande, Edgar (2011): Strukturwandel der Demokratie. Politische Bildung in der globalisierten Mediengesellschaft, in: Hessische Blätter für Volksbildung, 1/2011, S. 42-50.

Grasse, Renate/ *Gruber*, Bettina/ *Gugel,* Günther (2008): Friedenspädagogik. Grundlagen, Praxisansätze, Perspektiven, Reinbek bei Hamburg: Rowohlt Taschenbuch-Verlag.

Grittmann, Elke (2009): Das Bild von Politik, in: Aus Politik und Zeitgeschichte, 31/2009, S. 33-38.

Grolig, Wilfried/ *Schlageter,* Rainer Eugen (2007): Auswärtige Kultur- und Bildungspolitik und Public Diplomacy, in: Jäger, Thomas/ Höse, Alexander/ Oppermann, Kai (Hrsg.): Deutsche Außenpolitik. Sicherheit - Wohlfahrt - Institutionen und Normen. Wiesbaden: VS Verlag für Sozialwissenschaften, S. 547-566.

Großmann, Ariane von (2006): Das Image der Bundeswehr. Fallstudien aus der Berichterstattung zum Kosovoeinsatz, Marburg: Tectum Verlag.

Hachmeister, Lutz/ *Rager,* Günther (2006): Wer beherrscht die Medien. Die 50 größten Medienkonzerne der Welt. Jahrbuch 2005, München: Beck.

Hafez, Kai (2002): Die politische Dimension der Auslandsberichterstattung. Band 1: Theoretische Grundlagen, Baden-Baden: Nomos.

Hafez, Kai (2002a): Internationale vergleichende Medienforschung: Eine unterentwickelte Forschungsdimension, in: Hafez, Kai (Hrsg.): Die Zukunft der internationalen Kommunikationswissenschaft in Deutschland, Hamburg: Deutsches Überseee-Institut, S. 59-94.

Hafez, Kai/ *Richter,* Carola (2007): Das Islambild bei ARD und ZDF, in: Aus Politik und Zeitgeschichte, 26-27/2007, S. 40-46.

Haftendorn, Helga (1978): Management der Sicherheitspolitik. Ein Beitrag zum Entscheidungsprozess der Bundesrepublik Deutschland, in: Schwarz, Klaus-Dieter: (Hrsg.): Sicherheitspolitik. Analysen zur politischen und militärischen Sicherheit, Bad Honnef: Osang, 3. Auflage, S. 509-526.

Haftendorn, Helga (1999): Kontinuität und Wandel des außenpolitischen Entscheidungsprozesses in der Bundesrepublik Deutschland, in: Militärgeschichte. Zeitschrift für historische Bildung, 9/1999, S. 72-78.

Hagena, Hermann/ *Mutz,* Reinhard (Hrsg.) (2001): Streitkräfte und Strategien. Sicherheitspolitik – kontrovers diskutiert, Baden-Baden: Nomos.

Hahn, Oliver/ *Lönnendonker,* Julia/ *Schröder,* Roland (2008): Deutsche Auslandskorrespondenten, Konstanz: UVK.

Hall, Peter Christian (Hrsg.) (2001): Krieg mit Bildern. Wie Fernsehen Wirklichkeit konstruiert, ZDF: Mainzer Tage der Fernsehkritik, Band 33, Mainz.

Hallin, Daniel C./ *Mancini,* Paolo (2003): Amerikanisierung, Globalisierung und Säkularisierung: Zur Konvergenz von Mediensystemen und politischer Kommunikation in westlichen Demokratien, in: Esser, Frank/ Pfetsch, Barbara (Hrsg.): Politische Kommunikation im internationalen Vergleich, Wiesbaden: Westdeutscher Verlag, S. 37-55.

Haltinger, Karl W./ *Klein,* Paul (Hrsg.) (2002): Europas Armeen im Umbruch, Baden-Baden: Nomos.

Hamann, Rudolf/ *Molter,* Bernd (1999): Staatsbürger in Uniform auf dem Prüfstand. Von der Notwendigkeit einer Ausbildungsreform für Stabsoffiziere der Bundeswehr, in: WIFIS-Aktuell Nr. 13, Hamburg: Temmen.

Hammerschmidt, Gunnar (2007): Über den CNN-Effekt hinaus. Ein interdisziplinärer Erklärungsansatz zum Einfluss der Medien in der internationalen Politik des 21. Jahrhunderts, in: Tenscher, Jens/ Viehrig, Henrike (Hrsg.): Politische Kommunikation in internationalen Beziehungen. Berlin: LIT-Verlag, S. 55-77.

Hans-Bredow-Institut (Hrsg.) (2009): Internationales Handbuch Medien. 28. Aufl., Baden-Baden: Nomos.

Harnischfeger, Horst (2007): Auswärtige Kulturpolitik, in: Schmidt, Siegmar/ Hellmann, Gunther/ Wolf, Reinhard (Hrsg.): Handbuch zur deutschen Außenpolitik. Wiesbaden: VS Verlag für Sozialwissenschaften, S. 713-723.

Hartmann, Uwe (2007): Innere Führung. Erfolge und Defizite der Führungsphilosophie für die Bundeswehr, Berlin: Carola Hartmann Miles Verlag.

Haverkamp, Rita/ *Kaufmann,* Stefan/ *Zoche*, Peter (2011): Einführung in den Band , in: Zoche, Peter/ Kaufmann, Stefan/ Haverkamp, Rita (Hrsg.): Zivile Sicherheit. Gesellschaftliche Dimensionen gegenwärtiger Sicherheitspolitiken, Bielefeld: transcript, S. 9-18.

Heffner, Drothée/ *Klimmt*, Christoph (2010): Politische Kommunikation in Computerspielen: Beiläufige und intendierte Wirkungen, in: Scheuner, Christian/ Wirth, Werner/ Wünsch, Carsten (Hrsg.): Politische Kommunikation: Wahrnehmung, Verarbeitung, Wirkung, Baden-Baden: Nomos, S. 97-115.

Heinrich Böll Foundation (2004) (Hrsg.): Walking a Tightrope. News Media and Freedom Expression in the Arab Middle East, o.O.

Hellmann, Gunther (2002): Sag beim Abschied leise Servus! Die Zivilmacht Deutschland beginnt, ein neues „Selbst" zu behaupten, in: Politische Vierteljahresschrift, 3/2002, S. 498-508.

Hellmann, Gunther (2002a): Der „deutsche Weg". Eine außenpolitische Gratwanderung, in: Internationale Politik, 9/2002, S. 1-8.

Hellmann, Gunther (2007): Sicherheitspolitik, in: Schmidt, Siegmar/ Hellmann, Gunther/ Wolf, Reinhard (Hrsg.): Handbuch zur deutschen Außenpolitik. Wiesbaden: VS Verlag für Sozialwissenschaften, S. 605-617.

Hellmann, Gunther (2011): Das neue Selbstbewusstsein deutscher Außenpolitik und die veränderten Standards der Angemessenheit, in: Jäger, Thomas u.a. (Hrsg.): Deutsche Außenpolitik, 2. Aufl. Wiesbaden: VS Verlag für Sozialwissenschaften, S. 735-757.

Hennis, Wilhelm (1957): Meinungsforschung und repräsentative Demokratie, Tübingen: Mohr (Siebeck).

Hepp, Andreas (2006): Transkulturelle Kommunikation, Konstanz: UVK.

Hilpert, Carolin (2011): Afghanistan und die Bundeswehr im Spiegel der Medien, in: Bulmahn, Thomas/ Fiebig, Rüdiger/ Hilpert, Carolin (Hrsg.): Sicherheits- und verteidigungspolitisches Meinungsklima in der Bundesrepublik Deutschland. Ergebnisse der Bevölkerungsumfrage 2010, Strausberg: Sozialwissenschaftliches Instituts der Bundeswehr, S. 43-49.

Hochschulrektorenkonferenz (HRK) (2007) (Hrsg.): Bologna-Reader II, Bonn.

Hoffmann, Hans-Viktor (1992): Demoskopisches Meinungsbild in Deutschland zur Sicherheits- und Verteidigungspolitik 1991, Waldbröl: Akademie der Bundeswehr für Information und Kommunikation.

Hoge, James F. (2000): Der Einfluss der Massenmedien auf die Weltpolitik, in: Kaiser, Karl/ Schwarz, Hans-Peter (Hrsg.): Weltpolitik im neuen Jahrhundert, Bonn: Bundeszentrale für politische Bildung, S. 327-332.

Holst, Christian (1998): Einstellungen der Bevölkerung und der Eliten: Vom alten zum neuen außenpolitischen Konsens?, in: Eberwein, Wolf-Dieter/ Kaiser, Karl (Hrsg.): Deutschlands neue Außenpolitik. Band 4: Institutionen und Ressourcen, München: Oldenbourg, S. 227-238.

Holtz-Bacha, Christina (2010) (Hrsg.): Die Massenmedien im Wahlkampf. Das Wahljahr 2009. Wiesbaden: VS Verlag für Sozialwissenschaften.

Hübecker, Alexander (2004): Die Public Diplomacy der deutschen Bundesregierung gegenüber den USA vor dem Golfkrieg 2003, Magisterarbeit im Fach Politikwissenschaft, Universität Köln.

Hüfner, Klaus/ *Reuther*, Wolfgang (2005): UNESCO-Handbuch, 2.Aufl., Bonn: Uno-Verlag.

Imbusch, Peter/ *Zoll,* Ralf (2010) (Hrsg.): Friedens- und Konfliktforschung. Eine Einführung. 5., überarb. Aufl. Wiesbaden: VS Verlag für Sozialwissenschaften.

Institut für Demoskopie (2009): ACTA 2009, Allensbach.

Internet World Stats (2011): World Internet Usage And Population Statistics, in: http://www.internetworldstats.com/stats.htm.

Jaberg, Sabine (2011): Friedensforschung, in: Gießmann, Hans J./ Rinke, Bernhard (Hrsg.): Handbuch Frieden, Wiesbaden: VS Verlag für Sozialwissenschaften, S. 53-69.

Jäger, Thomas/ *Beckmann,* Rasmus (2007): Die internationalen Rahmenbedingungen deutscher Außenpolitik, in: Jäger, Thomas / Höse, Alexander/ Oppermann, Kai (Hrsg.) (2007): Deutsche Außenpolitik. Sicherheit - Wohlfahrt - Institutionen und Normen. Wiesbaden: VS Verlag für Sozialwissenschaften, S. 14-39.

Jäger, Thomas/ *Viehrig,* Henrike (2009): Sicherheit und Medien im Zeitalter veränderter Kommunikationsmöglichkeiten, in: Jäger, Thomas/ Viehrig, Henrike (Hrsg.): Sicherheit und Medien, Wiesbaden: VS Verlag für Sozialwissenschaften, S. 7-22.

Janning, Josef (2002): Lange Wege, kurzer Sinn? Eine außenpolitische Bilanz von Rot-Grün, in: Internationale Politik, 9/2002, S. 9-18.

Jarren, Otfried/ *Donges,* Patrick (2006): Politische Kommunikation in der Mediengesellschaft, 2. Aufl., Wiesbaden: VS. Verlag für Sozialwissenschaften.

Jarren, Otfried/ *Meier,* W.A. (2000): Globalisierung der Medienlandschaft und ihre medienpolitische Bewältigung: Ende der Medienpolitik oder neue Gestaltungsformen auf regionaler und nationaler Ebene? in: Brunkhorst, Hauke/Kettner, Matthias (Hrsg.): Globalisierung und Demokratie. Wirtschaft, Recht und Medien, Frankfurt/M., S. 347-368.

Jertz, Walter/ *Bockstette*, Carsten (2004): Strategisches Informationsmanagement. Informations- und Öffentlichkeitsarbeit aus militärischer Perspektive, in: Löffelholz, Martin (Hrsg.): Krieg als Medienereignis II. Krisenkommunikation im 21. Jahrhundert, Wiesbaden: VS Verlag für Sozialwissenschaften, S. 215-237.

Juchler, Ingo (2005): Politikdidaktische Überlegungen zur Lehre im Bereich der Internationalen Beziehungen an Schulen und Universitäten, in: Zeitschrift für Internationale Beziehungen, 1/ 2005, S. 171-192.

Kaase, Max (Hrsg.) (1999): Qualitätskriterien der Umfrageforschung. Denkschrift der Deutschen Forschungsgemeinschaft, Berlin.

Kamps, Klaus (1999): Perspektiven elektronischer Demokratie, in: Kamps, Klaus (Hrsg.): Elektronische Demokratie?, Opladen/ Wiesbaden: Westdeutscher Verlag, S. 7-18.

Kamps, Klaus (2000) (Hrsg.): Trans-Atlantik – Trans-Portabel? Die Amerikanisierungsthese in der politischen Kommunikation, Wiesbaden: Westdeutscher Verlag.

Kaufmann, Franz-Xaver (1973): Sicherheit als soziologisches und sozialpolitisches Problem Untersuchungen zu einer Wertidee hochdifferenzierter Gesellschaften, Stuttgart: Enke.

Keller, Felix (2001): Archäologie der Meinungsforschung. Konstanz: UVK.

Kennedy, Craig/ *La Balme*, Natalie (2003): Ein neuer Global Player. Die Macht der öffentlichen Meinung, in: Internationale Politik, 12/2003, S. 13-20.

Kißler, Leo (2007): Politische Soziologie. Grundlagen einer Demokratiewissenschaft, Konstanz: UVK.

Kister, Kurt (1984): Sicherheitspolitik im Zerrspiegel? Strukturen und Defizite sicherheitspolitischer Berichterstattung in der politischen Tages- und Wochenpresse, in: Vogt, Wolfgang R. (Hrsg.): Streitfall Frieden, Heidelberg: C.F. Müller, S. 262-272.

Kleinsteuber, Hans J./ *Thomaß*, Barbara (2004): Globalisierung des Medienmarktes, in: Kübler, Hans-Dieter/ Elling, Elmar (Hrsg.): Wissensgesellschaft. Neue Medien und ihre Konsequenzen, Bonn: Bundeszentrale für politische Bildung, S. 31-42.

Kleinwächter, Wolfgang (2004): Macht und Geld im Cyberspace, Hannover: Heise.

Kloss, Herbert (1981): Meinungskrieg um Friedenserziehung, in: Hochschulpolitische Information.

Köcher, Renate (2007): Der Preis der Sicherheit, in: Frankfurter Allgemeine Zeitung vom 17.10.2007, S. 5.

Kohring, Matthias/ *Görke,* Alexander/ *Ruhrmann,* Georg (1996): Konflikte, Kriege, Katastrophen. Zur Funktion internationaler Krisenkommunikation, in: Meckel, Miriam/ Kriener, Markus (Hrsg.): Internationale Kommunikation, Opladen: Westdeutscher Verlag, S. 283-298.

Krause, Joachim (1998): Die Rolle des Bundestages in der Außenpolitik, in: Eberwein, Wolf-Dieter/ Kaiser, Karl (Hrsg.): Deutschlands neue Außenpolitik. Band 4: Institutionen und Ressourcen, München: Oldenbourg, S. 137-166.

Krause, Joachim (2010): Mehr Realismus, bitte! in: Loyal. Magazin für Sicherheitspolitik, 3/2010, S. 23-27.

Krause, Ulf von (2011): Die Lehren aus dem Afghanistan-Einsatz. Die Bundeswehr zwischen Eskalationsdynamik und Parlamentsvorbehalt, in: vorgänge, 1/2011, S. 36-44.

Kriener, Markus/ *Meckel,* Miriam (1996): Internationale Kommunikation. Begriffe, Probleme, Referenzen, in: Meckel, Miriam/ Kriener, Markus (Hrsg.): Internationale Kommunikation, Opladen: Westdeutscher Verlag, S. 11-18.

Krotz, Friedrich (2002): Der Umgang mit Medienangeboten in verschiedenen Kulturen, in: Hepp, Andreas/ Löffelholz, Martin (Hrsg.): Grundlagentexte zur transkulturellen Kommunikation, Konstanz: UVK, S. 696-722.

Krüger, Karen (2003): Worte der Gewalt. Das Radio und der kollektive Blutrausch in Rwanda 1994, in: Zeitschrift für Geschichtswissenschaft, 10/2003, S. 923-939.

Krüger, Udo Michael (2003): Der Irak-Krieg im deutschen Fernsehen, in: Media Perspektiven, 9/2003, S. 398-413.

Krüger, Udo Michael (2007): InfoMonitor 2006: Fernsehnachrichten bei ARD, ZDF, RTL und SAT.1, in: Media Perspektiven, 2/2007, S. 58-82.

Krüger, Udo Michael (2008): InfoMonitor 2007: Unterschiedliche Nachrichtenkonzepte bei ARD, ZDF, RTL und SAT.1, in: Media Perspektiven, 2/2008, S. 58-83.

Krüger, Udo Michael (2010): InfoMonitor 2010: Fernsehnachrichten bei ARD, ZDF, RTL und Sat.1, in: Media Perspektiven, 2/2011, S. 91-114

Kuebart, Jan (1999): Bundessicherheitsrat und Bundessicherheitsbüro, in: Europäische Sicherheit, 5/1999, S. 40-43.

Kultusministerkonferenz (KMK) (2007): Ländergemeinsame Strukturvorgaben gemäß § 9 Abs. 2 HRG für die Akkreditierung von Bachelor- und Masterstudiengängen. Beschluss vom 15.06.2007.

Kümmel, Gerhard (2003) (Hrsg.): Wissenschaft, Politik und Politikberatung. Erkundungen zu einem schwierigen Feld, Strausberg: Sozialwissenschaftliches Institut der Bundeswehr.

Kunczik, Michael (1989): Public Relations für Staaten. Die Imagepflege von Nationen als Aspekt der internationalen Kommunikation: Zum Forschungsstand, in: Kaase, Max/ Schulz, Wolfgang (Hrsg.): Massenkommunikation. Theorien, Methoden, Befunde, Opladen: Westdeutscher Verlag, S. 165-184.

Kunczik, Michael/ *Zipfel,* Astrid (2005): Publizistik. Ein Studienbuch, 2. Aufl. Köln: Böhlau.

Lanzinger, Stephan (2003): Al-Jazeera. Ein arabischer Sender revolutioniert den globalen Informationsstrom, in: vorgänge, 2/2003, S. 89-96.

Leder, Dieter (2003): Wie bei Lothar Matthäus, in: Berliner Zeitung vom 25.03.2003.

Loch, Thorsten (2007): Zur Rolle der Medien in asymmetrischen Kriegen, in: Mittelweg 36, 4/2007, S. 25-38.

Löffelholz, Martin (2002): Globalisierung und transkulturelle Krisenkommunikation, in: Hepp, Andreas/ Löffelholz, Martin (Hrsg.): Grundlagentexte zur transkulturellen Kommunikation, Konstanz: UVK, S. 186-204.

Löffelholz, Martin (2003): Wie viel Wahrheit verträgt der Krieg? In: politik & kommunikation, 3/2003, S. 34-36.

Löffelholz, Martin (2004): Krisen- und Kriegskommunikation als Forschungsfeld, in: Löffelholz, Martin (Hrsg.): Krieg als Medienereignis. Krisenkommunikation im 21. Jahrhundert, Wiesbaden: VS Verlag für Sozialwissenschaften, S. 13-55.

Löffelholz, Martin (2007): Kriegsberichterstattung in der Mediengesellschaft, in: Aus Politik und Zeitgeschichte, 16-17/2007, S. 25-31.

Löffler, Jürgen (2006): Strukturen und Konzepte der externen militärischen Presse- und Öffentlichkeitsarbeit der Bundeswehr, in: Bockstette, Carsten/ Quandt, Siegfried/ Jertz, Walter (Hrsg.): Strategisches Informations- und Kommunikationsmanagement. Handbuch der sicherheitspolitischen Kommunikation und Medienarbeit, Bonn: Mittler-Verlag, S. 75-84.

Lösch, Bettina (2010): Ein kritisches Demokratieverständnis für die politische Bildung, in: Lösch, Bettina/Thimmel, Andreas (Hrsg.): Kritische politische Bildung. Ein Handbuch, Schwalbach/Ts.: Wochenschau-Verlag, S. 115-128.

Ludes, Peter (2001): Informationsüberfluss? Wissensknappheit: China, Deutschland, USA, in: Abromeit, Heidrun/ Nieland, Jörg-Uwe/ Schierl, Thomas (Hrsg.): Politik, Medien, Technik. Festschrift für Heribert Schatz, Wiesbaden: Westdeutscher Verlag, S. 380-399.

Lünenborg, Magreth/ *Berghofer*, Simon (2010): Politikjournalistinnen und -journalisten. Aktuelle Befunde zu Merkmalen und Einstellungen vor dem Hintergrund ökonomischer und technologischer Wandlungsprozesse im deutschen Journalismus, Berlin: Deutscher Fachjournalistenverband.

Luostarinen, Heikki/ *Ottosen*, Rune (1998): Militär-Medien-Management und Kriegsberichterstattung. Herausforderungen für den Journalismus in begrenzten Konflikten nach dem 2. Weltkrieg, in: Kempf, Wilhelm/ Schmidt-Regener, Irena (Hrsg.): Krieg, Nationalismus, Rassismus und die Medien. Münster: Lit., S. 21-33.

Lutz, Dieter S. (Hrsg.) (1983): Weder Wehrkunde noch Friedenserziehung. Der Streit in der Kultusministerkonferenz 1980/83, Baden-Baden: Nomos.

Lutz, Dieter S. (1992): Völkerrecht und Friedensordnung aus der Sicht des Grundgesetzes, in: S+F. Vierteljahresschrift für Sicherheit und Frieden, 1/1992, S. 32-37.

Lynch, Marc (2003): Talking Arabs Seriously, in: Foreign Affairs Volume, 5/2003, S. 81-94.

Maaß, Kurt-Jürgen (2011): Aktuelle Herausforderungen der auswärtigen Kulturpolitik, in: Jäger, Thomas u.a. (Hrsg.): Deutsche Außenpolitik, 2. Aufl. Wiesbaden: VS Verlag für Sozialwissenschaften, S. 584-602.

Maull, Hanns W. (2001): Außenpolitische Kultur, in: Korte Karl-Rudolf/ Weidenfeld, Werner (Hrsg.): Deutschland-TrendBuch. Opladen: Westdeutscher Verlag, S. 645-672.

Maurer, Torsten u.a. (2008): Aktive oder passive Berichterstatter? Die Rolle der Massenmedien während des Kosovo-Afghanistan- und Irakkriegs, in: Pfetsch, Barbara/ Adam, Silke (Hrsg.): Massenmedien als Akteure im politischen Prozess: Konzepte und Analysen, Wiesbaden: VS Verlag für Sozialwissenschaften, S. 144-167.

Meckel, Miriam (2001): Die globale Agenda. Kommunikation und Globalisierung, Wiesbaden: Westdeutscher Verlag.

Meckel, Miriam/ *Kamps,* Klaus (2003): Internationale Kommunikation, in: Bentele, Günther/ Brosius, Hans-Bernd/ Jarren, Otfried (Hrsg.): Öffentliche Kommunikation, Wiesbaden: Westdeutscher Verlag, S. 481-491.

Medien Tenor (2002): „Das Interesse am Balkan ist verschwunden“, in: Forschungsbericht Nr. 125 vom 15.10.2002.

Medienpädagogischer Forschungsverbund Südwest (2009): JIM-Studie 2009. Jugend, Information, (Multi-) Media, Stuttgart.

Medienpädagogischer Forschungsverbund Südwest (2010): JIM-Studie 2010. Jugend, Information, (Multi-) Media, Stuttgart.

Meier, Ernst-Christoph (2011): Militärsoziologische Ressortforschung und die Neue Bundeswehr, in: Europäische Sicherheit, 5/2011, S. 18-21.

Meiering, Gregor (2003): Globalisierung und Neue Medien im Nahen Osten, in: Konrad-Adenauer-Stiftung: Länderberichte vom 18.06.2003 (http://kas.de/publikationen/2003/1979_dokument.html).

Meier-Klodt, Cord (2002): Einsatzbereit in der Krise? Entscheidungsstrukturen der deutschen Sicherheitspolitik auf dem Prüfstand. SWP-Studie 34/2002, Berlin.

Meiers, Franz-Josef (2007): Die roten Linien der Sicherheitspolitik, in: Österreichische Militärische Zeitschrift, 3/2007, S. 291-299.

Merten, Klaus (1999): Einführung in die Kommunikations-wissenschaft. Bd. 1: Grundlagen der Kommunikationswissenschaft, Münster: Lit.

Meyer, Thomas (2001): Mediokratie. Die Kolonisierung der Politik durch das Mediensystem, Frankfurt/M.: Suhrkamp.

Meyers, Reinhard (2011): Theorien der internationalen Beziehungen, in: Woyke, Wichard (Hrsg.): Handwörterbuch Internationale Politik, 12. überarb. u. aktual. Aufl., Opladen: Verlag Barbara Budrich, S. 490-520.

Miles, Hugh (2006): Al-Dschasira. Ein arabischer Nachrichtensender fordert den Westen heraus; Hamburg: Europäische Verlagsanstalt.

Möller, Ingrid (2011): Gewaltmedien und Aggression, in: Aus Politik und Zeitgeschichte, 3/2011, S. 18-23.

Mölling, Christian (2011): Für eine sicherheitspolitische Begründung der Bundeswehr, in: SWP-aktuell 20.

Mols, Manfred (1998): Politikberatung im außenpolitischen Entscheidungsprozess, in: Eberwein, Wolf-Dieter/ Kaiser, Karl (Hrsg.): Deutschlands neue Außenpolitik. Band 4: Institutionen und Ressourcen, München: Oldenbourg, S. 253-264.

Müller, Harald/ *Risse-Kappen,* Thomas (1990): Internationale Umwelt, gesellschaftliches Umfeld und außenpolitischer Prozess, in: Politische Vierteljahresschrift. Sonderheft 21 (Theorien der internationalen Beziehungen), S. 375-400.

Müller, Harald (2002): Zwischen Information, Inszenierung und Zensur. Zum Verhältnis von Demokratien, Krieg und Medien, HSFK-Standpunkte, 4/2002.

Münkler, Herfried (2001): Terrorismus als Kommunikationsstrategie. Die Botschaft des 11. September, in: Internationale Politik, 12/2001, S. 11-18.

Münkler, Herfried (2002): Die neuen Kriege, Reinbek bei Hamburg, 2. Aufl.

Münkler, Herfried (2010): Strategien der Sicherung: Welten der Sicherheit und Kulturen des Risikos. Theoretische Perspektiven, in: Münkler, Herfried/ Bohlender, Matthias/ Meurer, Sabine (Hrsg.): Sicherheit und Risiko, Über den Umgang mit Gefahr im 21. Jahrhundert, Bielefeld: transkript, S. 11-34.

Naumann, Klaus (2008): Einsatz ohne Ziel? Die Politikbedürftigkeit des Militärischen, Hamburg: Hamburger Edition.

Naumann, Klaus (2009): Wie strategiefähig ist die deutsche Sicherheitspolitik, in: Aus Politik und Zeitgeschichte, 48/2009, S. 10-17.

Naumann, Klaus (2011): Paradoxe Intervention. Deutschland im afghanischen Transformationskrieg, in: Mittelweg, 1/2011, S. 81-107.

Naumann, Klaus (2011a): Die Politik des Militärs der Gesellschaft. Staats- und gesellschaftspolitische Implikationen der Bundeswehrstrukturreform, in: vorgänge, 1/2011, S. 4-13.

Neidhardt, Friedhelm (1998): Öffentlichkeit, in: Schäfers, Bernhard/ Zapf, Wolfgang (Hrsg.), Handwörterbuch zur Gesellschaft Deutschlands, Opladen: Westdeutscher Verlag, S. 487-495.

Neidhardt, Friedhelm (2010): Funktionen politischer Öffentlichkeit, in: Forschungsjournal Neue Soziale Bewegungen, 3/2010, S. 26-34.

Nelles, Wayne: American Public Diplomacy as Pseudo-Education: A Problematic National Security and Counter-Terrorism Instrument, in: International Politics, 1/2004, S. 65-93.

Neuberger, Christoph/ *Nuernbergk,* Christian/ *Rischke,* Melanie (2009): Journalismus im Internet: Zwischen Profession, Partizipation und Technik, in: Media Perspektiven, 4/2009, S. 174-188.

Noelle, Elisabeth/ *Petersen,* Thomas (2006): Allensbach-Analyse. Eine fremde, bedrohte Welt, in: Frankfurter Allgemeine Zeitung vom 17.05.2006, S. 5.

Noelle-Neumann, Elisabeth (1980): Die Schweigespirale. Öffentliche Meinung – unsere soziale Haut, München: Piper.

Noelle-Neumann, Elisabeth (1995): Öffentliche Meinung und Außenpolitik. Die fehlende Debatte in Deutschland, in: Internationale Politik, 8/1995, S. 3-12.

Noelle-Neumann, Elisabeth (1998): Öffentliche Meinung, in: Jarren, Otfried/ Sarcinelli, Ulrich/ Saxer, U. (Hrsg.): Politische Kommunikation in der demokratischen Gesellschaft, Opladen/ Wiesbaden: Westdeutscher Verlag, S. 81-94.

Noelle-Neumann, Elisabeth/ *Köcher,* Renate (Hrsg.) (2002): Allensbacher Jahrbuch der Demoskopie 1998-2002, Band 11, Allensbach, München: K.G. Saur.

Norris, Pippa (2003): Globale politische Kommunikation: Freie Medien, Gutes Regieren und Wohlstandsentwicklung, in: Esser, Frank/ Pfetsch, Barbara (Hrsg.): Politische Kommunikation im internationalen Vergleich, Wiesbaden: Westdeutscher Verlag, S. 135-178.

Oesterreich, Detlef (2001): Die politische Handlungsbereitschaft von deutschen Jugendlichen im internationalen Vergleich, in: Aus Politik und Zeitgeschichte, 50/2001, S. 13-22.

Oldhaver, Mathias (2000): Öffentliche Meinung in der Sicherheitspolitik. Untersuchung am Beispiel der Debatte über einen Einsatz der Bundeswehr im Golfkrieg, Baden-Baden: Nomos.

Oppermann, Kai/ *Höse,* Alexander (2007): Die innenpolitischen Restriktionen deutscher Außenpolitik, in: Jäger, Thomas / Höse, Alexander/ Oppermann, Kai (Hrsg.) (2007): Deutsche Außenpolitik. Sicherheit - Wohlfahrt – Institutionen und Normen. Wiesbaden: VS Verlag für Sozialwissenschaften, S. 40-68.

Ose, Dieter (Hrsg.) (2008): Sicherheitspolitische Kommunikation im Wandel, Baden-Baden: Nomos.

Pannen, Ute (2010): Social Media: eine neue Architektur politischer Kommunikation, in: Forschungsjournal Neue Soziale Bewegungen, 3/2010, S. 56-63.

Paukens, Hans (Hrsg.) (2000): Politikvermittlung zwischen Information und Unterhaltung, München: Reinhard Fischer.

Paul, Gerhard (2009): Kriegsbilder – Bilderkriege, in: Aus Politik und Zeitgeschichte, 31/2009, S. 39-46.

PEW Research Center For The People & The Press (2003): Views of a Changing World. (The Global Attitudes Project), June 2003, unter http://www.people-press.org.

PEW Research Center For The People & The Press (2005): Trends 2005, Washington.

PEW Research Center For The People & The Press (2010): Global Attitudes Project: Obama More Popular Abroad Than at Home, Global Image of U.S. Continues to Benefit, New York.

Pfefferle, Roman (2009): Schule macht Politik. Schulbücher als Gegenstand politischer Kulturforschung am Beispiel politischer Erziehung im Österreich der Zwischenkriegszeit, Diss. Universität Wien 2009.

Pfetsch, Barbara (1998): Regieren unter den Bedingungen medialer Allgegenwart in: Sarcinelli, Ulrich (Hrsg.): Politikvermittlung und Demokratie in der Mediengesellschaft, Bonn: Bundeszentrale für politische Bildung, S. 233-252.

Pfetsch, Barbara (2003): Politische Kommunikationskultur. Politische Sprecher und Journalisten in der Bundesrepublik und den USA im Vergleich. Wiesbaden: Westdeutscher Verlag.

Pietsch, Carsten (2009): Internationales Engagement Deutschlands, in: Bulmahn, Thomas u.a. (Hrsg.): Sicherheits- und verteidigungspolitisches Meinungsklima in der Bundesrepublik Deutschland. Ergebnisse der Bevölkerungsumfrage 2008, Strausberg: Sozialwissenschaftliches Institut der Bundeswehr, S. 61-78.

Pietsch, Carsten/ *Zimmer,* Sebastian (2009): Einstellungen zur Nato und zur ESVP, in: Bulmahn, Thomas u.a. (Hrsg.): Sicherheits- und verteidigungspolitisches Meinungsklima in der Bundesrepublik Deutschland. Ergebnisse der Bevölkerungsumfrage 2008, Strausberg: Sozialwissenschaftliches Institut der Bundeswehr, S. 175-190.

Pohr, Adrian (2005): Indexing im Einsatz. Eine Inhaltsanalyse der Kommentare überregionaler Tageszeitungen in Deutschland zum Afghanistankrieg 2001, in: Medien & Kommunikationswissenschaften, 2-3/2005, S. 261-276.

Portner, Dieter/ *Schulz,* Georg/ *Driftmann,* Hans H./ *Wullich,* Peter E. (1977): Grundlagen der Allgemeinen Wehrpädagogik. Handbuch einer berufsbezogenen Pädagogik für den militärischen Bereich, Regensburg: Walhalla.

Prietze, Philipp (2005): Pressearbeit in Auslandseinsätzen, in: Hartmann, Christian u.a. (Hrsg.): CIMIC-Faktoren VII: Aspekte der Medienarbeit in Friedensoperationen. Speyerer Arbeitsheft Nr. 168, S. 179-203.

Proll, Uwe (Hrsg.) (2006): Schulen der Bundeswehr. Bonn: ProPress-Verlag.

Puppis, Manuel (2007): Einführung in die Medienpolitik, Konstanz: UVK.

Radke, Rudolf (1991): Golfkrieg und Medien, in: Die politische Meinung 262, 9/1991, S. 43-48.

Rattinger, Hans (2007): Öffentliche Meinung, in: Schmidt, Siegfried/ Hellmann, Gunther/ Wolf, Reinhard (Hrsg.): Handbuch zur deutschen Außenpolitik, VS Verlag für Sozialwissenschaften, S. 313-325.

Rattinger, Hans/ *Holst,* Christian (1998): Strukturen und Determinanten außen- und sicherheitspolitischer Einstellungen in der Bundesrepublik, Universität Bamberg.

Raupp, Juliane (2007): Politische Meinungsforschung. Die Verwendung von Umfragen in der politischen Kommunikation, Konstanz: UKV

Reeb, Hans-Joachim (1981): Bildungsauftrag der Schule. Eine Analyse der Erziehungsziele in den Verfassungen und Schulgesetzen der Bundesrepublik Deutschland unter Einbeziehung der Richtlinien im Lande Niedersachsen. Frankfurt/M: Rita G. Fischer.

Reeb, Hans-Joachim (1989): Militär und Recht. Zur Rechtsausbildung von Soldaten der Bundeswehr, München: Minerva.

Reeb, Hans-Joachim (2001): Informationen für eine Welt? Überlegungen zur internationalen Kommunikation, in: Reader Sicherheitspolitik, Teil 1, Nr. A II 1 (Ergänzungs-lieferung 10-11/2001).

Reeb, Hans-Joachim (2002): Wahlsieg durch Friedenspolitik?, Hamburg 2002, online unter http:// www.fueakbw.de/docs/Wahlsieg_durch_ Friedenspolitik.pdf

Reeb, Hans-Joachim (2002a): Die Medien im „Krieg gegen den Terror". Kriegsberichterstattung am Beispiel Afghanistan, in: Reader Sicherheitspolitik, Teil 1, Nr. A II 1 (Ergänzungslieferung 07/2002).

Reeb, Hans-Joachim (2003): Berichterstattung vom Golf. Reflexionen über den Journalismus im Irak-Krieg 2003. SOW-kontrovers 1/03, Hamburg: Führungsakademie der Bundeswehr.

Reeb, Hans-Joachim (2003a): Sicherheitspolitische Kultur in Deutschland seit 1990. Bremen: Temmen.

Reeb, Hans-Joachim (2004): Öffentlichkeit als Teil des Schlachtfeldes. Grundlagen der Kriegskommunikation aus militärischer Perspektive, in: Löffelholz, Martin (Hrsg.): Krieg als Medienereignis. Krisenkommunikation im 21. Jahrhundert, Wiesbaden: VS Verlag für Sozialwissenschaften, S. 197-213.

Reeb, Hans-Joachim (2004a): Die Rolle der Lüge in der Kriegsgeschichte, in: Vorgänge, 3/ 2004, S. 56-64.

Reeb, Hans-Joachim (2005): Propaganda statt Aufklärung? Die „information operations" der US-Streitkräfte im Irak, Sendemanuskript NDR Info „Streitkräfte und Strategien", 17. Dezember 2005.

Reeb, Hans-Joachim (2006): 50 Jahre Truppeninformation im Wandel des Medienzeitalters, in: IFDT. Information für die Truppe, 3-4/2006, S. 9-17.

Reeb, Hans-Joachim (2006a): Das Konzept „Public Diplomacy", in: Bockstette, Carsten/ Quandt, Siegfried/ Jertz, Walter (Hrsg.): Strategisches Informations- und Kommunikationsmanagement. Handbuch der sicherheitspolitischen Kommunikation und Medienarbeit, Bonn: Mittler, S. 142-155.

Reeb, Hans-Joachim (2007): Legitimation von deutschen Streitkräften in heutiger Zeit – Ein ethischer, rechtlicher und politischer Kriterienkatalog, in: Mittler-Brief, 2/2007.

Reeb, Hans-Joachim (2007a): Afghanistan und die öffentliche Meinung - Warum Bundesregierung und NATO an der Meinungsfront immer mehr in die Defensive geraten, in: Sendemanuskript NDR Info. Das Forum: Streitkräfte und Strategien vom 08.09.2007

Reeb, Hans-Joachim (2008): Sicherheitspolitik als Bildungsthema, Bremen: Temmen.

Reeb, Hans-Joachim (2008a): Kriegswerkzeug Massenkommunikation. Medien als zentraler Faktor im asymmetrischen Konflikt, Österreichische Militärische Zeitschrift, 5/2008, S. 585-594.

Reeb, Hans-Joachim (2008b): Militärische Informationsarbeit in der Krisenkommunikation, in: Ose, Dieter (Hrsg.): Sicherheitspolitische Kommunikation im Wandel, Baden-Baden: Nomos, S. 207-223.

Reeb, Hans-Joachim (2008c): Die Bundeswehr in den Medien. Wie wird der Bürger informiert? in: Europäische Sicherheit, 1/2008, S. 27-30.

Reeb, Hans-Joachim (2009): Die Scientific Community in Deutschland, in: Europäische Sicherheit, 7/ 2009, S. 85-88.

Reeb, Hans-Joachim (2009a): Gefragte Meinung. Demoskopie als Thema und Methode in der politischen Bildung, Schwalbach/Ts.: Wochenschau.

Reeb, Hans-Joachim (2010): Die Rolle des Internet als Massenmedium in der Sicherheitspolitik, in. Europäische Sicherheit, 7/2010, S. 78-81.

Reeb, Hans-Joachim (2010a): Der Soldat in der Medienberichterstattung, in: Hammerich, Helmut R. /Hartmann, Uwe/ Rosen, Claus von (Hrsg.), Jahrbuch Innere Führung 2010. Die Grenzen des Militärischen, Berlin: Carola Hartmann Miles-Verlag, S. 78-87.

Reeb, Hans-Joachim (2011): Afghanistan, in: Wochenschau. Politik und Ökonomie unterrichten, Sek. II, 3/2011, Schwalbach/Ts.: Wochenschau-Verlag.

Reeb, Hans-Joachim (2011a): Golfkrieg 1991. Theorie des medialen Krieges, in: Jäger, Thomas/ Beckmann, Rasmus (Hrsg.): Handbuch Kriegstheorien, Wiesbaden: VS Verlag für Sozialwissenschaften (i.E.).

Reeb, Hans-Joachim/ *Többicke,* Peter (2003): Lexikon Innere Führung, Regensburg: Walhalla.

Reichel, Peter (1981): Politische Kultur, in: Greiffenhagen, Martin/ Greiffenhagen, Sylvia (Hrsg.): Handbuch der politischen Kultur der Bundesrepublik Deutschland, Opladen: Westdeutscher Verlag, S. 319-330.

Renn, Ortwin u.a. (2007): Risiko. Über den gesellschaftlichen Umgang mit Unsicherheit, München: oekom verlag.

Reporter ohne Grenzen (2011): Länderberichte, in: http://www.reporter-ohnerenzen.de/publikationen/laenderberichte.html.

Reuband, Karl-Heinz (2001): Politische Ignoranz und vorgetäuschtes Wissen. Über die Bewertung von Politikern in allgemeinen Bevölkerungsumfragen, in: Zeitschrift für Parlamentsfragen, 4/2001, S. 812-821.

Rid, Thomas (2003): Die Öffentlichkeitsarbeit der USA im Mittleren Osten, in: SWP-Aktuell 16.

Ridder, Christa-Maria/ *Engel,* Bernhard (2010): Massenkommunikation 2010: Mediennutzung im Intermediavergleich, in: Media Perspektiven, 11/2010, S. 523-536.

Risse, Thomas (2002): Zur Debatte um die (Nicht-)Existenz einer europäischen Öffentlichkeit, in: Berliner Debatte Initial, 5-6/2002, S. 15-23.

Rosenthal, Adrian (2011): Digitale Geburtshelfer der Revolution, in: Politik & Kommunikation, 3/2011, S. 44-45.

Rössler, Patrick (2003): Botschaften Politischer Kommunikation: Länder, Themen und Akteure internationaler Fernsehnachrichten, in: Esser, Frank/ Pfetsch, Barbara (Hrsg.): Politische Kommunikation im internationalen Vergleich, Wiesbaden: Westdeutscher Verlag, S. 305-336.

Rössler, Patrick u.a. (Hrsg.) (2001): Politische Akteure in der Mediendemokratie. Neue Anforderungen an die politische Kommunikation, Baden-Baden: Nomos.

Röttger, Ulrike (2001): PR-Kampagnen: über die Inszenierung von Öffentlichkeit, 2. Aufl., Wiesbaden: Westdeutscher Verlag.

Rötzer, Florian (2006): Niederlage im Medienkrieg, in: Telepolis vom 19. Februar 2006 (http://www.telepolis.de/r4/artikel/22/22074/1.html).

Royl, Wolfgang (1991): Militärpädagogik, in: Roth, Leo (Hrsg.): Pädagogik. Handbuch für Studium und Praxis, München: Oldenbourg.

Rucht, Dieter (2010): Politische Öffentlichkeit – Alles in Ordnung? In: Forschungsjournal Neue Soziale Bewegungen, 3/2010, S. 8-17.

Rümmer, Heinrich/ *Hoffmann,* Hans-Viktor (2002): Demoskopisches Meinungsbild in Deutschland zur Sicherheits- und Verteidigungspolitik 2001, Strausberg: Akademie der Bundeswehr für Information und Kommunikation.

Russ-Mohl, Stephan (2004): Domestizierte Wadlbeißer, in: message, 2/2004, S. 50-52.

Sarcinelli, Ulrich (Hrsg.) (1987): Politikvermittlung. Beiträge zur politischen Kommunikationskultur, Bonn. Bundeszentrale für politische Bildung.

Sarcinelli, Ulrich (Hrsg.) (1998): Politikvermittlung und Demokratie in der Mediengesellschaft, Wiesbaden: Westdeutscher Verlag.

Sarcinelli, Ulrich (2011): Politische Kommunikation in Deutschland. Zur Politikvermittlung im demokratischen System, 3., überarb. und erw. Aufl., Wiesbaden: VS. Verlag für Sozialwissenschaften.

Sarcinelli, Ulrich/ *Menzel,* Marcus (2007): Medien, in: Schmidt, Siegmar/ Hellmann, Gunther/ Wolf, Reinhard (Hrsg.): Handbuch zur deutschen Außenpolitik, VS Verlag für Sozialwissenschaften, S. 326-335.

Schenk, Michael (2000): Kommunikationstheorien, in: Noelle-Neumann, Elisabeth u.a. (Hrsg.): Fischer Lexikon Publizistik/ Massenkommunikation, Frankfurt/M.: Fischer Taschenbuch Verlag 6. Aufl., S. 171-187.

Scherer, Helmut u.a. (2005): Bundeswehr, Bündnispolitik und Auslandseinsätze. Die Berichterstattung deutscher Qualitätszeitungen zur Sicherheits- und Verteidigungspolitik 1989 bis 2000, in: Medien & Kommunikationswissenschaften, 2-3/2005, S. 277-297.

Scheufele, Bertram/ *Gasteiger,* Carolin (2007): Berichterstattung, Emotionen und politische Legitimierung, in: Medien & Kommunikationswissenschaften, 4/2007, S. 535-554.

Schierholz, Henning (1982): Zur Behandlung der Thematik „Friedenssicherung und Friedenserziehung" in der Schule, in: Ackermann, Paul/ Glasshagen, Winfried (Hrsg.): Friedenssicherung als pädagogisches Problem in beiden deutschen Staaten. Stuttgart: Klett, S. 70-78.

Schmidt, Peter (2006): „Freiwillige vor!" Bundeswehreinsatz im Kongo – zur Dialektik einer Führungsrolle wider Willen, in: Internationale Politik, 11/2006, S. 68-77.

Schmidt, Siegfried J./ *Zurstiege,* Guido (2000): Orientierung Kommunikationswissenschaft, Reinbek bei Hamburg.

Schmillen, Achim (2002): Politikberatung in der Außenpolitik, in: Kümmel, Gerhard (Hrsg.): Wissenschaft, Politik und Politikberatung. Erkundungen zu einem schwierigen Feld, Strausberg: Sozialwissenschaftliches Institut der Bundeswehr, S. 101-113.

Schneider, Gunter (1999): Politische Bildung – Anspruch und Realisierung in den Streitkräften unter besonderer Berücksichtigung von Einsatz- und Ausbildungsforderungen am Beispiel TSK Heer, Lehrgangsarbeit, Hamburg: Führungsakademie der Bundeswehr.

Schneller, Johannes Peter. (2010): Heterogene Entwicklung der Printmedien, in: Institut für Demoskopie Allensbach: AWA 2010.

Schulz, Winfried (2002): Politische Kommunikation, in: Bentele, Gunther u.a. (Hrsg.): Handbuch Öffentliche Kommunikation, Wiesbaden: Westdeutscher Verlag.

Schulz, Winfried (2008): Politische Kommunikation. Theoretische Ansätze und Ergebnisse empirischer Forschung, 2., vollständig überarbeitete und erweiterte Auflage, Wiesbaden: VS Verlag für Sozialwissenschaften.

Schulz, Winfried (2009): Nachricht, in: Noelle-Neumann, Elisabeth/ Schulz, Winfied/ Wilke, Jürgen (Hrsg.), Fischer Lexikon Publizistik/Massenkommunikation, Frankfurt/M.: Fischer Taschenbuch Verlag, Neuauflage, S. 359-396.

Schulze von Glaßer, Michael (2010): Die Eroberung der Schulen. Wie die Bundeswehr in Bildungsstätten wirbt, IMI-Studie, 2/2010.

Schulze von Glaßer, Michael (2010a): Der unterhaltsame Krieg. „Militainment made in Germany", in: Telepolis vom 19.09.2010 (http://www.heise.de/tp/r4/artikel/33/33321/1.html).

Schulze von Glaßer, Michael (2010b): Militärspiele. Verbindungen zwischen dem Militär und der Videospiele-Industrie (http://imi-online.de/download/MSG-Dezember10-Militaerspiele.pdf).

Schwamborn, Winfried/ *Schmitt,* Thomas (1972): Wehrkunde. Militär in den Schulen. Köln: Pahl-Rugenstein.

Selg, Olaf (2009) Mit KIM unterwegs. Fortbildungsveranstaltungen zur DVD-ROM Krieg in den Medien, in: TV diskurs 47, 1/2009, S. 14-17.

Shell Deutschland Holding (2006) (Hrsg.): Jugend 2006. Eine pragmatische Generation unter Druck. Frankfurt/M: S. Fischer Verlag.

Shell Deutschland Holding (2010) (Hrsg.): Jugend 2010. Frankfurt/M: S. Fischer Verlag.

Siedschlag, Alexander (2001): Definition und Reichweite des Interessenbegriffs in den internationalen Beziehungen, in: Theiler, Olaf (Hrsg.): Deutsche Interessen in der sicherheitspolitischen Kommunikation, Baden-Baden: Nomos, S.17-32.

Siedschlag, Alexander (2006) (Hrsg.): Methoden der sicherheitspolitischen Analyse. Eine Einführung, Wiesbaden: VS Verlag für Sozialwissenschaften.

Spiegel, Albert (2002): Public Diplomacy – the German View. Rede vor dem British Council am 18.03.2002

(http://www.auswaertigesamt.de/www/de/laenderinfos/laeder/laender_ausgabe_archiv?land_id=188&a_type=Reden&archiv_id=2850).

Steg, Thomas (2010): Nach außen wirken, nach innen überzeugen. Besonderheiten in der Kommunikation von Außenpolitik, in: Zeitschrift für Außen- und Sicherheitspolitik, 3/2010, S. 337–356.

Steinmeier, Frank.-Walter (2002): 40 Jahre SWP, in: Stiftung Wissenschaft und Politik, Reden zum 40jährigen Bestehen, 1. Juli 2002, Berlin, S. 11-22.

Steinweg, Reiner i.Z.m. *Becker,* Jörg (Red.) (1984): Medienmacht im Nord-Süd-Konflikt: Die Neue Internationale Informationsordnung, (= Friedensanalysen 18), Frankfurt/M: suhrkamp.

Stritzel, Holger (2007): Die Kommunikation transnationaler Bedrohungen. Ein interdisziplinäres Gesprächsangebot, in: Tenscher, Jens/ Viehrig, Henrike (Hrsg.): Politische Kommunikation in internationalen Beziehungen. Berlin: LIT-Verlag, S. 107-124.

Swanson, David L. (2003): Transnationale politische Kommunikation: Konventionelle Sichtweisen und neue Realitäten, in: Esser, Frank/ Pfetsch, Barbara (Hrsg.): Politische Kommunikation im internationalen Vergleich, Wiesbaden: Westdeutscher Verlag, S. 56-77.

Szukala, Andrea (2005): Informationsoperationen und die Fusion militärischer und medialer Instrumente in den USA. Der Versuch einer militärischen Antwort auf die neuen Bedrohungen, in: Medien & Kommunikationswissenschaft, 2-3/2005, S. 222-240.

Thomas, Bella (2003): Was die Armen im Fernsehen anschauen, in: Der Überblick, 4/2003, S. 14-24.

Thomaß, Barbara (2007) (Hrsg.): Mediensysteme im internationalen Vergleich, Konstanz: UVK.

Thunert, Martin (1999): Think Tanks als Ressourcen der Politik-beratung, in: Forschungsjournal NSB, 3/1999, S. 10-19.

Tomlinson, John (2002): Internationalismus, Globalisierung und kultureller Imperialismus, in: Hepp, Andreas/ Löffelholz, Martin (Hrsg.): Grundlagentexte zur transkulturellen Kommunikation, Konstanz, S. 140-163.

Topf, Dorothea (2003): Auslandsberichterstattung im öffentlich-rechtlichen Fernsehen, Taunusstein: Driesen.

Torney-Purta, Judith u.a. (2001): Demokratie und Bildung in 28 Ländern. Politisches Verstehen und Engagement bei Vierzehnjährigen (IEA Civic Education Study), Kurzbericht.

Troy, Jodack (2006): Sicherheitspolitische Analyse – Methoden als Herausforderung für Wissenschaft und Lehre. Bilanz und Ausblick, in: Siedschlag, Alexander (Hrsg.): Methoden der sicherheitspolitischen Analyse. Eine Einführung, Wiesbaden: Westdeutscher Verlag, S. 341-355.

Trotsenburg, Edmund A. van (1987) (Hrsg.): Verteidigungspädagogik. Frankfurt, Bern: Lang.

Ulbert, Cornelia/ *Jetschke,* Anja (2002): Überlegungen zur Sicherung und Steigerung der Qualität der Lehre im Bereich der Internationalen Beziehungen. Ergebnisse eines Workshops, in: Zeitschrift für Internationale Beziehungen, 2/2002, S. 365-378

Viehrig, Henrike (2010): Die Digitalisierung der Medien und ihre Auswirkungen auf Kriegsführung und Öffentlichkeit, in: Jäger, Thomas (Hrsg.): Die Komplexität der Kriege, Wiesbaden: VS Verlag für Sozialwissenschaften, S. 247-260.

Viehrig, Henrike u.a. (2008): Die Mediendarstellung der Bundeswehr im Libanoneinsatz, in: AIK-Text, 1/2008, Strausberg: Akademie der Bundeswehr für Information und Kommunikation.

Viehrig, Henrike u.a. (2009): Was sind unsere Ziele in Afghanistan? Eine Inhaltsanalyse ausgewählter Leitmedien, in: AIK-Text, 1/2009, Strausberg: Akademie der Bundeswehr für Information und Kommunikation.

Viehrig, Henrike u.a. (2010): Außen- und Sicherheitspolitik in der veröffentlichten Meinung. Eine Analyse deutscher Presse- und Rundfunkkommentare, AIK-Text, 1/2010, Strausberg: Akademie der Bundeswehr für Information und Kommunikation.

Viehrig, Henrike/*Ostrowski,* Daniel (2007): Deutsche Tageszeitungen über den Kongo-Einsatz, in: AIK-Text, 1/2007, Strausberg: Akademie der Bundeswehr für Information und Kommunikation.

Virchow, Fabian (2010): Militär und Medien, in: Apelt, Maja (Hrsg.): Forschungsthema: Militär. Militärische Organisationen im Spannungsfeld von Krieg, Gesellschaft und soldatischen Subjekten, Wiesbaden: VS. Verlag für Sozialwissenschaften, S. 107-135.

Volkmer, Ingrid (1999): News in the Global Sphere. A Study of CNN and its Impact in Global Communication, Luton: University of Luton Press.

Wasmuht, Ulrike C./ *Plath,* Ina/ *Volke,* Eva (1997): Sicherheitspolitik und Bundeswehr im Schulunterricht. Bericht des Sozialwissenschaftlichen Instituts der Bundeswehr. Band 65. Strausberg.

Weber, Thorsten (2005): Kampf um Köpfe und Herzen! Die amerikanische Kriegsberichterstattung unter besonderer Berücksichtigung der „Embedded Journalists" Hamburg: Führungsakademie der Bundeswehr, (Lehrgangsarbeit, LGAN 2003 Luftwaffe).

Wegener, Claudia (2001): Informationsvermittlung im Zeitalter der Unterhaltung, Wiesbaden: Westdeutscher Verlag.

Wehling, Hans-Georg (1977): Konsens à la Beutelsbach? in: Schiele, Siegfried/ Schneider, Herbert (Hrsg.): Das Konsensproblem in der politischen Bildung. Stuttgart: Klett, S. 173-184.

Weiler, Hagen (1999): Verfassungsrechtliche Legitimationsprobleme, in: Mickel, Wolfgang w. (Hrsg.): Handbuch zur politischen Bildung. Bonn: Bundeszentrale für politische Bildung, S. 48-51.

Weischenberg, Siegfried/ *Malik,* Maja/ *Scholl,* Armin (2006): Journalismus in Deutschland 2005, in: Media Perspektiven, 7/2006, S. 346-361.

Weißeno, Georg (2010): Konzepte der Politik – ein Kompetenzmodell, Bonn: Bundeszentrale für politische Bildung.

Weisswange, Jan-Philipp (2004): Der sicherheitspolitische Entwicklungsprozess 1990-2002. Neue Orientierungen einer euro-atlantischen Sicherheitskultur. Diss. Freiburg.

Weisswarge, Jan-Philipp (2006): Von der Kultur der Zurückhaltung zu einer (Un-)Kultur des Desinteresses? In: Österreichische Militärische Zeitschrift, 1/2006, S. 39-47.

Welzer, Harald (2008): Klimakriege. Wofür im 21. Jahrhundert getötet wird, Frankfurt/M.: Fischer.

Werkner, Ines-Jacqueline (2002): Bundeswehrkommissionen als Instrument der Politikberatung – Die Weizsäcker-Kommission, in: Kümmel, Gerhard (Hrsg.): Wissenschaft, Politik und Politikberatung. Erkundungen zu einem schwierigen Feld, Strausberg: Sozialwissenschaftliches Institut der Bundeswehr, S. 47-68.

Westle, Bettina/ *Gabriel,* Oskar (2009): Politische Kultur. Eine Einführung, Baden-Baden: Nomos.

Wiedemann, Joachim (2002): DeutschlandTrend 2001: 11. September, politisches Interesse und Mediennutzung, in: Media Perspektiven, 6/2002, S. 252-262.

Wiesendahl, Elmar (1983): Legitimations- und Legitimitätsaspekte des Militärischen in der Demokratie. in: Vogt, Wolfgang R. (Hrsg.): Sicherheitspolitik in der Legitimationskrise, Baden-Baden: Nomos, S. 141-166.

Wilke, Jürgen (1986): Auslandsberichterstattung und internationaler Nachrichtenfluss im Wandel, in: Publizistik 31, S. 53-89.

Wilke, Jürgen (1993): Internationale Beziehungen und Massenmedien, in: Bonfadelli, Heinz/ Meier, Werner A. (Hrsg.): Krieg, Aids, Katastrophen (...) Gegenwartsprobleme als Herausforderung für die Publizistikwissenschaft, Konstanz: UVK, S. 175-191.

Wilke, Jürgen (1996): Internationalisierung der Massenmedien. Auswirkungen auf die internationale Politik, in: Internationale Politik, 11/1996, S. 3-10.

Wilke, Jürgen (2002): Internationale Kommunikationsforschung. Entwicklungen, Forschungsfelder, Perspektiven, in: Hafez, Kai (Hrsg.): Die Zukunft der internationalen Kommunikationswissenschaft in Deutschland, Hamburg: Deutsches Übersee-Institut, S. 13-38.

Wulf, Herbert (2011): Frieden und Politikberatung, in: Gießmann, Hans J./ Rinke, Bernhard (2011) (Hrsg.): Handbuch Frieden, Wiesbaden: VS Verlag für Sozialwissenschaften, S. 495-502.

Zubayr, Camille/ *Gerhard*, Heinz (2011): Tendenzen im Zuschauerverhalten, in: Media Perspektiven, 3/2011, S. 126-138.

Stichwortverzeichnis

Afghanistan 58, 66, 72, 76, 77, 80, 100, 103, 105, 110, 115, 117, 118, 121, 122, 126, 128, 138, 140, 142, 148, 154, 155, 156, 165, 167, 181, 185, 190, 218
Agenda-Setting 120, 167
Aktionsplan „Zivile Krisenprävention, Konfliktlösung und Friedenskonsolidierung 76, 77, 110
Akzeptanz 26, 51, 54, 118, 128, 160, 178, 184, 185, 186, 187, 189
Al Dschasira 15, 46, 137
Allgemeinen Erklärung der Menschenrechte 37, 40
Auslandsberichterstattung 29, 139, 144, 145, 146, 147
Auslandseinsätze 58, 78, 79, 81, 122, 150, 153, 154, 156, 157, 163, 164, 176, 178, 184, 187, 218
Beiräte 65, 67
Bildmotiv 159
Bildungs- und Erziehungsziele 40, 42, 43, 177, 197, 203
Bildungsauftrag 43, 197, 200, 220
Bildungsmedien 31, 41, 164
Bildungspolitik 40, 55, 95, 109, 111, 217
Certainty 12
CNN-Effekt 15, 166, 167
Computerspiele 163, 166
Darstellungspolitik 55, 58, 90, 91, 92, 193
Deliberative Demokratie 24
Dependenztheorie 27
Dialog der Kulturen 110
Digitalisierung 35, 217
Diskurs 32
Evaluation 53
Expertenkommission 65
Fachjournalist 55, 139, 140
Feindbild 87, 117, 158, 207
Fernsehfilme 162, 163, 218
Framing 58, 120, 154, 158, 178
Frieden 21
Friedens- und Konfliktforschung 60, 61, 62, 63, 97, 200
Friedensbegriff 43, 98, 164
Friedensbewegung 55, 69, 190
Friedenserziehung 42, 97, 98, 99, 210
Friedensforschung 17
Friedensjournalismus 135, 136
Friedenskultur 17
Friedenspädagogik 16, 40, 165, 195, 210, 220
Gegenöffentlichkeit 54, 55, 72
GIT-Prozesse 44
Globalisierung 28, 35, 44, 46, 49, 57, 99, 101, 131, 214, 217

Glokalisierung 28
Grundgesetz 42, 43, 74, 98, 181, 197
Image 86, 87, 94, 128
Informationsarbeit 94, 102, 106, 121, 122, 124, 201
Informationsoperationen 121, 124
Innere Führung 67, 68, 102, 105, 106, 118, 153
Input 53
Interessengruppen 30, 53, 56, 68, 70, 193, 215
Interkulturalität 35, 41, 199, 207, 214
Interkulturelle Kompetenz 128, 176
Interkulturellen Dialog 42
Interkultureller Koexistenz 51, 215
Internationale Beziehungen 59, 60, 61, 62, 83, 141, 152, 204
Internet 45
Jugendoffiziere 95, 100, 175, 177
Kampagne 49, 57, 58, 89, 94, 108, 125
Katastrophenberichterstattung 134
Kommunikationspolitik 30, 36, 37, 38, 88, 100, 129, 130, 193
Kommunikationstechnologien 28, 49, 115
Komplexe Demokratie 25
Konferenzen 67, 89, 93, 94, 124, 146, 148, 153, 160, 161
Kongo 11, 77, 117, 147, 154, 163
Konstruktion von Medienrealität 28
Korrespondenten 139, 140, 146
Kosovo 76, 79, 93, 105, 117, 121, 122, 140, 145, 148, 156, 164, 185, 187
Kriegsberichterstattung 147, 149, 158, 159, 218
Kriegskommunikation 112, 121, 122, 123, 124, 128
Krisenkommunikation 112, 133, 134, 136, 207
Kultur der Zurückhaltung 187, 188, 219
Kulturimperialismus 27
Kulturpolitik 41
Legitimation 23, 24, 25, 26, 66, 90, 129, 167, 213, 216
Legitimationsdiskurse 51
Legitimationsmuster 116
Legitimierung 21, 48, 86, 94, 128
Legitimität 25, 26, 32, 127
Macht der Bilder 160, 161
Massenmedien 22, 27, 29, 45, 47, 48, 84, 85, 90, 110, 114, 121, 132, 171, 173
Mediendeklaration 38
Mediendemokratie 14, 91
Mediengesellschaft 14, 124
Medienkompetenz 198, 206, 220

Medienkonzerne 46
Medienkrieg 114, 116, 134, 167
Mediennutzung 45, 173, 174, 175, 219
Medienwirkung 28, 173
Meinungsführer 71, 72, 73, 107, 191
Milblogs 141, 142
Militainment 162
Militärsoziologie 62, 64
MOC 122
Modernisierungsthese 27
Nachrichtenagenturen 37, 38, 45, 137, 140, 150
Nachrichtenfaktoren 143, 145, 147, 153
Nachrichtenpräsentation 158
Nachrichtenproduktion 31, 47, 49, 124, 131, 144, 145, 146, 168, 207, 214
Nachrichtensystem 137, 218
Nahost 117, 137
Neue Soziale Bewegungen 30, 69
Neue Weltinformationsordnung 37
News Management 90, 92, 94
Öffentliche Meinung 15, 18, 25, 86, 94, 112, 120, 134, 148, 166, 169, 172, 178, 207
Öffentlichkeit 23
Ökonomisierung 46, 47
Operative Information 123, 124, 128
Output 53
Partizipation 15, 25, 51, 172, 199, 206, 215, 220
Persuasion 26
Politikberatung 30, 58, 59, 64, 65, 66, 67
Politikdefinition 54
Politikvermittlung 91, 92, 95, 151
Politisch-administratives System 21, 23, 30, 31, 53, 54, 56, 73, 193
Politische Bildung 89, 99, 100, 101, 102, 103, 104, 106, 165, 166, 177, 197, 201, 202, 203, 204
Politische Kommunikation 9, 15, 86, 90, 121, 125, 128, 132, 143, 191, 192
Politische Kultur 13, 14, 21, 75, 95, 207
Politische Parteien 56
Politisches System 21, 22, 23, 25, 31, 51, 53, 85, 132, 134, 179, 196, 213, 215
Pressefreiheit 35, 38, 39, 43, 50, 51, 136, 215
Presse-Richtlinien 121, 122
Problemartikulation 53
Problemdefinition 53
Programmentwicklung 53
Propaganda 85, 86, 108, 115, 120, 134
Public Diplomacy 88, 107, 108, 109, 111, 128
Public Relations 86, 87, 88, 89, 91, 92, 93, 108, 115, 118, 119, 120, 125, 140, 147, 217

Realität 47, 49, 76, 127, 128, 162
Risikobegriff 18
Safety 12
Schulbücher 164
Schulgesetze 42
Scientific Community 30, 53, 55, 56, 58, 67, 71, 141, 178, 215
Securitization 51
Security 12
Sicherheit (Definition) 12
Sicherheitsbegriff 12, 16, 17, 20, 21, 59, 62, 65, 101, 116, 194, 205, 210, 211, 213
Sicherheitskultur 14, 17, 50, 213
Sicherheitspädagogik 32, 202
Sicherheitspolitische Kultur 13, 14, 43, 56, 78, 102, 106, 112, 162, 164, 171
Sinnstiftung 22, 47, 48, 50, 214
Sozialisation 25, 31, 47, 139, 164, 173, 176, 178, 179, 187
Sprache 37, 118, 125, 126, 127, 161
Staatsbürger in Uniform 104, 157, 216
Stereotype 87, 127, 134, 158, 161, 198, 207, 218
Strategic Community 30, 53, 55, 56, 67, 70, 71, 73, 193, 201, 215
Systemische Risiken 33, 196
Tagungen 55, 67, 124, 153, 161
Technologisierung 44
Transkulturalität 28
Transnationalisierung 44
Transparenz 25, 126
Truppeninformation 102, 105, 122
Umfragen 27, 72, 92, 170, 179, 181, 183, 185
UNESCO 37, 40
Universitäten 30, 56, 59, 61, 62, 110, 193, 200
Verfassungsrecht 42
Verteidigungspolitische Richtlinien 12, 66
Wahlkampf 57, 58, 80, 94, 122, 183
Wahrheit 47, 86, 115, 118, 125, 127
Weltfriedensordnung 35
Weltinformationskonferenz 45
Weltnachrichten 137, 139, 145, 218
Weltprobleme 18
Wirklichkeit 29, 47, 48, 87, 88, 91, 113, 168, 191
Wissenskluft 175

Carola Hartmann Miles-Verlag

Politik, Gesellschaft, Militär

- **Dietrich Ungerer,** *Der militärische Einsatz. Bedrohung – Führung – Ausbildung,* Potsdam 2003.
- **Jens Bargmann,** *Ethik in der Offizierausbildung,* Münster 2004.
- **Silvio Gödickmeier, Martin Schlossmacher,** *Soldatenfamilien im Einsatz,* Berlin 2006.
- **Hans-Günter Fröhling,** *Innere Führung und Multinationalität,* Berlin 2006.
- **Christian Walther,** *Im Auftrag für Freiheit und Frieden. Versuch einer Ethik für Soldaten der Bundeswehr,* Berlin 2006.
- **Rüdiger Schönrade,** *General Joachim von Stülpnagel und die Politik,* Berlin 2007.
- **Uwe Hartmann,** *Innere Führung. Erfolge und Defizite der Führungsphilosophie für die Bundeswehr,* Berlin 2007.
- **Dietrich Ungerer,** *Militärische Lagen. Analysen – Bedrohungen – Herausforderungen,* Berlin 2007.
- **Klaus M. Brust,** *Söldner – Ausverkauf der Exekutive,* Berlin 2007.
- **Uwe Hartmann, Claus von Rosen, Christian Walther (Hrsg.),** *Jahrbuch Innere Führung 2009. Die Rückkehr des Soldatischen,* Eschede 2009.
- **Uwe Hartmann (ed.),** *Connecting NATO. NCSA under the leadership of Lieutenant General Ulrich H. Wolf,* Berlin 2009.
- **Helmut R. Hammerich, Uwe Hartmann, Claus von Rosen (Hrsg.),** *Jahrbuch Innere Führung 2010. Die Grenzen des Militärischen,* Berlin 2010.
- **Ingo Werners,** *Fahren, Funken, Feuern. Hinweise für die Einsatzvorbereitung,* Berlin 2010.
- **Peter Heinze,** *Bundeswehr „erobert" Deutschlands Osten,* Berlin 2010.
- **Reinhard Schneider,** *Neuste Nachrichten aus unseren Kolonien. Pressemeldungen von den Aufständen in Deutsch-Ostafrika und Deutsch-Südwestafrika 1905-1906,* Berlin 2010.

- **Dieter E. Kilian,** *Politik und Militär in Deutschland. Die Bundespräsidenten und Bundeskanzler und ihre Beziehung zu Soldatentum und Bundeswehr,* Berlin 2011.
- **Reiner Pommerin (ed.),** *Clausewitz goes global. Carl von Clausewitz in the 21st Century*, Berlin 2011.

Einsatzerfahrungen

- **Kay Kuhlen,** *Um des lieben Friedens willen. Als Peacekeeper im Kosovo,* Eschede 2009.
- **Sascha Brinkmann, Joachim Hoppe (Hrsg.),** *Generation Einsatz, Fallschirmjäger berichten ihre Erfahrungen aus Afghanistan,* Berlin 2010.
- **Schwitalla, Artur,** *Afghanistan, jetzt weiß ich erst... Gedanken aus meiner Zeit als Kommandeur des Provincial Reconstruction Team FEYZABAD,* Berlin 2010.

www.miles-verlag.jimdo.com